U0509215

满洲交通史稿补遗

第六卷

苏州大学东亚历史文化研究中心
吉林省社会科学院满铁研究中心

主　编　武向平　孙　彤
副主编　孙　雁

SSAP
社会科学文献出版社
SOCIAL SCIENCES ACADEMIC PRESS (CHINA)

本卷目录

汽车与公路编　二

贰拾册　汽车事业概况

贰拾壹册　满洲汽车保有数

贰拾贰册　满洲汽车运输事业法及其他法规（上）

汽车与公路编

二

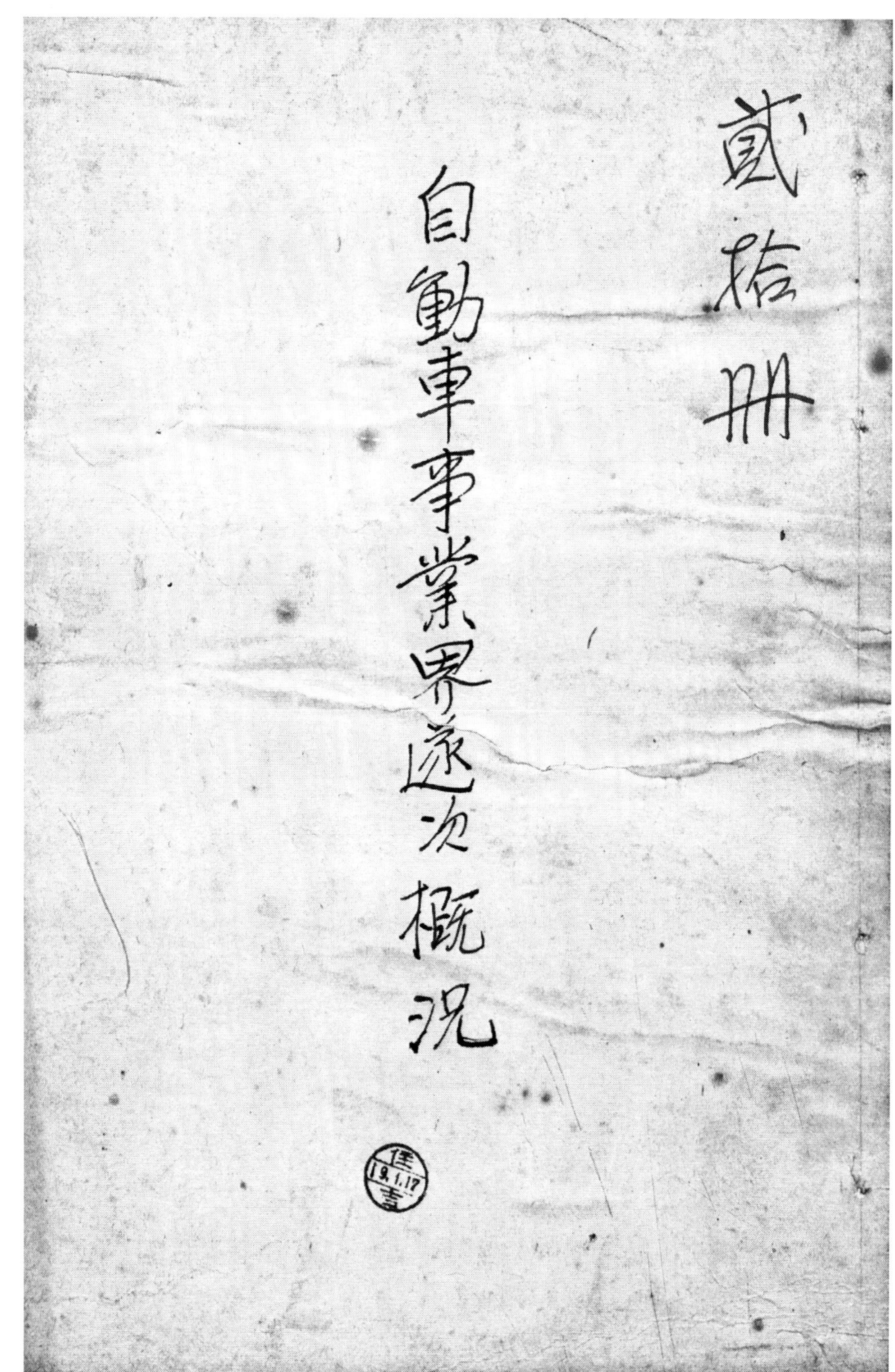

貳拾册

自動車事業界逐次概況

No.

註

自動車事業の進歩は日に月に進展して行くこれを年別に逐次その情勢を綴つたものが本稿である、然し未だ資料が充分に蒐集されてゐない、殊に沿革の部と稍もすれば重複することがあるかも知れないがこれは已むを得ないと思ふ記事が復雑で且つ揃はないので項目を記せず年号別に分割した　両編は資料の際之か取捨選擇するを要す

昭和十九年一月十七日

担当者　住吉鳴　記

ヨ－0022　B列5　28字×10　南滿洲鐵道株式會社

事業の拡充強化と十三年度計画路線の指定

南満洲鐵道株式會社

B列5

昭和十四年度自動車事業ニ関スル指令事項

南満洲鐵道株式會社

弓-0003　B列5　(11.12, 18,000冊 昭六號)

No.

昭和十六年十月一日大連日日記載

満洲自動車の

生擴計畫本極り

遊休生産設備を活用

〔東京特電三十日発〕満洲における自動車製造については、かねて日満両國政府で擴充を考慮しつゝあったが、いよいよさきに満業所有の同和株を肩替りした満洲自動車をして安東省三道浪頭工場を充實させ一元的大量生産をさせることになった、即

No.

ち満洲自動車は日満両政府の物動計畫に壓縮を餘儀なくされ生産設備に萬全を期し得なかったが一方日満両國における自動車工業界は、その保有する生産設備が時局下に拘らず必ずしも百%に稼働されてはゐなかったといふ状態にあり、これ等遊休生産設備の有機的活用が問題となり過般来日満両國関係者間において折衝を續けた結果、これを満洲の自動車製造に振向け綜合するを最善とするに意見一致、愈々満洲自動車の生産設備擴充が本極りになったものである。而してこれに要する諸設備は日満両國の適當な既設設備を、それぞれ移轉させるもので準備打合せのため三日満洲自動車東京事務所長岩田倉次氏が渡満する

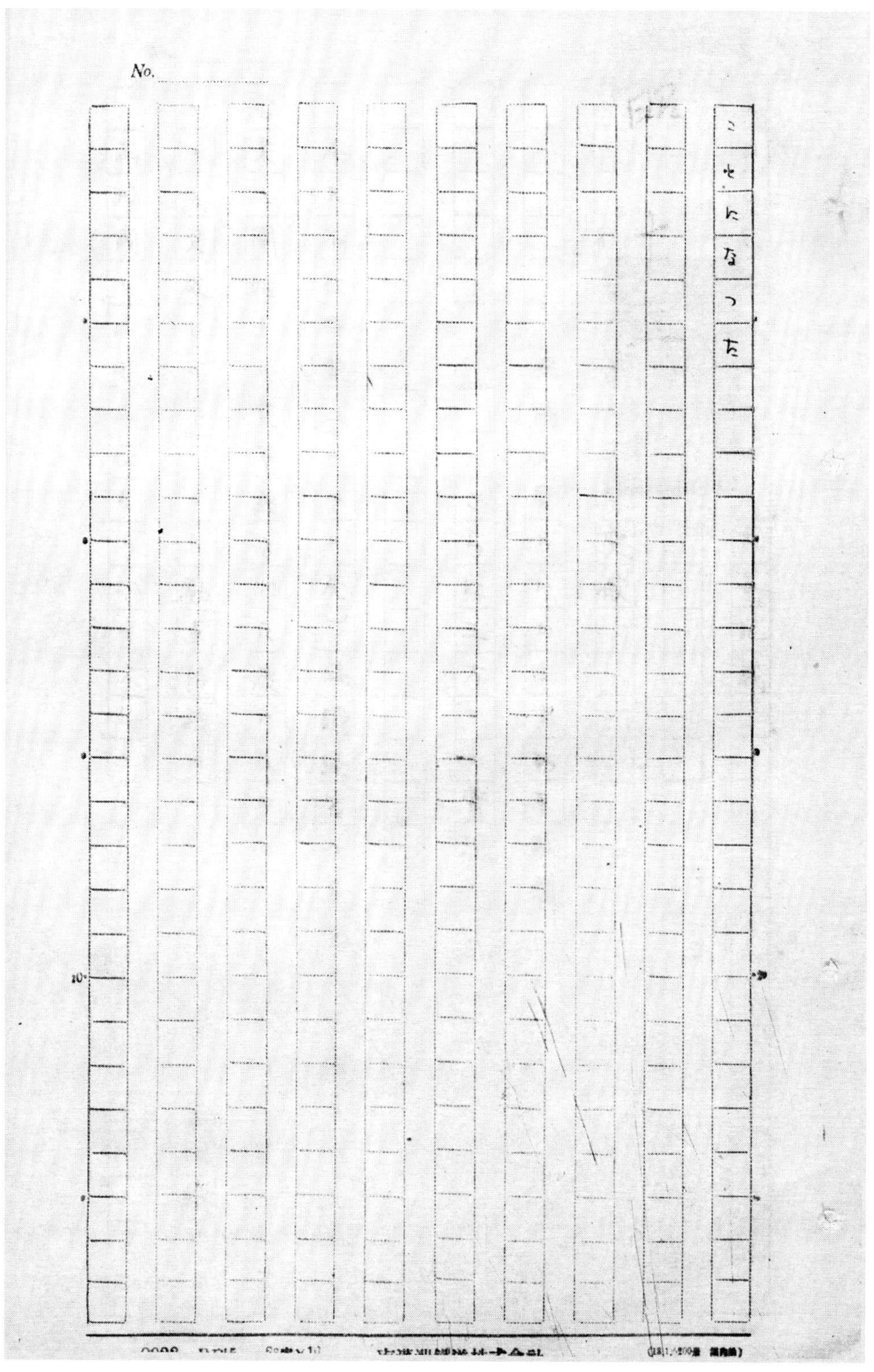
No.

ことになった

No.

昭和十五年五月十四日大毎記載

待望の二万キロ突破

満鐵経営にかかる自動車路線

さらに三万キロ實現へ

奉天本社特電（十二日発）満鐵経営の自動車路線は十日から営業を開始した豊寧線ほか六線六百四十キロを加へ待望の二万キロを突破した、この自動車路線は二百六十九線、局地線廿五、満洲國の治安確保ならびに文化の向上に貢献するところ甚大

No.

であり、満鐵では十五年度に三万キロ實現をめざしてゐる

No.

並々ならぬ苦心

十四年度收入は千二百万圓

〔奉天発〕満鉄経営の自動車路線は輝く二万キロを突破したが山野に路線を開き熱風の沙漠に行路を失ふなど関係従事員の苦労はなみなみならぬものがある、昭和八年三月満洲國の委託により錦古北票―朝陽間四十五キロを開設して以来満鐵自動車営業は昭和十年末五千三百四十六キロ、昭和十三年末には一万六千二百八十五キロ、昭和十四年末には一万九千五百

ロ―0022　B列5　28字×10　南滿洲鐵道株式會社　(13.1.5200冊　讃角讃)

No.

卅七千ロとなり今回の營業開始によつて二万キロを突破するに至つたもの。

路線の延長とともに乗客も逐次増加、十四年度旅客は千二百万にのぼり、前年より約三倍半の激増ぶりを示し、收入は旅客、貨物合計千二百万円に達してゐる

No.

満鐵七区間の自動車営業開始

〔奉天発〕満鐵では十日から左記七区間合計六百四十二キロの旅客および荷物の自動車運輸営業を開始した

豊寧—大閣鎮間七十二キロ、臨江—撫松間九十七キロ、萬鹿溝—穆稜驛間百十六キロ、佳木斯—太原鎮間六十三キロ、拉頭—通南鎮間卅六キロ、太安城—訥河驛間九十八キロ、奈勤穆圖—吉拉林間百六十キロ

なほ休止中の朝陽、北票間の自動車運輸営業も同日から再開始

No.

いた

ヨ—0022　B列5　25字×10　南滿洲鐵道株式會社　(18.1.5200冊　納內用)

No.

康五、二、

満洲交通

満洲國に於ける民営自動車の現在と将来

鐵路司自動車科　植木保

一　概説　4－5

二　現况　5.　公線

三　将来

1.　事業の統轄
2.　大規模組織の必要性　9－11　参考
3.　助長政策

四　結論

ヨ－0022　B列5　28字×10　南満洲鐵道株式會社　(15.10.7,500册 一 ○○)

No.

一　概説

満洲國は今やその秩序と治安を確立し速かに先進文明國に位すべく不断の活躍を續けつゝあり。惟ふに王道樂土の建設は豐富なる資源の開發と文化の進展並に穩健なる國民思想の誘導に俟たざるべからず。而して交通は文化産業の先驅にして産業の開發は國家繁榮の基礎なり。故に交通と産業の發達なくして國運の隆盛は絶對に所期し得ざる所なるべし。

凡そ社會が交通機關を欲求する眞意は、如何なる時代如何なる場所に於ても同一なるが、交通機關は時代に應じ其の形態種類、内容等を異にせり。即ち科學の進歩と共に人力、獸力等の

No. 2

自然力の機関より終に機械的設備の充実したる多数の交通機関が社會に提供せらるゝに至れり　即ち蒸気機関電気機関に依る交通機関より更に近年に至りては内燃機関たる自動車、飛行機等新進の交通機関が顕著なる發達を見、就中自動車は陸上交通機関として最も重視さるゝに至りたるものなり。

上述の如く自動車の發達は極めて近年のことなるも爾来世界到る所翕然として之が需要を喚起し異常なる發達を示し短距離に於ては完全に鐵道を凌駕し長距離に於ても亦其の領域を侵さんとするの情勢を示すに至れり。従来鐵道偏重主義に依り、陸上運送の要諦は只鉄道にありとせし見解は洋の東西を問

No. 3

せず、到る處壊滅の悲運に遭遇し種々其の對策に腐心すると雖斯業の大勢は滔々として停止する處なく、殊に各國共從來の鐵道中心主義は之を放棄せざるを得ざる趨勢となれり。

又國防上より之を見るに英人ガーソン卿が「世界大戰の勝利は畢竟聯合國自動車の独逸の鐵道に打勝ちたるものなり」と叫べるが如く自動車が軍事上兵器として重要なるは勿論、自動車工業が戰時兵器の製造其の他諸般軍需品の直接、間接的製作に對し幾多顯著なる功績を遺せし事例は枚擧に遑なく、今回の日支事変のみについて見るも明なる所なり。

翻って滿洲國に於ける状態を通覧するに、世界各國に比し著

No. 4

しき劣勢に在ることは否み難き事実にして逐年相当の歩みを以て発達しつつありと雖も、その率たるや微々たるものにして到底先進国の比に非ざるなり。

◎「由来満洲国は地域広大にして平野多く農、鉱其の他産業とつ特殊的発展性を具有し従って自動車事業も亦相当発展すべかりしに拘らず此斯現象に置かれたるは之が発展を阻止されたる幾多の悪条件ありしに基因するものにして、即ち

1. 道路施設の不備

2. 治安の不確定

3. 制度の欠陥

No. 5

等之なり。然るに建國五ケ年を過ぎたる今日に於ては、竣工國道八、八〇〇粁に達し、治安は日滿両國軍警の晝夜を分たぬ努力により、匪賊は殆んど其の影を没し、諸制度又確立したるを以て我滿洲國自動車界は將に一大飛躍を以て一擧先進各國の中に位し堂々覇を競ふべき基礎茲に定まれりと云ふべきなり。

二、現況

大同二年五月、交部が自動車運輸事業の特許及監制を開始しより、事業經營出願及特許件數は左の如くにして、逐年相當增加の趨勢を示しつゝあり。

No. 76

	大同二年	康徳元年	康徳二年	康徳三年
出願数	六八	四七	五一	六七
特許数	七	二四	二三	二五

而して特許路線の概況は次の如し（康徳四年十月現在）

営業者数	三三
内市内乗合	八
特許粁程	六六六九・七粁
内市内乗合	二〇八・七粁
外に市内遊覧	一二四・七粁
興業費	四九九二、四六八圓
路線一粁當興業費	六八九圓
最長路線粁程	二八七粁

ヨ－0022　B列5　28字×10　南滿洲鐵道株式會社　(15. 10. 7.500冊　－　[illegible])

No. 7

企業利潤

事業開始以来日尚浅く一般道路の建設改修等未だ全からざる為一年を通じ自動車を運行し得ざる路線多く結氷期以外の季節に於ける經營は頗る困難なるも康徳三年度に於ける平均利潤は投資額に對し年四分五厘を示せり。

三　将来

(一)　事業の統轄

「競争は進歩の母なり」との格言は大に味ふべしと雖競争にも自ら限界ありて自由競争も其の度を過ぐれば各種の弊害

を醸成す。故に放任は固より或る程度迄の自由を拘束するの必要を生ずる所以なり。

凡そ百般の事業を通じ不当なる競争は之を経済的に観察するとき投下資本の利用価値の低下を来し従って事業経営を危殆ならしめ投下資本の死蔵化となり遂には悲惨なる結果を招来することなきを保し難し。斯る事象は国家経済上将又個人的事業より見るも極めて遺憾とする所なり。

一国或は一地方に於ける交通の統制方法は、夫々国情或は地方的事情に依り同一軌範を以て之を律することは能はずとするも各種運輸機関をして夫々適性を善用し以て之が機能を発揮せ

No.

しむるが如く指導することは交通政策上極めて重要なると共に、自動車事業者相互間に於ける無謀なる競争も之を抑制する必要あり。而して満洲に於ける自動車事業は未だ揺籃の域を脱せりとは言ひ得ず、故に此際一層統制の実を挙げ、以て各種運輸の脈絡系統を調整し組織的且合理的に真の交通網を形成することは斯業の健全なる発達を助長すると共に、将来に於ける交通事業に更に一般の好果を齎すものと信ず。

(二) 大規模組織の必要性

交通事業の如き管理経営に属する事業は、技術或は経済的方面より観るも之を一元的に大規模組織として経営せしむるを最

No. 10

も理想とするものなり。然れども自動車運輸事業は経営上弾力性あるのみならず鉄道に比し著しく地勢、風土の影響を受け且地方的事情に適合せしむる経営を必要とする建前上、全満に亘り一大企業会社の出現は種々なる困難を伴ひ、又実情に即せざる点あるべきを以て其の運輸系統に依り全域を適当なる数区に分割するか或は監督上の見地より各省に一企業会社を創設せしめ之が経営に当らしむるを以て最良の方策と思考せらるゝものなり。近年先進各国に於ても此の傾向漸次顕著なるものあり、故に現在の如き小規模業者を多数存在せしむることは過渡的時代として已むを得ざるとするも、本事業の発展を阻礙するこ

ッ－0022　B列5　28字×10　南満洲鉄道株式会社

No. 11

と蓋し尠からず、特に今後進展せんとする我が満洲国に於ては此の際確立したる方針を以て可及的速に之が統制を図ることは最も緊要事なりと信ぜらる。

(三) 助長政策

社会生活、経済生活乃至治安維持上自動車事業の齎す好果の尠少ならざることは前述の如くにして、之が監督乃至許可は其の内容の充実を期する手段に他ならず。然れども由来交通政策は厳重なる監督と、峻厳なる干渉を行ふ反面に於て、業務の内容を向上せしむる意味の監督、指導乃至業務の発展を容易ならしむる為保護助長の施設を採ることも極めて緊要なり。

ロ-0022　B列5　28字×10　南満洲鉄道株式会社　(15. 10. 7,500冊)

No. 12

元来交通事業は公益性を多分に包蔵し比較的健実性なる反面に多額の資本を擁し、然も其の収益を挙ぐる迄には相当の歳月を要す、特に我が満洲に在りては治安の状態に依り、或は意想外の災害に遭遇する等其の経営は至難なるを以て、国家は財政の許す限り一定期間内興業費に對する一定率の補助金下附制度或は損害補助金等本事業に對する助長政策を急速に実現する要あり。

四、結論

以上の如く満洲国に於ける自動車運輸事業を考察するとき、

No. 13

その必要性極めて大なるも其の経営は経営技術に万全を期せざる限り、経済的成立性は相当困難なるものと思惟せらる。併し乍ら非採算的路線たる国防線、治安維持線等は之を国営と為すを以て、民営業者は一意有望なる路線を開拓し、合理的経営の下に其の使命達成に邁進し、国家亦前述の如き保護助長政策を以て之に望むに於ては前途は洋々として、その発展を期して待つべきものありと思料す。

No.

満洲四大都市タクシー界の現状

満洲に於けるタクシー界は事変後の急激なる人口の増加に正比例して異常の發展を續けて来たが同業者の濫立と競争の結果混沌たる乱戦に落ち入り加ふるに石油專賣法によりガソリン高のため現在に於ては各営業者間に生活擁護の立場上或ひは統制會社の設立或ひは組合の再結成等漸次統制機運が醸成されつゝある状態である。

即ち國都新京に於ては其の膨張發展の過程が最も急激なりし為同業者間に於ける競争も激甚を極め近くは巨タクの出現メーター制料金問題を廻って相當波瀾を續けて来たが當局の斡旋も

奉天満日報　昭和十二年十一月九日号

ヨ－0022　B列5　28字×10　南満洲鐵道株式會社　(15. 10. 7.500冊 一善蔵版)

No.

あり再三協議折衝の結果昨年十二月三日に至り現タクシー業者九軒約百六十台を打って一丸とする資本金五十万円の國都合同自動車株式會社の出現となり目出度く大團圓となり眞に市民の足として其の公共的使命の貫徹に邁進することゝなった。

然るに滿洲國第一の六十万都市奉天に於てはタクシー業者十二軒、黄バス（滿洲自動車運送株式會社）を含む組合は約三百台の車輛を有し乍ら此の一両年来歩調すず可成りの苦境を各自經營に努力して来たが、最近に至り新京の例に習ひメーター制採用の気運起り、合同に就て協議する事十數回に及んでゐるが市内均一制の不合理を認め乍らも各営業者ともに過去の合同に於ける苦い經驗と現在バーワ

ヨ—0022　B列5　28字×10　南滿洲鐵道株式會社　(15.10.7,500冊)

No.

の騰貴を叫びガソリンの現金払ひに追れつつも曲りなりにも営業を續け得るだけの華客を有する為、徒らに會合を重ねるのみで合同案まで作成したるに拘らず其の後進展せぬ有様である。當局も各經營者の自覺を待ち合同を積極的に慫慂する意向なく又實現化せざるは各經營者に於て相當利益ある故なりと觀察してゐる、しかし早晩タクシー統制の實現されることは衆目の見る所で、當局の指導に依り統制會社と行かなくとも何等かの形式で具体化さるべく同時に組合の再認識が叫ばれてゐる。

次に哈爾濱の現状を見るにタクシー專業者は僅か數軒を算するのみで、他は邦人百三、十名露人約四百台を以て市中を流し街

No.

頭營業をなして居り、過去數年前一千數百台の隆盛時代に比すると現在は寧ろ退勢の状態にありボロタクに對する當局の取締も嚴重の度漸次此の種のものは近傍の縣公署或ひは沿線各地の小都市に落ちて行く有様であるが新陳代謝も稍飽和状態に達した昨今營業主、運轉手共更生の意氣に燃え合理的打開策を講じつゝあるから此れも新京、奉天方面に呼應して早晩メーター制の採用により現在の自滅的競爭から脱却するものと思はれる。

最後に大連の現状は東京のタクシー界に彷彿たるものあり。

關東州廳保安課では最近メーター制の再採用に就き鋭意研究中

No.

であつたが此程内地諸都市の実情に照し採用に決定、十二年五月以降実施さるゝに至り従来行はれて居た車庫呼び出し及び流しも新制度実施後も認容、同時に現在市内数ヶ所設置の駐車地も拡充すべく準備中で従来幾度びか改善を叫ばれ其の都度紛議を醸して居た大連タクシー界も新規約の下に華々しく活動を開始するに至つた。

其の他の各都市に於ては未だ微々たる状況で、満洲国の発展伸長性と共に幾多の期待を抱かれてゐるが當局も相當理解を以てタクシー界の発達を指導助成してゐるから楽観して可なりである。只満洲に於ては内地と異り各地共市民の足としてタクシ

No.

ノ外に夥しい洋車及馬車があり極めて安い賃金を以て奉仕してゐる事と専売法実施により、ガソリン一ガロン大連四十銭四又五十銭に比し約二倍八十銭の高値である事と、車輌に就ては相当の高率輸入税を賦課される事の三弱点がある。之等の諸点を考慮して合理的料金を決定、当局の諒解と各業者の自覚に依り努力邁進すれば、満洲国自体が躍進途上にある現在、年々の驚異的人口増加並に自動車道の整備と相俟って或る程度の隆盛を約束されてゐると云ふも過言ではあるまい。

No.

國道總局經營自動車路線　　康德二年九月現在

路線名	營業粁	區間名	運行粁	記事
安城線		安東、城子疃間	214	
		鳳凰城、大孤山間	88	
山通線		山城鎮、通化間	145	
奉撫線		奉天、撫順間	56	
奉鄭線		法庫、康平間	30	
新彰線		新民、彰武間	62	
海牛線		海城、牛莊間	25	

No.

熱河線	北票、承德间	320.
	経陽、林西间	400
	承德、赤峰间	265
	承德、豊寧间	100
	圍場、多倫间	130
京吉線	新京、吉林间	126
京洮線	安廣、洮南间	80
敦海線	敦化、官地间	40
	東京城、牡丹江间	80
	穆稜、馬号间	80

No.

線名	區間	粁	備考
敦海線	敦化、額穆間		運行休止
東滿線	琿春、東興鎮間	100	
	東寧、綏芬河間	62	
訥黒線	訥河、黒河間	330	
〃	嫩江、璦琿間		運行休止
訥布線	訥河、布西間	30	
二布線	二克式屯、布西間		運行休止
興安線	索倫、七道溝間	135	
	溫泉、海拉爾間	285	
	洮南、突泉間	105	

ヨ—0022　B列5　20字×10　南滿洲鐵道株式社會　(13.9.5.000)

3

No.

哈同線

哈爾濱、同江間

636

ヨ－0022 B列5 28字×10 南満洲鐵道株式會社 (13. 9. 5.000冊 ……)

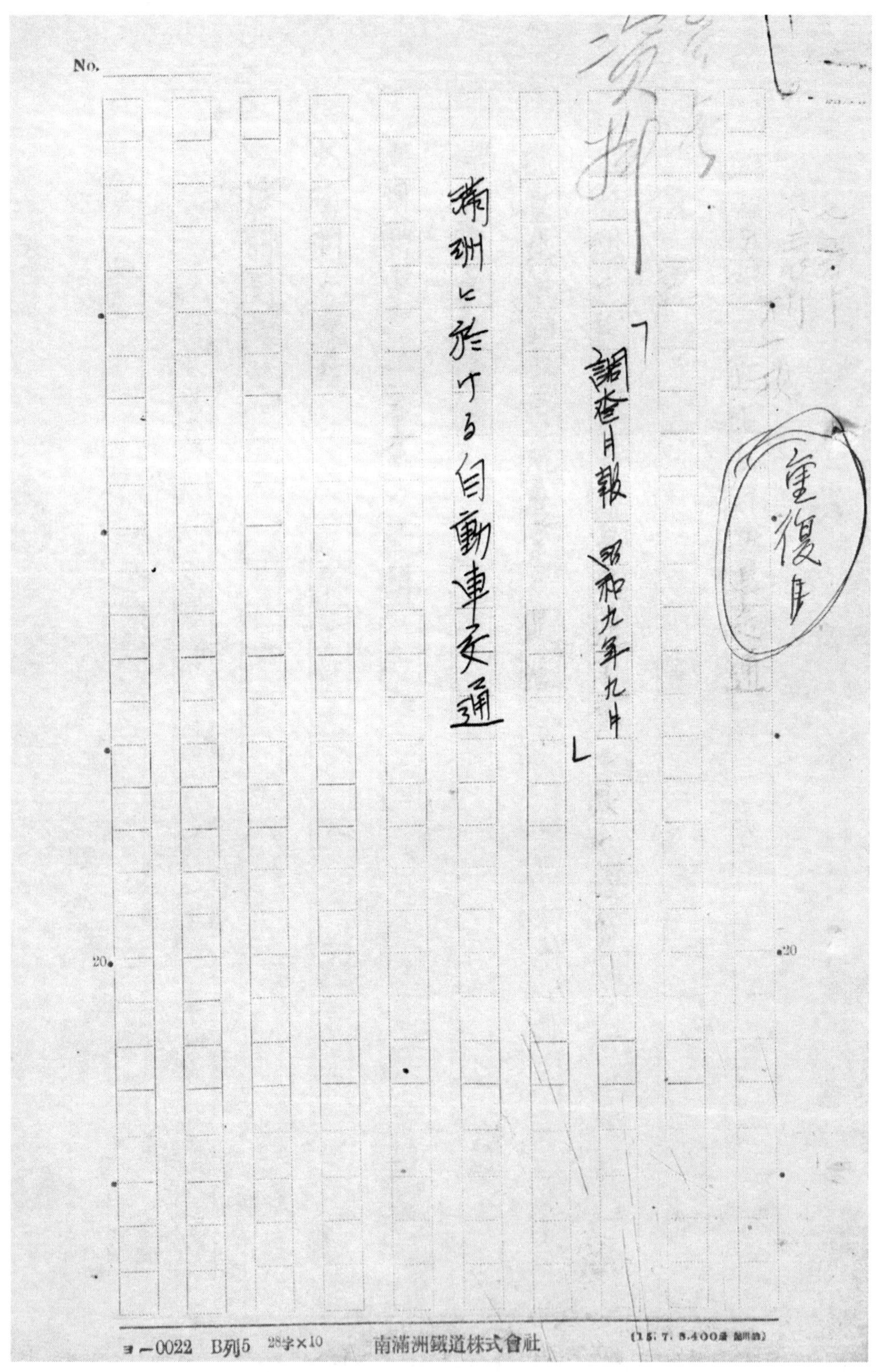
No.

満洲に於ける自動車交通

「調査月報　昭和九年九月」

ヨ—0022　B列5　28字×10　南滿洲鐵道株式會社

No.

満洲に於ける自動車交通

ヨー0022　B列5　28字×10　南滿洲鐵道株式會社　(15. 7. 5.400冊 納)

No.

一、概説

今や満洲國は漸次其の秩序と治安とを確立しつゝ速かに先進文明國に伍せむと不断の活動を續けて居る、眞に平和境の建設は豊富なる資源の開發と文化の進展と穩健なる國民思想の誘導に俟たねばならぬ。

而して交通は文化と産業の先驅であり、産業は國家繁榮の基礎である、故に交通と産業の發達なくして國運の隆盛は絶對に所期し得ない。

現代交通運輸機関を分類すれば鐵道、水運、空運、道路の四部門に大別することが出来る。

ヨー0022　B列5　28字×10　南満洲鐵道株式會社

No.

此の内道路は自動車の出現以来陸上運輸界のダークホースとして其の驚くべき発達は実に刮目に値する。其の発達が経済生活から延いては一般社會生活の発達に貢献すること至大であり社會の進歩誘導者たるの點に於て頗る大なる重要性を持つものである。

元来道路運輸は他の交通現象と同様に社會状態の反映であり就中其の隆盛は経済状態の推移に追随するものであつて、夫れ自身は経済状態を原因とする一箇の結果に外ならないが、而も他の一面に於ては其の発達を来せば経済社會を一層刺激して、之をして更に一段高き発達を来さしめるに至るの作用を為すも

ヨー0022　B列5　28字×10　南満洲鐵道株式會社　(15.7.8.400冊)

No.

のである。

輓近自動車交通事業の発達は短距離に於て鉄道を凌駕し長距離に於ても其の領域を侵さむとするの情勢を示すに至つた。

従来鉄道偏重主義に依り陸上運送の要諦は只鐵道に在りとせし見解は洋の内外を問はず、卑近の例を以てせば既に朝鮮に於けるが如く、到る處に壊滅の悲運に遭遇し、種々其の對策に腐心すると雖も斯業の大勢は滔々として停止する處なく、為に各國共従来の鐵道中心主義を放棄せざるを得ない趨勢となつた。

故に建設途上に在る満洲國の交通政策に就ても其の國情と斯業の趨勢とより考慮して陸運機関としての自動車の價値は益々

No.

重要なる意義を有するものと信ずる。

然るに満洲に於ける陸運交通事業の現状を一瞥するに鐵道は僅かに六千二百粁の営業線路と約三万二千輛の車輛を有するに過ぎずして然も之等鐵道中約二千八百粁の線路は満鐵及北満鐵道に屬し、日満蘇の支配下に屬するものである。

自動車は車輛約五千、此の内営業用のもの約二千六百、其の営業線路は約一万粁を算すと雖も之等路線は季節的に営業するもの多く、実際四季を通じて定期運行を為し交通機関としての真使命を発揮し得るは僅かに数線に過ぎざる状態である。

自動車の現勢に就ては世界第二十一位の日本と比較するに約二

No.

十分の一にして、又営業路線の亘長も日本内地の約九分の一に過ぎざる状態にして朝鮮より劣り、其の國土と人口の割合より見るも如何に満洲國に於ける交通事業の幼稚なるかを察知するに足る。

二、満洲に於ける自動車交通事業と其の趨勢

満洲に於ける自動車交通事業現状は前節に於て述べたる如く幼稚なるが、之を一言にして謂へば過般の満洲事変を契機として其の黎明時代を現し、今や開拓躍進の第一期に直面しておると謂ふことが出来得るであらう。

ヨー0022　B列5　28字×10　南滿洲鐵道株式會社　(15. 7. 8・400冊 [illegible])

No.

満洲に於て現に自動車交通事業を営むもの（昭和八年三月現在）七二二名之等の営業者は日、鮮、満、露人にして、邦人の経営になるものは関東州内及満鉄附属地に限られ、他は特殊地域を除き殆んど満人の経営に属する。

満洲に於ける自動車の現勢は軍用車を除き約五千輌と称せられ、領土の割に如何に車輌数の僅少なる哉欧米の夫れに比し到底問題とならぬ。唯僅かに隣接朝鮮の夫れと比しては稍々相摩す状態にして、其の普及の遅々として振はざるを知るであらう。

此の内営業用自動車は約二千六百輌であって、更に之を車種

No.

別にすれば客車約二千百輛、貨車約五百輛である。営業者と車輛との割合は営業者一にして車輛三・六にして此の数字に依つて知るが如く、該洲の自動車交通事業の経営形態が如何に小規模のものであるかを察知するに足る。

車輛は鉄路総局に使用せるビイツモング會社製デイゼルトラツク(二瓲積)二輛を除き、他は全部見斯倫自動車にして車種は多種多様に渉り列挙するに煩しいが、就中フオード、シボレー、インターナシヨナル等の米国製品が最も多い。

車の積載量は、タクシーとしては殆ど全部五人乗にして稀に七人乗を見受けられる。乗合自動車の乗車定員は撫順炭礦の炭

ヨ—0022　B列5　28字×10　南满洲鐵道株式會社　(15. 7. 5.400冊 [illegible])

種バス三十五人乘のものがあるが、之は特殊のもので普通営業用としては十六人乃至二十人乘が最も多い。

トラックの積載量は一瓲積より四瓲半積迄にして、満洲の奥地に使用して居るものは一瓲より二瓲積のものである。

満洲に於ける自動車工業は実に幼稚にして、自動車のシヤシー製作は勿論特殊のものを除き部分品の製作工業すら行はれてゐない。

現在行はれて居るものは車輛の組立、トラック又はバスボデーの製作並修理作業に止まり、其のボデー製作工場にしろトラックボデーの製作は需要を充すに足るも、體裁と技工を要する

No.

バスボデーの製作は未だ日本内地又は朝鮮に求むる處が多い。
猶修理工場も邦人又は露人経営に係るものは相當の設備を有すると雖も主として大連・奉天・哈爾賓の主要都市に限られ、之等の地域以外に於ける修理工場は極小規模にして、殊に北満に於ける満人経営のものは何等の機械設備なしと見る(べきものはない)。
満洲国に於ける長途乗合自動車営業路線は現在の全満洲国の道路の新築又は改修に係る路線もあるが、斯くは極僅少にして現在運行して居る路線は殆ど全部旧道である。(昭和八年九月現在)
故に四季を通じて運行する路線は僅に一〇四四粁に過ぎない、今其の季節別に依る道路延長距離を示せば左の如し

No.

四季運行するもの　一〇四四・〇粁

雨期を除き四季運行するもの　二六七五・四粁

冬期運行するもの　六三八二・五粁

計　一〇一〇一・九粁

如斯自動車交通事業の遅々として見るべきものなかりしは関東州を除き、先天的には自動車運行上重要なる道路の不適と馬賊の出没と在来の支那馬車運送に妨げられたるに因り又後天的には営業形態が著しく小規模であることゝ監督官廳の無統制に依る同業者の乱立に起因するものと断言し得る。

然るに這般の満洲事変を契機として、今や満洲の事情は全く

ヨ－0022　B列5　28字×10　南滿洲鐵道株式會社　(15.7.5.400冊)

No.

一変せり、即ち満洲の建國と同時に政治の普及と治安の確保と、産業の開発と文化の進展を図るには何よりも先づ道路の築造が最緊急なるものとし、政府は満洲國道路網十箇年計畫を建て、之が延長粁程約六万粁の完成を目標に大同二年三月國道局官制公布と共に道路の建設に着手した。

如斯治安の確保と道路の建設とは自然自動車交通事業を刺戟し、特に従来邦人の此の種事業の經營を認めなかつたものが、新政府に於ては之を認むることゝなつたので、日満資本の強大化と優秀なる技術と經營の合理化とは斯業の圓満なる發達を促進し、其の營業限界も鉄道の発展として將又鉄道の代行機関

No.

とじて其の使用範囲は拓け、劃時代的の發展を招来するは今茲に欧米又は隣接朝鮮の例を挙ぐる迄もなく瞭なことゝ思料せらる。

二、長途自動車交通事業の促進

國家統治上に及ぼす交通機関の重大なるは既に論じたる處なるが、特に新國家の創造に當りては意を茲に用ゆべきである。

往時交通機関の全たからざる時代に於ても、之が施設に付ては常に顧慮されたる處であつて、彼の有名なるローマ帝國道路築造は同帝國の政策の一つであつた如く、近くは朝鮮に於ても

No.

修道政策を第一に掲げたる所以のものも、亦交通の充実に意を用ひたるに外ならない。

近世交通機関充実の手段として、鉄道至上主義を以て今直に鉄道を建設し其の充実を期せむとせば、実に巨億の資金と多大の日子とを必要とし、其の実現は極めて難事にして且満洲国の国情は鉄道経営上必ずしも経済的に有利ならず素より天與の物資に富むと雖も之が開発は将来のことに属する。

而して人口稀薄は交通量の閑なることと豫にして、満洲の実状は今暫く鉄道建設の普及は困難にして、普遍的鉄道網の完成は遥かに遠き将来のことゝ思惟せらる。

No.

果して然らば之に代るに何等かの機関を以てして交通の完璧を期するは当然にして此の目的達成には自動車交通事業の企劃を措いて他に無い。

即ち企業の容易、運轉の簡易、經營の至便なることは実に此の目的達成に合致するものであつて、速かに本事業の普遍化を計り交通機関の充実を促進し以て統治の実績を顯揚するは最適策と信ずるものである

四、自動車交通網

満洲の國情より考慮して昭和十九年迄に經濟的に営業成立

ヨ－0022　B列5　28字×10　南滿洲鐵道株式會社　(15.7.5.400冊 ……)

No.

する自動車網の延長粁程は都市交通を除き約三万一千五百粁を豫想せられる。

尚此外當分営業の成立見込なきものが約五千三百粁あり、之等を合せると満洲國に於ける成立十年後の自動車交通網の延長粁程は三万六千八百粁となる。

此の三万六千八百粁の自動車交通網は鉄道の競争となるものと、國家的必要に基くものと、経営の便に基くもの等所謂特殊路線となるものは二万四千粁にして前項に於て述べたるが如く交通機関の充実を図るには、鉄道を経営するものを母體とする特殊會社を設立せしめ、該特殊路線の経営を為さしむるを適策と信

No.

せられる。

五、自動車交通事業の統制

(一)関東州及満鉄附属地

関東州及満鉄附属地に於ける斯業の統制機関は関東庁にあり其の統制方針は大體日本内地の夫れと其の軌を同じうして居るが、其の許可方針には独自の政策が加味されて居る。

関係法令は現在の処、自動車取締規則と道路取締規則があるに過ぎない。

(二)満洲國

No.

満洲國に於ては従来斯業の統制は民政部の管轄に属したるが輓近自動車交通事業の発達に伴ひ鐵道の蒙る影響の甚大なるに鑑み、自動車事業の重大性を痛感すると共に之が免許に際しては一貫せる交通政策に準據するをすとし、大同二年一月官制の改正となり、一定路線を運行するものゝ營業免許には之を交通部に於て處理することゝなりたるは誠に適策と信ずる。

斯業が満洲事変を契機として其の発明時代を脱し、今や開拓躍進の第一期に直面せる此の重大時期に於て、特に監督官廳の斯業に對する根本方針の確立と関係法規制定の速やかならむことを希望する。

ヨ－0022　B列5　28字×10　南滿洲鐵道株式會社

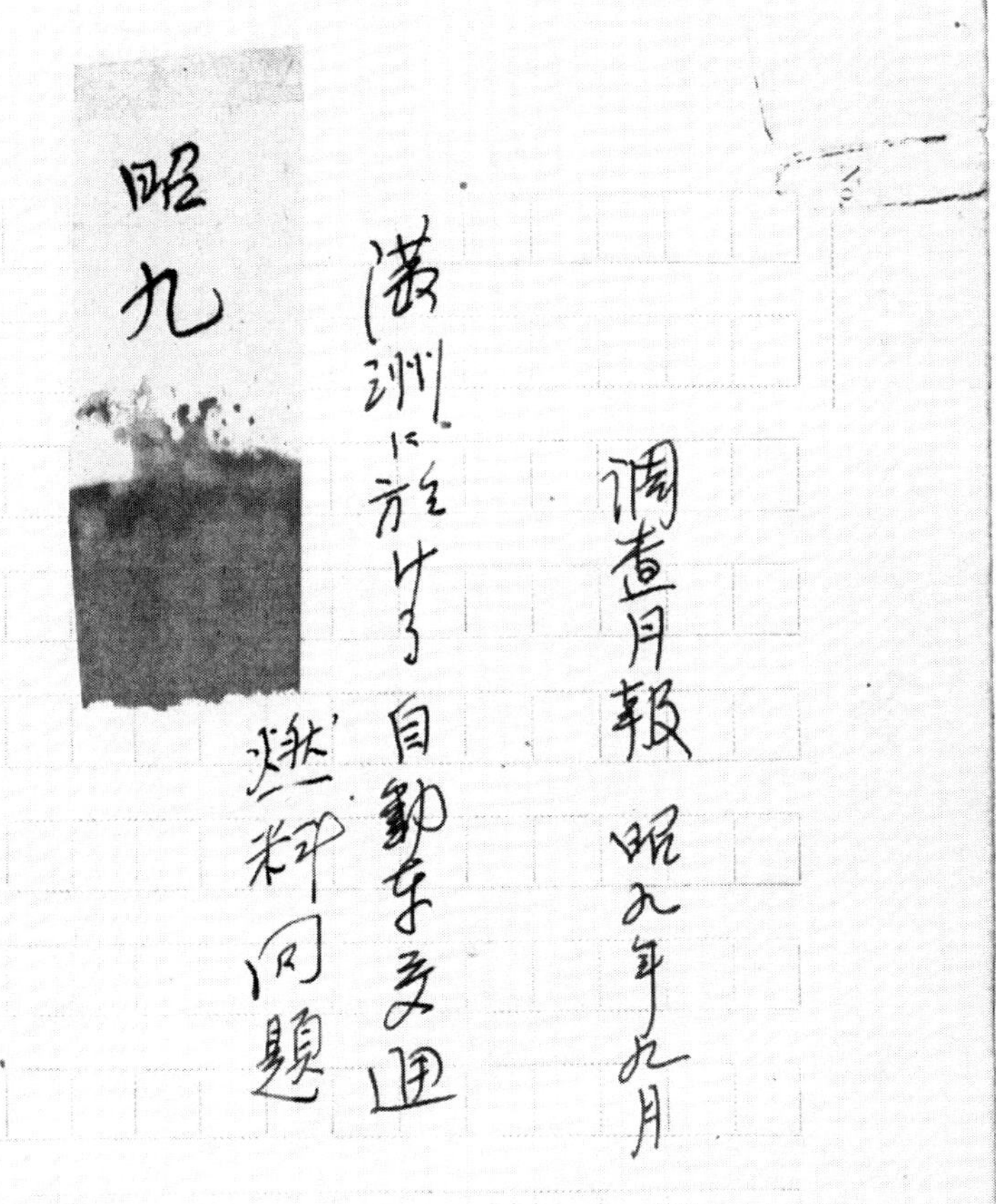
昭九
調査月報　昭九年九月
満洲に於ける自動車交通
燃料問題

No.

七、燃料問題

(一)燃料は自動車事業の生命を扼す

乗合自動車の一車一粁當運輸コストは大連地方に於ては約十六錢となつてゐる、大連地方の如く、道路に恵まれ、車輌原價並燃料の廉にして、更に修理設備の完全なる地域に於て然り、其

ヨ－0022　B列5　28字×10　南満洲鐵道

No.

交通不便なる地域に於ては運輸コストが此の二倍以上となるは明瞭なる處である。

而して此のコストの大宗を為すものは人件費の三十三%にして之に亜ぐものは燃料費の二十一%である。

然るに燃料費の二十一%は大連の如く道路に恵まれたる地域に於てのみのことで、概して道路状態の劣悪なる満洲奥地に於ては道路抵抗より推察して人件費と燃料費の割合が反對現象を呈すべく、其の率も三十五%以上を想像せられる。

故に自動車交通事業に従事する者の均しく、運輸コストの遞減を図るに當り、此の大宗たる燃料問題に着目するのは當然な

No.

ことで、此の燃料問題の動向に就ては世界の石油販賣市場状況に絶えず深甚なる関心を要する處である。

(二)、世界石油戰とソ油の躍進

世界の石油販賣を一瞥するに、スタンダード及ダッチ、シェルの英米二大資本は世界到る處の油田にも資本の投下を試みて之を其の支配下に收め、更に廣汎なる販賣網を全世界に張り、石油輸送上にも統制を保ち、世界石油の大部分が此の兩資本系に依つて支配されて居た。

然るに一九二七年蘇國は石油五箇年計畫を發表して鋭意油田の開發に努力した結果一九三一年にはヴェネズエラを凌駕して

No.

合衆國に亞ぐ、世界第二位の石油生産國となり、世界恐慌の渦に捲込まれ主要生産國は何れも六〇乃至一五%の生産減を見たに拘らず、独り一〇%以上の増産を見たのみならず、一九三二年五月にはロク、バタンでは五百五十米の高度に達する原油の大自噴がある等ソヴィエト國の石油資源の豊富と生産額の激増は世界の驚異の的となるに至った。

如斯生産高の激増は漸次販賣の擴張に専念する處となり、一九三二年には輸出量は戰前の六倍するに至り、先づアングロペルシヤ會社の根據地であるペルシヤに侵入し、トルコに於てはルーマニア石油と戰って進出し、印度に於てはダッチシエルク

No.

販賣網をも打破し、歐洲に於ては佛國へ原油の大量供給契約を爲し、米大陸ではカナダに進入してスタンダードに脅威を與へる等英、米資本系カルテル對ソ油の市場戰は到る處に展開され日本に於ては端なくも松方氏の手に依つてソ油の販賣戰が開始された。

滿洲に於ても世界何處の市場にも見る如く英、米両系の角逐場となり、一時猛烈なる競爭が行はれた。其の結果販賣協定が結ばれたが勿論之に依つて競爭が停止した譯でない。ソ油の滿洲進出は近年のことにて日本内地に於けるが如く全面的には未だ英米の地盤に重大なる影響を及ぼすに至らない。然し乍らソ

No.

油の進出は地域的に見ても将来之等會社に大打撃を與へることは疑ひの余地がない。

茲に於て滿洲にも英、米兩資本系も全く獨裁權を振つて偷安するを許さゞる狀態となつた。

(三) 石油の重要性と滿洲國に於ける需要と生産高

廣く世界の大勢を一瞥するに政治、經濟、外交、國防思想等國民の関心を惹く問題は擧げて數ふべからずと雖も一際勝りて大は國家の存亡より小は個人の私生活に迄至る、一律に深刻なる関係を有して切実なる注意を喚起するは燃料國策である。

欧洲大戰に於て時の佛首相クレマンソーは「フランス戰線の

No.

決定的勝負は軍の飛行機、自動車、大砲其の他武器兵糧等の輸送に必要なるガソリンの有無に依つて定まる。若し聯合軍が勝利を欲するならず独逸軍猛襲の機に當り、仏蘭西軍の血液と同様に貴重なるガソリンを一瞬時たりとも欠乏させてはならぬ」と叫んで居る。

石油戦其の名は過去にありては財閥の經済戦闘であつたが、今は國際的に國家優劣の決勝戦を意味する時代となつた。

交通は文化と産業の先駆であり、産業は國家繁栄の基礎である。

故に交通と産業の發達なくして國家の隆盛は絶對に所期し得

No.

ぬ。

而して陸運機関としてガソリン又は重油、自動車の占むる地位は日に月に重大を加へ飛行亦然り、鐵道機関車の石炭にさへ重油の代らむとする時代は漸く近づき、既にガソリン列車は其の輕快駿速を謳はれて居る。

海運に於て見るも石炭時代は既に去り、重油焚燃汽罐又は重油機関装置の優秀船の現出となり、今や交通機関の原動力として液体燃料の重要性は益々増大されつゝある。

之を軍器の独立より見ても其の活躍の源泉は石油である。

而して石油の應用は決して燃料につきず大小一切の機械工業

ヨ－0022　B列5　28字×10　南満洲鐵道株式會社　(15.7.5.400冊)

No.

の進歩發達の優秀なる石油燃料の消費を條件とする。

國家興隆の因たる産業文化の隆昌は機械工業の躍進に基き、機械工業の躍進は前述の如く、石油燃料を條件として其の生彩を保つのである。

以て石油は内に國家の興隆と國民幸福の基礎を為し、外に他國の侮りを防いで國威を輝す兵器たり血液たりと謂ふべきである。

然るに滿洲の現状を見るに國内には未だ油田の開發なく誠に寒心に堪へざる處である。昭和九年度に於ける油の消費量は

揮發油　四四、六〇〇瓲

石油　八七、〇〇〇瓲

No.

重油　二六,〇〇〇瓲

機械油　一五,六〇〇瓲

パラフイン　五,〇〇〇瓲

アスファルト　一,五〇〇瓲

計　一七九,七〇〇瓲

を豫想せられて居るが、之等は何れも外國の供給を得るに非ざるはない。

満洲に於ける製油工業としては撫順の油母頁岩を原料とする乾餾工業と、鞍山のベンゾール工業並に目下建設の途上にある甘井子の満洲化學工業の副産物たるベンゾール工業等が數へら

No.

れるが撫順のシエールオイルは全部日本帝國の軍用として納入せられて居る。昭和九年度に於ける自動車燃料の生産高は撫順產ガソリン一、三〇〇噸（八〇〇竏）鞍山のベンゾール三五〇〇噸計四八〇〇噸にして之等を全部自動車燃料に充當するとして需要の十分の一を充たすに過ぎない。而して昭和十年度に於ては鞍山製鋼所並撫順炭礦製油工場の擴張と甘井子化学工場が新製品の進出は躍進的數字を示すも、満洲の液体燃料問題に就ては全く微々たるものであつて誠に寒心に耐へない。

（四）燃料國策と將來の問題

満洲國政府は茲に鑑みる處あり、各石油產地中最價格の廉さ

ヨ—0022・B列15　28字×10　南満洲鐵道株式會社　（15.7.8.400冊 [illegible]）

No.

所より原油を購入して之を精製し廉く且一定した價格を以て國民に供給するの必要を認め、需給の統制を図ると共に石油精製工場を設置するの計畫を樹て特殊會社を創立せしめた。

而して特殊會社の使命は單に需給の統制のみならず、更に進んで國内石油資源の探査を行ひ、石油の自給自足を計ることも重要なる使命を有し、全く國策遂行の代行機関として創立されたものである。

されば本機関の活躍は満洲液体燃料問題の需給を統制し、且將来國内原油資源開發に最大の期待を寄せらるゝ所以にして、更に進んで國情に鑑み國内各地に埋藏せらるゝ油母頁岩（埋藏量

No.

は約二二〇億瓩と推定せられてゐる）の乾餾法處理に依る製油工業の勃興と、石炭液化問題の解決満洲の特産大豆工業の進歩開發を図り大豆より液体燃料の抽出を得ば其の前途はさして憂ふるに足らない、。

ヲ—0022　B列5　28字×10　南満洲鐵道株式會社　(15. 7. 8.400.)

No.　タ一原稿用紙

昭和九年一月の満洲自動車の状勢

満鮮北支の自動車運輸

自動車の交通並運営

満洲自動車事業の趨勢

昭九

南滿洲鐵道株式會社

ヨ一0024　B列5　32×15　●分類打字ヲ要スル原稿ハ五、六頁乃至一〇頁ニテ區切ルコト

No.　タイプライター原稿用紙

自動車の交通並に運営

第一節　自動車の開設と発達

満洲に於ける自動車の開発史は余りにも漠然で、その発達経過を見るべき何等の資料も今の所見当らない。然し満洲に自動車の入ったそもそもの初めは、一千八百八十年に露西亜が築いた哈爾賓に露西亜人が自動車を持ち込んだことが噂として傳へられて居る。事実現在に於ても哈爾賓に於ては年老いた露西亜人が丁型フォードにシボレーのエンヂンを取付け市内を十銭均一で運轉して居るのを見ても満洲に於ける自動車の草分けは露西亜であることがうなづかれる。

その後ぐつと年を経て建國當初までは自動車總数約五千台と称せられてゐたのであるが、其の後建國につれ各種の事業勃興と、道路の建設による交通運輸の開設とにつれ、現在では我軍部の自動車を除いて其の總数約八千台を超えてゐる。これを車種別に内譯すれば、シボレー約四千台、フォード二千二百台、インターナショナル千二百台、その他四百台、國産車約二百台と見られ、道路網完成の暁には優に三万台に達するもの

南満洲鐵道株式會社

ヨー0024　32×15　●分箭打字ヲ要スル原稿ハ五、六頁乃至一〇頁ニテ區切ルコト　(15. 8. 8,000部)

No.　　タイプライター原稿用紙

と見られてゐる。即ち満洲に於ける将来の自動車の発達は一に道路の建設如何によるところが多い。

将来の満洲國は如何に多くの自動車を必要とするかの一端を伺ひ知るものとして、昭和九年（一九三四年）中の自動車関係輸入額の状態を示すことにしよう。

●昭和九年中満洲國へ輸入せる自動車関係品統計（大連商工會議所統計）

	台数	國幣円単位
貨物自動車（シャシーのみを含む）	一、二〇二	三、〇二九、五七一
乗用自動車（シャシーのみを含む）	一、二五四	三、三七八、三〇九
自動車部分品（タイヤチューブを含まず）	—	一、八六四、五三四
自転車（組立たもの）	六、九三六	一五一、二八八
自転車部分品及附属品	—	一、三五五、八一五
オートバイ	一六八	九〇、三九〇

以上の各車輌の仕出國は日本、朝鮮、中華民國、フィリッピン、獨逸、アメリカ、フランス、英國、カナダ、濠洲等である。

南満洲鐵道株式會社

ヨ－0024　B列5　32×15　●分割打字ヲ要スル原稿ハ五、六頁乃至一〇頁ニテ區切ルコト　(15. 5. 5,000冊　名簿試調)

No.　タイプライター原稿用紙

國道の建設も未だ國防上が主で、經済上が從となつておるが、それが經済道路を主として建設する時代に入つてくれば、産業開發による運輸上からトラックも増すであらう。國道建設が完了すれば、先づ極少に見積つても鐵道總局經営のバス丈でも三万粁は乗合路線として十粁一台の割で約三千輛のバスが走ることになるから鉄道總局丈でも現在の六百台に比し二千四百台を増すこととなりその他民間のバスも増加して行くであらうし、タクシーとても支那馬車に取つて変つてくるであらうから相當に増加して行くことは明瞭に豫測し得る。

只問題とするのは果して何台に達するであらうかといふのであるがそれは三万台に達する事は間違ひないと見らるゝところで、満洲國に於ける識者間に於ては茲三・四年後か遅くも四・五年中には三万台に達するものと豫測してゐる。

第二節　道路の状況と自動車交通

満洲は地勢により冬期と夏期に交通機関の運行状態を異にして居る。

南滿洲鐵道株式會社

ヨ－0024　B列5　32×15　●分割打字ヲ要スル原稿ハ五、六頁乃至一〇頁ニテ區切ルコト　(15, 5, 5,000冊)

No.　タイプライター原稿用紙

現在の状態では各都市を除き夏期は概して自動車の運行不可能なりと見て差支ひない。而し関東州は領有である関係上、道路の築設に相當犠牲を拂ひ多少見るべきものあり。殊に旅順・大連間の表通りは模範道路、自動車道と（支那）馬車道と併行して二條に出来て居る。旅大間の裏道には、河底橋と称するものが十七・八ヶ所ある。河底橋とは河底の橋と云ふ意味で、増水時に河の底を割栗の連絡路と同じ位の幅員に割栗とコンクリートで平水時の水の高さより少し高い位にかため、下に流水路をあけて其の上を通行するのである。夏期の降雨季節には、相當な増水を見るが其の時は河上の交通は杜絶し、水は河底橋の上を流れる様になって居る。関東州では各所に之を造り、交通頻繁な當止むを得ざる所の外は莫大な工費を要する橋梁架設費から逃れて居る。

関東州を除く満洲國の領域内に入れば完全な道路はなく、橋梁も河底も勿論ない。熱河省、興安省等の高原地帯は地盤が堅いため、完全な道こそないが、四季を通じて車馬の運行は可能であるが、哈爾濱・斉々哈爾方面丈けは、雨期（六・七・八月頃）車馬の交通は不可能で、奉天省・吉

南滿洲鐵道株式會社

ヨ－0024　B列5　32×15　●分稿打字ヲ要スル原稿ハ五、六頁乃至一〇頁ニテ區切ルコト　（15. 5. 5,000册 [illegible]）

No.　タイプライター原稿用紙

林省、黒龍江省等は湿地、河川が多く人家の集落地帯即ち耕牧地で交通路の必要が無いので夏期は全く車馬の交通は不可能である。従って自動車運行の如きは思ひもよらぬ事で、結氷期（十一、十二、一、二月）は野も山も湿地も河も一面に堅氷に塞がれ自動車、車馬などの運行は至る所可能である。

農家は何れも耕牧上の必要から数頭の馬と荷車とを所有し、夫れが冬期は遊んで居るので彼等は収穫し得た特産品即ち大豆、高粱、粟、キビ等を該鉄沿線の最寄の停車場又は精桟（特産品の問屋の意）への運搬に其車馬を利用し生活費に供して居る。此の故に貨物運搬にトラックを普及せしめる時は、彼等の生活を脅かす事になり、又採算上トラックを以て彼等と競争したのでは引合はぬ、特産品の運搬はトラックに依らねばならぬ程スピードを必要とし無いのと農民の生活程度が低いのと車馬を遊ばせて置く関係上、彼等は運賃が只になる迄競争する。其の車馬は大部分二噸積みの二輪車で馬八頭を付けて牽引し、運賃は現在の處噸當り一キロに付十二、三銭位が普通である。大連、旅順、奉天、哈爾賓を除く

南満洲鐵道株式會社

ヨ－0024　B列5　32×15　●分割打字ヲ要スル原稿ハ五、六頁乃至一〇頁毎ニ區切ルコト

他の都市は極く小資本の經營で、且中古自動車を使用するのと、荒原のやうな不整地を疾駆するので損耗が甚だしい、が其の修理を完全にせぬので頗る乘心地が悪い上に、支那馬車に比較してスピードに大して相違あるが料金が高いので時間の觀念に乏しく拜金主義の支那人には利用者が少なく何れも業績は不振である。

滿洲に於ける自動車事業中で先づ何が一番必要であるかと謂へば車輌の上等なものを買ふより、車庫の立派なものを建つるより、先づ第一に道路の修築である。今の分では何時頃完全な道路が出来上つて營業状態が好轉するか全く見當がつかぬ。又道局で建設した道路も相當な年月を經過せねば本當になれ相にもない。道路が雪解けや降雨に對してめり込まぬ様に堅くなる頃は路面が洗濯板みた様になつて自動車を痛める、却く以て難物である。從つて道路對自動車問題を三種類に分けて考へて見る必要が起つて来る。即ち

一、第一、現存する滿蒙の道路を走る特殊構造を有する自動車の設計運行案

No.　タイプライター原稿用紙

第二　走りつゝ道路を建設する如き自動車を設計し之を運行し来る後

　普通の自動車を運行する案

第三　借款を起して道路を改修する案

之等の中で第一も、第二も技術者の研究を俟つて完成する問題で此処では省略して第三の問題を考へて見る。元来自動車と謂ふものは道路の良くなるに従つて上品になり、現在使用して居る自動車は少くとも現在の所謂道路では採算のとれぬ事は明かである。と謂ふて之を他のレオとかインターナショナルとかダッヂブラザース見た様な自動車を使つても五十歩百歩である。要は路面の問題である。

今仮に自動車の寿命が現在の道路の状態で先づ一年半と仮定すると、自動車の値段を四千五百圓として年に三千円の償却費を必要とするのである故に、今自動車の寿命が仮に三年になつたとすれば、償却費は年千五百円となる。自動車数が一千台として計算した時の事を考ふると年々の損失は現在の儘では三百万円であるが、若し道路を補修して半分ですめば百五十万円ですむことになる。それで今十粁当り一車輌を標準として

南満洲鐵道株式會社

ヨー0024　B列5　32×15　●分離打字ヲ要スル原稿ハ五、六頁乃至一〇頁ニテ區切ルコト　(15. 5. 5,000冊 [illegible])

No.　タイプライター原稿用紙

一万粁の道路に対し二千万円の借款を起し、道路を改修し、其の結果自動車の壽命を倍加したと假定す。其の時にはガソリン費でも約二十万円は助かる。夫れ故自動車の償却費百五十万円と合して百七十万円をセーブし得る。今借に借金の利子を年六分とすれば、次の式で償還し得る年数を発見し得る。即ち

$$150+20=\frac{2000}{x}+2000\times0.6\times\frac{1}{2x}(1+x)x=18.3年$$

即ち二千万円の金は二十年足らずで償還し得るのである。將来満洲國に於ける自動車運輸事業が絶対必要なものならば、之丈けの事は覚悟してかゝらんと疲弊した満洲國は無い金を工面して米国に送ってやる事になる。少くとも自動車交通事業の根本使命を誤る様なことがあってはならぬ。

尚此處に注意すべきは、現在の道路の改修費と自動車の壽命の関係である。同じ粁當り二千円の改修費を投じても車輛の壽命は改修工作に依って異る。假へば〇〇局で建設した道路はCの如く三年を、又△△局で改修した道路はBの如く四年を、又××局で補修した道路はAの如く七年の壽命を保持し得ると謂ふ様に、其の道路工作に依って車輛の壽命は

No.　タイプライター原稿用紙

自ら異るものであらう。故に此の問題は自動車業者と道路建設者と協同研究を為し最も経済的なる建設法を採用することが必要であらう。之を達成するには数十万の金額を投じて火急的に研究を遂行する必要がある。然るときは、結論としてAは借款を起したる場合にて最初経費を多く要し、Bは後に到るも経費節約されず大なる損失を起すもので、約二十年は両者の経費等しく、後はAは非常なる節約を示し実に国家百年の計を為すものである。

尚道路補修費の如きは営業状態の好転と共に捻出し得るは明かである。満洲の自動車界で火急を要する事項は道路工作問題である。此の道路工作は一人満蒙の天地に限らず、現今は世界的流行で、自動車が流行する限り絶対性のものである。最近ドイツにてはヒットラーはカルンペン青年團を繰出して三千七百粁の高速度バス道路を完成し、之に時速百哩のバスを飛ばして居る。これが又満洲に於ても実現さるべき時代が来なければならない。

南滿洲鐵道株式會社

ヨ－0024　B列5　32×15　●分割打字ヲ要スル原稿ハ五、六頁乃至一〇頁ニテ區切ルコト　(15. 5. 3,000冊)

No.　タイプライター原稿用紙

第三節　鐵道の建設と自動車網の建設

國内自動車の發達は勿論将来に俟たねばならない。而も政治の普遍化、治安の維持、産業の開發、商業の進展、國防の充實等何れも交通機関の完備に依てのみ招来せらるべきものなるに、輸送機関としての鉄道の敷設は僅かに七千粁（十ヶ年計畫後には二万五千粁）の既設路に過ぎず、営業自動車路線の延長約一万粁を有すると雖も、其の多くは季節的運行に過ぎず、或ひは定期運轉を見ぬものであつて全く不振の状態である。之を我日本の斯業の現状鐵道路線二万八千粁、自動車路線延長粁程は約五万八千粁其の亘長約十三万五千粁に比するに、其の國土の割合に貧弱なるかを知る。

交通機関の國家統治並産業開發に對し重要なる関係を有することは勿論國の将来に對し鉄道の計畫せらるる延長粁程は約二万五千粁なりと称せられる。然し鉄道建設に當りては莫大なる資金を要し且つ其の實現迄には相当の年月を必要とす。又政治、經濟、警備の三点より地方交通機関の充實は、忽諸に附し能はぬ處であつて此の見地より企業簡易なる自動車を

ヨー0024　B列5　32×15　●分割打字ヲ要スル原稿ハ五、六頁乃至一〇頁ニテ區切ルコト　(15. 5. 8,000冊 ……)

南滿洲鐵道株式會社

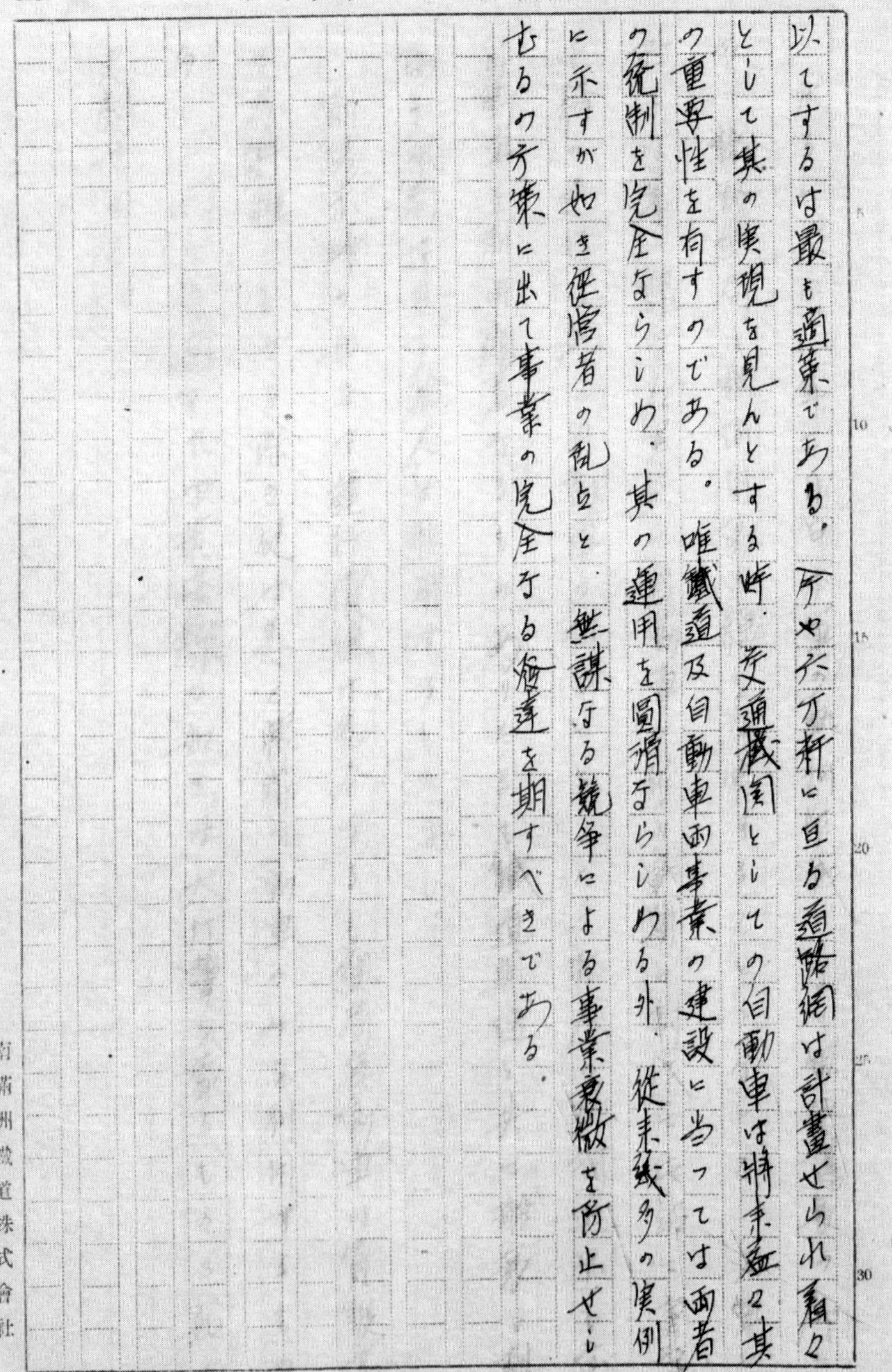
No.　タイプライター原稿用紙

以てするは最も適策である。今や六万粁に亘る道路網は計画せられ着々として其の実現を見んとする時、交通機関としての自動車は将来益々其の重要性を有するのである。唯鉄道及自動車両事業の建設に当っては両者の統制を完全ならしめ、其の運用を円滑ならしむる外、従来幾多の実例に示すが如き経営者の乱立と、無謀なる競争による事業衰微を防止せしむるの方策に出て事業の完全なる発達を期すべきである。

南滿洲鐵道株式會社

ヨー0024　B列5　32×15　◎分割打字ヲ要スル原稿ハ一五、六頁乃至一〇頁ニテ區切ルコト

No.

然るに大同二年二月日本軍の熱河作戰となり軍參謀長の命に依り鐵路總局は熱河自動車線を經營することゝなった。又軍に於ては第一線は名實共に自動車に依り戰闘に討伐に兵站に重要任務の遂行は悉く自動車の利用にあった。又邦人の熱河進出も亦自動車を利用顯著するものありたるも鐵道開通と共に漸衰し朝陽平泉間は目下殆んど利用するものなし。

朝陽赤峰の如きは運行價値は充分なるも總局自動車は賃銀高き為特種のものを除き他は悉く朦朧自動車のみを利用するもの多し、之が發達すれば葉峰線の如きは大打撃を蒙るものゝ如く思料せらる。

No.

赤峰林西間は匪賊の関係と道路不良の為に朦朧の運行困難なる為に郵局独占し居るも、赤峰圍場多倫・承徳平泉圍場多倫・承徳豊寧間等に於ては朦朧自動車の運行は近来特に甚しくなり利用者の比率は朦朧六に対し郵局四或は夫以下に在らずやと推定する。

ヨ－0022　B列5　28字×10　南滿洲鐵道株式會社　(15. 10. 7,500冊)

No.

熱河の蒙疆自動車発達の原因

昭和八、九年頃当時奉山鉄路局の営業は頗に振ひ毎月運行を持續した、入熱現今人にして熱河の自動車事業の有望なるに着眼し兵站監部に営業許可を出願する者激増した、出願の理由は奉山の賃率は余りに高き為に一般居住民の日常需要物資の配給に應じ難く此の儘推移せば邦人の発展を阻害する事甚しく依つて一般入熱邦人の福祉増進の為にと云々と謂ふ主旨の願書なりし為兵站監部の出願中彼は種々資料を得て再三熱河自動車事務所長宛運賃の値下げの要求があつた、總局自動車へは其の都度書面にて申達せるも如何とも為し難しとのみで在つた様な記憶が

No.

ある。茲に山路中佐は自身直接交渉せる由然るに運賃は従前通りを持續した兵站に於ては意を決し自家用の名の下に自動車運輸業者を許可した又自動車隊に於て交通統制を執りしも之等の自家用は次第に荷より人と化し之が運送業者の自家用車輌として公然と客貨輸送に從事し始めた。

サ－0022　B列5　28字×10　南滿洲鐵道株式會社　(15. 10. 7,500冊 一東福號)

No.

参考とすべき事項

(一)承徳憲兵分隊に於ては興局自動車には多大の期待を持って極力擁護に努め朦朧及不正行為を衛く満洲国軍用自動車協和會等に大弾圧を加へたが次第に治安維持さるゝに連れ朦朧自動車に依って輸送さるゝ物資は市中に於て二割乃至四割程度の安價に提供さるゝことを熟知するに至り更に軍隊方面に於ても「奉山の運賃は高い」と謂ふ声は次第に濃厚となった為に表面上取締の要ありとしても私生活上又は一般市民に取っては唯一の経済的の援助者たる立場にある朦朧自動車を或は積極的に取締り得べきものとは思考され居らず。

ヲ－0022　B列5　28字×10　南満洲鐵道株式會社　(15.10.7,500册)

No.

(二)商人側の立場から見れば「商即ち機なり」商売に機を逸しては商は成立しない殊に之が同一運賃であっても寸刻も速なるを要求する。又一(二)の運送が荷捌金融上等に及ぼす影響等を考へれば明瞭となる事柄であって如何に我々が手前味噌的我田の説を以てしても朦朧自動車の恩恵を肯定しなければならない殊に諸賃銀に於て格段の相違あり又日数に於て朝陽承徳間は殆んど一日運行にて到着しつゝあった。

(三)我々の採った処置は憲兵隊領事館等に連絡して之が徹底を期す可く努力したるも朦朧自動車は事実上民衆の実生活上必

ヲ—0022　B列5　28字×10　南満洲鐵道株式會社　(15. 10. 7.500冊)

No.

須の輸送機関となって居る現地としては相互扶助的関係が成立って居る故に官に於ても其の当座は表面取締をしても何等日常生活に対して恩恵を蒙らざる奉仕の故に掩護的の厳重なる取締が行はれるものとは思料されない裏面にては反って彼等を庇援する様な傾向さへ見えたのは主として承徳領事館方面であった。

兵站時代には友人関係に拠って好意的に自ら進んで朝陽附近に於てはトラックにて人員輸送を為す者は厳罰に処した、之が引揚後は所謂自由競争裏に放置状態を呈するに至った。

然し幹部従業員としては極力出先官憲と連絡を採り方法を構

No.

じたるも如何ともすること不可能であつた。

ョ—0022　B列5　28字×10　南滿洲鐵道株式會社

No.

騰隆自動車（調査）

(一)営業所在地　朝陽

(二)開業及閉鎖　昭和九年三月開業
〃十二年八月閉鎖

(三)組織　日満合辦　二千元
（日人　五〇〇元
満人　一五〇〇元）

(四)総利益　六万円

成立及方法

日人は元協和會鉄軍の運轉手として朝陽に居住中満人と知遇する所となりお互に自動車事業の有望なるを知り合議の結果日人は運轉を擔當し、満人は客貨の吸收を擔當し一ヶ月後には新車（フォードV8）二輌を加へ運轉手に満人二名、日人一名を雇傭し三輌にて朝陽赤峰間又は朝陽承德等に客貨輸送を目的とした、元より満人は朝陽に於て有力なる運送業者であった事は断って置し。

社報原稿用紙

No.

大同二年（昭和八年）頃ノ自動車交通事業

満洲ニ於テ自動車交通事業ヲ営ム者七二二名（昭和八年三月現在）之等営業者ハ日満鮮露人ニシテ邦人ノ経営ニ係ルモノハ関東州及満鉄附属地ニ限ラレ他ハ特殊地域ヲ除キ殆ンド満人ノ経営ニアリ或ハ満人名義デ露人ガ運行スルモノガ幾分アッタ、コレハ旧政権ガ其ノ権益ガ外人ニ移ルコトヲ懼レ外人ニハ権利ノ移譲ト営業ノ認可ヲ禁止シタ結果デアル

満洲ニ於ケル自動車ノ現保有数ハ軍用自動車ヲ除キ約五千輌ト称シ領土ノ割ニ如何ニ車輌数ノ僅少ナルコトヨ欧米ノ夫レニ比較シテ到底問題ニハナラヌ又、唯僅ニ朝鮮ノ夫レト比シ稍々相摩スル状態デアッテ而テ甚普及ノ

南満洲鐵道株式會社

■-0023　B列5　22字×10＝220字詰　（13. 6. 21,000冊 控満鐵納）

社報原稿用紙

No.

遅々トシテ振ハナカッタコトヲ知ルコトが出来ル

右保有数ノ内営業用自動車ハ二、五五一輌デアッテ之ヲ車種別ニスレバ客車二、〇九四輌、貨物車四五七輌デアル

亦営業者ト車輌数トノ割合ハ営業一ニ対シテ車輌三・五ノ割合デアッテ此ノ数字ニ拠ッテ知ル如ク満洲自動車交通事業ノ経営形態カ如何ニ小規模ノモノデアルカヲ窺知スルコトが出来ル

更ニ之ヲ地域的ニ観ルニ左記ニ示ス如ク関東州ニ於テハ営業者一一二者ニ対シテ自動車数六二二台デアッテ所有車輌数ハ五・五輌トナリ、満洲国ニ於テハ営業者六一〇者ニ対シテ車輌自動車数一、九二九台デアルカラ車輌数ハ三・一輌トナリ前者ハ後者ニ比シ所有車輌数ハ遥ニ多イ

南滿洲鐵道株式會社

■-0023　B版5　22字×10＝220字詰　(13.6.　3,000冊　松浦印刷)

社報原稿用紙

No.

地域別	営業者数	車輛数			備考
		客車	貨物車	計	
関東州	一一二	四八二	一四〇	六二二	
満洲国	六一〇	一、六一二	三一七	一、九二九	
計	七二二	二、〇九四	四五七	二、五五一	

斯ノ如ク自動車交通事業ノ発達ガ遅々トシテ進展セナカッタ理由ニハ種々アルガ一ツニハ自動車運行上重要ナル道路ノ不適ト匪賊ノ出没ト在来ノ支那馬車運送ニ妨ゲラレタルニ據ルコト、監督官庁ノ無統制ニ據ル同業者ノ乱立ニアッタコトモ素因ノ一ツデアル

翻テ其ノ運行範囲ノ程度ヲ一瞥スルニ関東州ヲ除キ満洲国ノ自動車交通運輸路線ハ概シテ鉄道ト並行又ハ斜角線上ニ過キナイ、而モ

南滿洲鐵道株式會社

■-0023　B判5　22字×10＝220字詰

(13.6. 5,000冊 [illegible])

No. ＿＿＿＿

社報原稿用紙

其ノ大部分ハ乗客用ノミデアッテ貨物自動車ノ活路ハ在来ノ荷馬車運送ノ為ニ壓迫セラレ、猶運行期間ハ道路ノ完備セル関東州ハ別トシテ満洲ニ於テハ四季ヲ通ジテ運行スル路線ハ当時約一〇〇〇粁ニ過ギズシテ全延長ノ約十分ノ一ニ過ギナイ哀ナ状態デアッタ

以下関東州及満洲ニ分類シテ若干ノ説明ヲ加ヘントス

イ、関東州ニ於ケル自動車交通

関東州ニ於ケル自動車交通事業ヲ類別スレバタクシー業（客車貸切）貨物運送業及乗合自動車ノ三ツデアッテ此内乗合業ニハ市内乗合、郊外乗合及遊覧及戦跡見学自動車ガアル、而シテ之等ノ營業車輌内容ヲ見ルト、車輌ハ客車四八二輌貨物車一四〇輌計六二二輌デア

南滿洲鐵道株式會社

B列5　22字×10＝220字詰

社報原稿用紙

No.

ツテ、タクシー用トシテハ箱型五人乗最モ多ク稀ニ七人乗ガアル車種ハフォード、シボレー、プリマス、エセックス、デソート等ガ主ナルモノデアツテ種類ハ二十数種ニ及ビ他地域（都市）ニ比シ新車ガ多イノハ注目ヲ引ク

乗合自動車ノ乗客定員ハ九人、二〇人、二一人、二二人ニシテ内二一人乗モノガ最モ多イ車種ハレオ、シボレー、フォード等ガ其主ナルモノデアル、ボデーノ外觀、車内ノ綺麗ナコトモ亦滿洲随一デ日本内地ノソレニ比シ遜色ハナイ

貨物自動車ノ積載容量ハ重量車四瓲車一輛五瓲車一輛ガ旅順市ニ在ル、他ハ全部一瓲車カラ三瓲車迄デアルガ就中一瓲半車ト二瓲車ガ最モ多イ、車種ハフォード、シボレー、ドッヂブラザー等ガ其主ナル

南滿洲鐵道株式會社

■-0023　B列5　22字×10＝220字詰　（13. 6. 3,000冊 松浦謄納）

No.

社報原稿用紙

モノデアル其他十七、八種ニ及ンデイル

尚関東州ニ於ケル自動車交通事業ノ経営者並車輛保有数ヲ挙ケナ見ルニ次ノ如クデアル

管轄区	営業者数	車輛数			備考
		乗合	貸車	計	
大連警察署	四八	三三九	五四	三九三	
西崗子　仝	一六	五五	三三	八八	
沙河口　仝	一三	四八	八	五六	
旅順　仝	一八	二七	二七	五四	
金州　仝	五	二	六	八	
普蘭店　仝	七	五	一〇	一五	
貔子窩　仝	五	六	二	八	
計	一一二	四八二	一四〇	六二二	

南満洲鐵道株式會社

-0023　B列5　22字×10=220字詰

社報原稿用紙

No.

~~キガアル其他十七、八種ニ及ンデヰル~~

タクシー業、當時關東州ニ於ケルタクシー業ニハ一定ノ營業所ヲ設ケ客ノ需メニ應ジテ運轉スル規定デアッテ哈爾濱又ハ日本内地一部主要都市ニ於ケルガ如キ街衢ヲ流シテ客ヲ需ムル所謂流シタクシートカ或ハ又繁華街ニ一定駐車場ヲ設ケテ客待スル種類ノモノト多少趣ヲ異ニシテ居タ

營業状態ハ數年前迄同業組合ナキ迄ハ無謀ナル競争ヲ事トシ之ガ爲ニ影響スル處ノモノハ車輛ノ修理及改善スルノ暇ナク自然共倒ノ悲運ニ立到ツタカ結局營業者ノ合同ニ依ル資本ノ強大化ト經營ノ合理化ト大ニ並行シテ同業組合ノ組織トハ漸次斯様ヲ円滑ナル發達ニ導キ自然車輛ノ完全ナル修理ハ勿論改善ニ意ヲ用フル餘裕ヲ示

南滿洲鐵道株式會社

B判5　22字×10＝220字詰

社報原稿用紙

No.

シ加之州内幹線道路補装殆ンド完成ニ従ッテ自動車運轉ノ性能著シク強化サレタ為ニ近時相次テ新車ヲ購入スルモノ多ク車種モ漸次高級車ヲ採用スル様ニナッタコトハ誠ニ喜ブベキ現象デ、往年中古ボロ自動車ガ真黒イエキゾストヲ振播シテ道往ク人ノ顔ヲ背ムケシメタル頃トハ全ク隔世ノ感ガアル、而シテ将来ニ於ケル斯業ノ営業見透ハ元来州内都邑ハ満洲各都邑ニ比シ遙カニ文化ノ恩恵ニ浴スルコト多ク又満人住民ノ生活状態モ遙ニ高ク、道路ノ完備ト加ヘテ治安ノ確保ハ古ヨリ斯業ノ発達ヲ促進シ来リタレバ今日ノ増加ニ伴ヒ益ニ進展スルモノト思料セラル。

貨物運送業。　従来貨物自動車ノ営業範囲ハ市内ニ限ラレ

南滿洲鐵道株式會社

＊-0023　B列5　22字×10＝220字詰　（13. 6. 3,000冊 松浦印刷）

社報原稿用紙

No.

又運送品貨物モ雑貨ト引越荷物ヲ主トシ且縦ニモ横ニモ営業範囲カ極度ニ限定サレテイタルカ州内道路網ノ完成ハ貨物自動車ノ営業範囲ヲ極度ニ拡メラレ道路ノ完成ト相俟ツテ貨物自動車ニヨル輸送営業ノ影響ハ地方農産物ノ生産種目ニ変改カ来サレタト謂フ位盛況ヲ呈スル様ニ至ツタ

今其ノ一例ヲ挙ゲルナラバ金州地方一帯ハ従来カ穀物生産地デ其他ニハ落花生ヲ主産物トシテ耕作シテイタカ今ヤ漸次果樹園ノ経営ニ移リ従前ニ比シ遙カニ農家ハ豊裕トナツタ、是即チ従来貨物自動車カ無カツタ頃ハ馬車カ鉄道ニ拠ル外ハナク斯リテハ新鮮ナル野菜ヲ市場ニ供給スルニハ実際問題トシテ困難デアツタ、然ルニ貨物自動車ノ

南滿洲鐵道株式會社

社報原稿用紙

No.

便ガ開ケテカラハ其日収穫サレタモノハ其日ニ大連市場ニ廉ク提供サルヽコトガ出来ルヨウニナッタ為メ漸次需要ヲ増シ農家ハ概今迄ノ農産物ヲ作ルヨリモ野菜類ヲ作ッタ方ガ遥カニ利益ガ多クナッタトイフ現象ヲ呈シタノデアル

又此ノ反面ニ自動車ノ出現ニ依リ他ノ交通機関特ニ鉄道ノ蒙ルトコロノ影響ハ尠クハナイ、中ニモ大連、旅順間、大連、金州、普蘭店間ノ打撃ハ相当大キイ、急ヲ要セザルモノ或ハ穀物其他安価品ハ別トシテ、雑貨果実類、野菜類、生魚類及ビ高級品又ハ急ヲ要スルモノハ殆ンド皆貨物自動車ニ依ッテ運送サレツヽアル現状デ、将来ニ向ッテモ其業績ハ大イニ期待サルヽニ至ッタ

社報原稿用紙

No.

乗合業、関東州内ニ於ケル乗合自動車ハ大正十三年十月ノ創立ニ係ル旅大自動車株式会社ノ旅順大連間ヲ運行スル乗合自動車ヲ以テ嚆矢トスル。之レハ極メテ小規模ノモノデ車体モ現在ノヨウナ大型ノモノデナク普通乗用車ヲ而モ中古品ヲ運転シテイタ。其後満電ガ大規模ナ計画ノモトニ旅大間ニ運輸営業ヲ開始スルニ当リ前記会社ハ之レヲ買収シタ

如斯州内ノ乗合自動車ハ最近ノ事ニ属スルモ其発達ハ長足的ナモノデアッタ。即チ創始ニ於テ述ベタ如ク州内道路網ノ完成ト相俟ッテ乗合自動車ノ発達ハ鉄道ニ甚大ナル影響ヲ及ボシタ。之ヲ地域的ニ謂ヘバ大連、金州間ノ旅客収入ハ半減シ猶大連旅順線ノ如キハ全ク乗合自動車ニ蚕食セラレ辛ジテ割引旅客ヲ得意トスルニ留ルノ状態トナッタ

南滿洲鐵道株式會社

No.

社報原稿用紙

如斯綜合自動車ノ活躍ハ州内運輸交通界ニ甚確固タル地歩ヲ占メ且ツ既存ノ交通機関ニ対立シテ脅威ヲ与ヘツヽアル程度ハ過キテ寧ロ既存ノ交通機関ハ自動車交通ノ支援協力無クシテハ存続シ難キ情勢ヲ示スニ至ツタ

南滿洲鐵道株式會社

No.

事変後ニ於ケル自動車交通ノ事業概觀

満洲事変ヲ契機トシテ満洲ノ事情ハ一変シタ、即チ満洲国ノ建国ニ伴ヒ政治ノ普及ト治安ノ確保ト産業ノ開発ト、文化ノ進展ヲ図ルニハ何ヨリモ先ヅ道完全ナル自動車道路ノ建設ガ最モ緊急ナルコトヲ必要トシ、政府ハ満洲国道路網ノ計画ヲ建テ之レガ延長六万粁ヲ十箇年ニテ完成スル目標ヲ以テ大同二年三月国道局官制ガ公布サレタ。別項述ブルガ如クデアル官制公布ト同時ニ道路ノ築造ニ着手シ所期ノ目的ニ邁進シツヽアルコトハ別項述ブルガ如クデアル

斯ノ如ク治安ノ確保ト道路ノ建設トハ必然的ニ自動車交通事業ヲ刺戟シ、特ニ従来邦人ノ此ノ種事業ノ経営ヲ認メナカツタモノガ、新

No.

政府ニ於テ望ムルコトトナッタノデ日満資本ノ張大化ト優秀ナル技術ト経営ノ合理化トハ斯業ノ円満ナル発展ヲ促進シ、或ハ鉄道ノ培養トナリ或ハ鉄道ノ代行機関トシテ其應用範囲ハ拡ケテ来タ、之ヲ一言ニシテ謂ハシムレバ満洲ニ於ケル自動車運輸事業ハ満洲ノ要ヲ明確ナル一劃線トシテ漸ク開拓進歩ノ第一期ヘ飛躍セントスル段階ニ到達シタモノト云へる

然シナガラ自動車ノ現保有数カラ回看ルトキハ別項ニ挙ケタ如ク僅数約九、〇〇〇輌（軍用車ヲ除ク）ト称サレ之ヲ広大ナル満洲ノ面積ニ比較シ如何ニ其輌数ノ僅少ナルコトヲアルカヲ窺知スルコトガ出来ル、而モ其ノ普及ハ固有ノ事情ノ為ニ今尚遅々トシテ進展セザル、

No.

此内営業用自動車ハ約五〇〇輌デアッテ、又之ヲ車種別ニスレバ完車約三〇〇輌、貨車約二〇〇輌デアル　営業者ト車輌トノ割合ハ営業者一ニ付テ車輌五・〇デアルカラ満洲ノ自動車交通事業ノ経営形態ガ如何ニ小規模ノモノデアルカハ判ル

ヨ－0022　B列5　28字×10　　南満洲鐵道株式會社　　(15.3.3,000冊 納川納)

No.

タクシー賃金表（奉天）（昭和八年七月七日認可）

区域	賃金 片道	往復	摘要
新市街、西塔、十間房（金城館迄）	五〇銭	九〇銭	
鉄道西	六〇	一〇〇	
西飛行場	一〇〇	一五〇	
皇姑屯	一〇〇	一五〇	
火葬場	一〇〇	一五〇	
商埠地	六〇	一〇〇	
大小西関	一〇〇	一五〇	
城内	一三〇	二〇〇	
大小東南北関	一六〇	二四〇	
関外兵工廠	二二〇	三二〇	
北陵	二五〇	四〇〇	三〇分間待ち時間共
東大営	五〇〇	｜	
北陵及城内	｜	五〇〇	二時間以内
瀋海駅	三〇〇	四〇〇	
北大営	二五〇	｜	往復は時間賃金に依る
東陵	｜	八〇〇	三時間以内
渾河迄	一五〇	二五〇	

ロ－0022　B列5　28字×10　南満洲鉄道株式会社　（15.10.7.500冊 一葉摺物）

社報原稿用紙

No.

八 九四〇年

ロ 満洲国ニ於ケル自動車交通

満洲国ニ於ケル自動車交通ノ概況ハ既ニ述ヘタ如クデアルカラ唯茲デハ其現勢ヲ数字的ニ表示スルコトニスル（之ニ若干ノ説明ヲ加ヘルコトニスル）

一、満洲国ニ於ケル自動車交通事業経営者及車輌数

省別	営業者数	車輌数			備考
		客車	貨車	計	
奉天省	一七六	四五九	一一一	五七〇	
吉林省	三四四	九六四	一三八	一、一〇二	
黒龍江省	八七	一六六	三五	二〇一	
熱河省	一	二〇	三〇	五〇	
興安省	二	三	三	六	
計	六一〇	一、六一二	三一七	一、九二九	

南満洲鐵道株式會社

満-0023 B列5 22字×10＝220字詰

以上ハ軍用車輛並ニ電氣車、トラクター類ヲ含マザル數字デアルガ寔ニ寥々タルモノデ熱河省ノ五十台、興安四省ノ六台ト謂フ如キハ信ジ難キ數字ニ過ギナイ之ニ比シ吉林省ハ奉天省ノ約倍即チ前者ハ千百二台後者ハ五百七十台デアル此現象ハ現在ト異リ哈爾濱ハ當時北滿ニ於ケル唯一ノ國際都市デ文化施設等奉天ヤ長春ノ比デナカツタカラデアル。又貨物自動車ノ數ガ乘用車ニ比シテ著シク少ナイコトハ郊外輸送道路ガ在來ノ侭デ自動車輸送ニ適セズ一般ニ普及サレテイナカツタコトガ如實ニ現ハレテイル

二、滿州國ニ於ケル長距離乘合自動車營業者並其路線延長粁及粁當旅客賃金

2

社報原稿用紙

No.

省別	長途乗合営業者数	長途乗合営業路線延長粁程	平均旅客運賃粁当(仙)	備考
奉天省	五七	四、一四八、九	四・六	
吉林省	六七	五、一四五、〇	五・九	
黒龍江省	七九	二、八三三、〇	六・八	
熱河省	一	五〇七、〇	五・三	
興安省	二	一、〇九五、〇	四・六	
計	二〇六	一三、七二八、九	二七・二	
		平均	五・四	

以上ノ如ク営業路線ノ延長粁ガ建国早々地方治安ノ未ダ確立セナイ当時ニ於テ非常ニ多イコト、更ニ道路施設ノ完備セヌ現

南満洲鐵道株式會社

＊-0023　B列5　22字×10＝220字詰　(13.6.3,000冊 松濱屋納)

3

No.

社報原稿用紙

在ト道路ノ不完備ノ当時ト比較シテ数字ノ甚ダ多イコトハ一見シテ甚不審ヲ抱カザルヲ得ヌトコロデアルガ、茲ニ現ハレテイル延長粁ハ実際運行路線ニハ相違ナキ路線デハアルガ、当時ノ運行状態ハ極テ不活溌ニ行ハレテイテノ甚シキハ権利ヲ得テノ運行ヲ休止シテイル路線、或ハ不定期運行ヲシテイル路線ガ多カツタトユフ状態デアツテ、今日ノ如キ定期運行ガ確実ニ行ハレテ居ルトユフ秩序整然タルモノハトハ格段ノ差ガアルカラ此数字ヨリ以テ今日ノ如キ運行状態ト同様ノ運行延線ト看做スコトハ謬リデアル

南満洲鉄道株式会社

■-0023　B列5　22字×10＝220字詰

(15. 0. 3,000冊 校通局納)

社報原稿用紙

No.

三、満洲国ニ於ケル長途乗合自動車運行期節別延長粁程

省別	四季運行粁	雨期ヲ除ク四季運行粁	冬期運行粁	合計
奉天省	一三四、〇	二、五七〇、四	一、四四四、五	四、一四八、九
吉林省	—	五七四、〇	四五七一、〇	五、一四五、〇
黒龍江省	七五、〇	—	二七五八、〇	二、八三三、〇
熱河省	五〇七、〇	—	—	五〇七、〇
興安省	三二八、〇	七六七、〇	—	一、〇九五、〇
合計	一〇四四、〇	三、九一一、四	八、七七三、五	一三、七二八、九

南満洲鐵道株式會社

■-0023　B判5　22字×10＝220字詰

No.

社報原稿用紙

以上ノ如ク四季通行可能地域ハ熱河、興安西省ヲ以テ占メテイル觀ヲ呈シテイルガ固ヨリ之ハ完全ナル道路建設以前ノ時代ニ於テ然リデアル、之ガ起因ハ地理的乃至ハ氣象的関係ニ基クモノデアル、即チ右地方ノ道路ハ地質ガ砂土混合或ハ砂礫デアリ加フルニ雨量降雪共ニ少量デアリ雨期ニ於テモ驟雨後数時間ヲ経過スレバ交通復活スルト云フ状態デアルカラデアル

之ニ反シ奉天、吉林、黒龍江地方ハ湿地帯多クソレニ道路地質ガ概ネ粘土質カラナリ一度降雨到ランカ忽チ交通杜絶スルト謂フ状態デアル、サレバ建設後ハ何ハサテ置キ一意道路建設ニ邁進シ着々工事ハ進メラレテイル

社報原稿用紙

No.

四、滿洲国ニ於ケル長途乗合自動車営業路線延長

最近滿洲国ニ於ケル長途乗合自動車ノ営業運行路線ハ国道局ノ新設路線或ハ市、省、縣ニ於テ改修セラレツツアル路線モアルガ之等ハ未ダ創始時代デ延長ニ於テモ省ノ數ニイラズ現在運行シツツアル路線ハ殆ンド全部ガ在来ノ舊道路デアル、此レ等ノ路線ノ運用ハ季節別ニ分ケレバ次ノ如クデアル

四季運行シ得ル路線　一、〇四四、〇粁

雨期ヲ除キ四季運行シ得ル路線　二、九三〇、四粁

冬季運行スル路線　六、三八二、五粁

計　一〇、三五六、九粁

南滿洲鐵道株式會社

-0023　B列5　22字×10=220字詰

7

社報原稿用紙

No.

季別路線明細表

四季運行シ得ル路線名

路線名		路線粁程
四平街	梨樹	一七
鞍山	劉二堡	一三
鞍山	騰鰲堡	一二
劉二堡	唐馬塞	一〇
鳳凰城	石頭城	三二
鳳凰城	白旗	四三
北票	朝陽	四〇

路線名		路線粁程
朝陽	赤峰	一八七
平泉	承徳	八〇
朝陽	凌源	一二〇
凌源	平泉	八〇
臨江	江岸渡江	七
黒河	璦琿	四〇
拉哈站	訥河	三五
海拉爾	ハンタカヤ	二九九
満洲里	札来諾尓	二九

計

南満洲鐵道株式會社　一〇四四

■-0023　B判5　22字×10＝220字詰　　(13. 5. 9,000冊 松浦屋納)

8

No.

社報原稿用紙

両期ヲ除キ四季運行シ得ル路線名

路線名	路線粁程	路線名	路線粁程
奉天 遼中	八七	復州 瓦房店	五二
奉天 法庫	九六	安東 大孤山	一〇五
奉天 大民屯	四一	黒山 打虎山	一二
鉄嶺 康平	八二	北鎮 中安台	一七
梨樹 楡樹台	一九	北鎮 青堆子	二五
大孤山 城子疃	一二一	北鎮 満都子	二九、
通化 奉天	三四八	義州 石山站	九九、二
遼陽 小北河	三四	通化 山城鎮	一三八

南満洲鐵道株式會社

■-0023 B判5 22字×10＝220字詰 (13. 6. 3,000冊 ...)

No.

社报原稿用纸

起点	终点	距离	起点	终点	距离
通化	八道江	八一	延吉	石章满	五六
新滨	南杂木	九二	龙井村	上三峰	三〇
辽阳	小北河	三四	龙井村	八道沟	三五
复州	瓦房店	五二	龙井村	三道沟	五一
安东	大孤山	一〇五	通辽	开鲁	一〇五
黑山	大虎山	一二	怀德	范家屯	五二、二
红阳镇	塔松	一六五	怀德	公主岭	五二
海龙	柳河	六四	三道沟	南坪	三二
新民	彰武	六四	海林	宁安	三五
龙井村	延吉	二二	延吉	图们	五八

南满洲铁道株式会社

■-0023　B列5　22字×10＝220字詰

社報原稿用紙

No.

老頭溝 明月溝	二七
満洲里 アルシャン	三九一
計	二七二七・四（二九三〇・四）

冬季運行スル路線名

路線名	路線粁程	路線名	路線粁程
公主嶺 懐徳	五二	復東鎮 花河	七〇
公主嶺 伊通	六一	復州 娘々宮	二九
海城 牛荘	二三	営口 蓋平	四〇
洮南 鄭家屯	七六	吉林 金路河	八一
四平街 復東鎮	七〇	哈爾濱 賓錦	六四〇

南満洲鐵道株式會社

※-0023 B判5 22字×10=220字詰

No.

社報原稿用紙

哈爾濱	五常	一九二
通河	烏吉密	一六〇
呼蘭	蘭西	五一
新京	大賚	二二九
新京	伏隆泉	九一
新京	長嶺子	一五四
營口	牛荘	三九.五
營口	田荘台	二六
營口	大石橋	二三
瞻榆	太平川	六五
洮南	突泉	一〇八
洮南	索倫	二三〇
洮南	大賚	一七五
吉林	樺甸	一四五
梨樹鎮	密山	一九一
梨樹鎮	勃利	二二六
敦化	延吉	一七九
琿春	慶源	二五
会寧	龍井村	五五
琿春	訓戎[illegible]	一五

南滿洲鐵道株式會社

■-0023　B列5　22字×10＝220字詰　　(13. 6. 3,000冊 [illegible])

社報原稿用紙

No.

起点	终点	里程	起点	终点	里程
方正	烏吉密河	一一八	黑河	呼瑪	二七八
方正	鳳山	九三	璦琿	奇克特	一四〇
新京	雙陽	五六	黑河	嫩江	三二〇
新京	伊通	七二	克山	拜泉	六〇
雙城堡	拉林	五四	安達	安達站	三五
陶賴昭	扶餘	一二六	呼蘭	哈爾濱	三五
齊齊哈爾	甘南	九三	肇州	滿溝	九九
昂昂溪	富拉爾基	二〇	肇東	安達站	五二
昂昂溪	齊齊哈爾	二五	濱	二道河子	一二五
訥河	嫩江	六〇	雙城堡	韓家店	三二

南滿洲鐵道株式會社

#-0023　B列5　22字×10＝220字詰　　(15. 6. 3,000冊 松浦印刷)

No.

社報原稿用紙

起点	終点	粁
克山	德都拉氏	五八
克山	北興鎮	七〇
慶城	綏化	五二
慶城	綏稜	三八
慶城	鐵驪	五八
慶城 綏北	慶南	三五
綏化 海倫	望奎 通北	四九
海倫 安達	拜泉 輔泉	九三
海倫	通北	八七
安達	拜泉	一三四
安達站	大同	八一
滿溝	蘭西	三五
肇州	林青山	一二六
海倫	倫河鎮	六四
計		六、三八二・五

以上ノ内ニハ冬期以外ハ絶對ニ交通不可能ノ路線ト若干改修ヲ施セバ通過可能ノ路線ガアル政府ニ於テハ逐次道路ノ建設

南滿洲鐵道株式會社

■-0023　B判5　22字×10=220字詰　（18.6. 3,000冊 標準規格）

6386

14

社報原稿用紙

No.

二着々進捗中テアレバ之等冬季ノミノ運行路線モ年ヲ逐テ四季

運行路線ト化スルデアラウ

南滿洲鐵道株式會社

■-0023　B判5　22字×10＝220字詰

(13. 6. 3,000冊 ……)

15

No.

東北交通委員会ノ設立ト交通部ノ設立

民国二十年九月舊東北軍閥政権崩壊スル当時ノ満蒙ノ統治機構モ壊滅ニ帰シタル為メ人心ノ動揺ト治安ノ紊乱ニ伴ヒ、交通機関ハ満鉄沿線ヲ除キ殆ント休止スルノ窮状ニ陥リ混乱ノ状亦忍ヒ難キモノアリ、茲ニ於テ交通機関整備ノ回復ハ一日タリトモ厳ニスヘカラサルモノアリテ遼寧省ノ有力者及鉄道当局者等カ相謀ツテ事変後ノ十月一日奉天ニ東北交通委員会ヲ組織シテ省内鉄道交通ノ統制監督ニ任シタノテアルカ之レカ即チ建国前ニ於ケル鉄道交通ノ行政機関テアツタ

大同元年三月一日満洲国ハ中外ニ建国宣言ヲ発シテ独立シ同月九日

No.

政務機構整ヒ交通部ノ設立ヲ告ゲタノテ同月十八日東北交通委員会ハ国務総理ヨリ解散ヲ命セラレタ

院令第一號

東北交通委員会及交通部ニ令ス

現在既ニ交通部ノ成立ヲ見タルヲ以テ従前設置ノ東北交通委員會ハ速ニ解散シ一切ノ文書類ハ既決未決ヲ問ハス悉ク東北交通部ニ引渡シ處理セシム尚引次ノ情況ハ追テ報告サレ度

大同元年三月十八日

国務総理 鄭孝胥

No.

熱河省に於ける交通概況

熱河省が今や五百萬の移住民を抱擁しつゝ依然として尚旧態を存し天與の利源更に開発せられざるもの一に交通機関の缺陥に基因し世人今尚ほ辺外不毛の荒野を以て目する所以なり

現在熱河省に於ける交通機関は不完全なる陸路と唯一の灤河水路あるのみ然も灤河は水少く上流地方に於ては水運の天利に浴すること能はざるの憾みあり陸路にありては卓索図盟の山岳地帯を除き他は概ね険難の山川無きを以て若し道路の不完全を問はざれば運輸交通上甚だしき障礙を見ず且つ開拓地方には幾多大小の市場あり之を中心として道路は四方に通ひ

熱河省、営口商工会議所調　昭七年九月

ヨ－0022　B列5　28字×10　南満洲鐵道株式會社　(15. 10. 7,500冊 一[illegible])

No.

土産の集散貨物の輻輳常に頻繁を極め車輌駄獸の運輸機関路路設備せられ近年また聯合自動車の運轉を開始するものあるに至れり鐵道に至りては豫定線のみ徒に多く發表せられ未だ一線の敷設を見ざるも將来速に之が完成を企図し暗黒裏に埋藏せる天興の富源を開發し蒙昧なる土民をして一日も早く文明の曙光に浴せしめんことを吾人の切に希望して止まざる所なり

一

ヨ—0022　B列5　28字×10　南満洲鐵道株式會社　(15. 10. 7.500冊)

No.

熱河省　営口商工会　昭七、九

熱河省に於ける自動車交通

熱河に於ては近時道路の修築をなさしめ之に自動車を運行せしめんとするの計画随處に起りつゝあるは蒙古に於ける交通史上の一大革命にして其の発達の速かならんことを希望するものなるが道路の不良（道路を修築するも大車によりて破壊せらるゝなり）並に在来荷馬車の低廉なる運賃に牽制せられ未だ以て其の成績を挙げ得ざる事情にあり

ヨ－0022　B列5　28字×10　南滿洲鐵道株式會社　(15. 10. 7,500冊)

No.

熱河交通長途汽車公司（熱河北平間）

熱河省管内には従来開魯通遼間承徳北平間朝陽北票間に集合自動車ありたるが其の後一時戦争の終熄により熱河交通隊所屬軍用自動車の必要なきに至りし為省政府は之を利用して官辦熱河交通長途汽車公司なるものを設立し民國十八年十二月一日より左の路線を開業せり

承徳北平間　旅客運賃　現大洋　十三元二角

承徳平泉間　旅客運賃　現大洋　五元四角

赤峰林南倉間　旅客運賃　現大洋　二十四元五角

赤峰北票間　旅客運賃　現大洋　十三元五角

No.

承徳北票間　旅客運賃　現大洋　二十元七角

然るに其の後北票が完全なる東北政権の管轄に帰するや熱河と東北との交通路たりし熱河北票間は一変して熱河北平線に移りたる結果省政府は承徳北票間を除きたる他の四線を廃し之に使用したる車輌全部を承徳北平間に集中し目下盛んに営業継續中なり

ヨ－0022　B列5　28字×10　南満洲鐵道株式會社　(15. 10. 7.500冊)

No.

赤平倉吉星長途汽車公司（赤峰林南倉間）

官辦熱河交通長途汽車公司の赤峰林南倉線廃止に伴ひ新たに

民間にて創設したる公司にして小型二輛を以て目下左記間に

不定期運轉をなしつゝあり

赤峰平泉間　　旅客運賃　現大洋　十二元

平泉林南倉間　　〃　　　〃　　　十三元

赤峰林南倉間は三天両宿にして第一日は平線第二日は撒河橋

に宿泊第三日には林南倉に到着同地よりは毎日北寧鐵道唐山

驛へ来合自動車往復の便あり其の運賃現大洋二元なりと云ふ

No.

流星長途汽車公司（北票朝陽間）

北票朝陽間九十支里を大型一輛を以て一日一回往復乗合定員十六名片道運賃大洋二元一角にして相當の收益あり營業成績良好なりと云ふ。

ヨ－0022　B列5　28字×10　南滿洲鐵道株式會社　(15. 10. 7.500册)

No.

興隆汽車公司　（通遼開魯間）

通遼開魯間百八十支里毎日一回定期運轉をなすものにして乗客定員、六名片道運賃大洋五元とす、遠く林西縣迄貸切車を発するも乗合自動車は未だ開始せず通遼開魯間乗合自動車は三玉長、飛雲、永安の三公司あるも何れも車体不良にして営業不振と云ふ、

ヨ－0022　B列5　28字×10　南滿洲鐵道株式會社　(15. 10. 7,500册 一善總納)

No.

昭和四年十二月一日官辦熱河交通長途汽車公司創設せられ承徳を中心に

1 東方北平に至る線

2. 東方平泉に至る線

3 北票に至る線

4 赤峰を起点とし林南倉に至る線

5 赤峰より北票に至る線

の五つを経営せしが北平が東北軍の管理に属するや、第一線を残し他を廃止したる為第四線の経営を民営赤平倉吉星長途

ヨ－0022　B列5　28字×10　南満洲鐵道株式會社　(15. 10. 7,500冊 一言印刷)

汽車公司営業し三日二泊を以て運轉し北票朝陽間は流星長途

汽車公司　通遼開魯間は興隆汽車公司経営せり

貨物自動車は林西迄通ずるもの、如し

No.

事変前後に於ける外国人自動車経営の実状

民国長途自動車公司條令其他同取締規則等が制定せられたのは民国七年にして、民国公共民営事業監督條令及遼寧省普通営業自動車管理章程等の公布せられたのは同十八年である、更に十九年には重訂長途自動車取締暫行章程の公布を見た、そこで之等法規の発布後に於ては一律に一般公共事業の民営及自動車営業に関しては之が適用を見たのである、従つて中国各地及東三省内にあつては右法規の発布前より存立せるもの、或は特に政府の指示に依れるもの以外は外国人経営の自動車営業或は同事業に対する外国人の投資及外債等は存在せさる理であるが、実際問題と

No.

としては必ずしも然らざるが如く復雑なる事情のもとに存在するものがあつた、当時満洲に於ける状態を見るに、一般公共事業に就ては同民営公共事業監督條令の公布せられてから未だ日が浅く、且つ事変勃発直の期間も極めて短く此間の事情が審かではないが、事変後に於ては旧中国法規を踏行し斯種事業にして日満合弁の形式又は単独或は個人の資格にて経営せらるゝものが尠なくなかつた、即ち航空、通信会社の特殊会社を除外するも、電気事業にして合併或は創立せられたるものゝ一にして止まらず、安東電燈廠、吉林電燈、敦化電燈廠等何れも然りである、之等は従来の法規上から論すれば事業監督條令に違反するものと云ひ得るであらふ、

No.

自動車事業にあつては昭和二年四月奉天附属地に満洲自動車会社の進出を認可した最も此の認可に至る迄での経緯には複雑な條件が絡まつてゐたが今五年に至つて此の認可も遂に取消されて終つた、事変前には長春城内乗合自動車営業権を支人某に認可してゐたる事実があつて、現に其の権利を満電に於て継承して運行中であつた、尚又一般タクシーにあつては満鉄附属地内に於て営業してゐる者は大体に於て城内乗入れを認めてゐたようであるが、城内に於ての運輸営業は認可されてゐなかつた、之れは中国側が附属地に乗入れを日本側が默認すると同様である、之等の事情は遼陽、奉天、長春、等何れも然りである、但し哈爾濱に於ては日満、露、各営業者が

No.

自由に営業を開始してゐた。特例がある、之等は何れも特別市政公署の認可を得て経営に当つてゐたもので此の事実は事変前より後に継続された、

然して長途自動車公司條令其他の規則発布後に於て満洲各地に開設されたる中国人以外の者を代表とする合資又は個人経営に係る長途自動車営業者は次の如く日鮮人向にありては僅に七件にしか過ぎなかった

所在地	営業者名	創立年月	組織(国別)	運轉区間
安東	九三洋行	昭三、三	(日)	安東—大孤山
安東	安東タクシー	昭二、五	(日)	安東—沙河鎮—大孤山

No.

同　急	天德汽車行	昭三、一一、	合資（鮮）	局子街—龍井
同　急	大通汽車行	昭三、三、	合資（鮮）	老頭溝—延吉
齊々哈爾	ゴレチエンコ	民一七、	（露）	齊々哈爾—昂々溪
通遼	東魯汽車公司	民一八、	合資（日支）	通遼—開魯
滿洲里	ソフトルクラロート	民一五、	合辦（露蒙）	滿洲里、桑貝子—庫倫—ボルジヤ
黑河	チエプリン	〃	合辦（露支）	
黑河	クスコーフ		合辦（露）	
長春	興埠汽車行	昭四、六、	合資（日）	長春—農安—雙陽
長春	興業汽車公司	民一五、九、	合資（日）	仝上

ヲ－0022　B列5　28字×10　南滿洲鐵道株式會社　（16. 6. 6,000冊 鮎川納）

No.

即ち東省汽車公司及長春興隆汽車行の創設は遼寧省自動車営業取締章程発布の年度或は其後に於て行はれたものである
事変後に於ては以上の日鮮露人の経営持続する外満人営業者は俄に続出したるために統制を乱したるの観があった、現に昭和八年二月末現在各地に於ける満洲国人以外の経営する長途営業者の判明する者は次の如くであった

所在地	営業者名	営業所所在地	組織（系統）	営業区間
安東	吉田交通株式会社（丸三タクシー）	居留地	株式（日）	安東、舊市街、ー大孤山
海城	利通公司	附属地	合弁（日支）	海城ー牛荘
開原	吉川タクシー	仝	個人（日）	附属地ー城内ー背後地一帯

No.

開東	国際支店	附属地	会社兼営	(日)	附属地—城内—背後地一帯
長春	満電支店	仝	〃	(日)	附属地、城内—寛城子—南嶺
斉々哈爾	大同タクシー	城西市	個人	(日)	斉々哈爾—龍江昂々渓
仝	国際支店	〃	会社兼営	(日)	斉哈爾市内及背後地
間島	信義洋行	龍井	個人	(日)	局子街、龍井、上三峰、灰漠洞、百草溝
仝	京城自動車部	龍井		(鮮)	龍井、頭道溝
仝	三友自動車部	龍井	合資	(鮮)	龍井—上三峰
仝	海東自動車部	龍井		(鮮)	仝上
仝	石井自動車部	局子街	個人	(日)	局子街—百草溝—灰漠洞
仝	大同自動車部	灰漠洞		(日)	局子街、灰漠洞—潼関鎮

No.

間島	纖氏自動車部	朝鮮	個人	(日)	~~龍陽川—八道溝~~ 琿春—訓戎
同	川端倉太郎	八道溝	個人	(日)	龍陽川—八道溝
仝	藤澤兼吉	琿春	個人	(日)	琿春—訓戎
四平街	永田汽車公司	附属地	個人	(日)	附属地—縣城—背後地
鉄嶺	鉄法長途汽車公司	仝	合資	(日)	鉄嶺—法庫門—奉天
仝	大同長途汽車公司	城内	個人	(日)	鉄嶺—法庫—
通遼	東蒙汽車公司	通遼	合資	(日)	通遼—開魯
間島	鷹池自動車部	龍井	個人	(日)	市内來往

右の外哈爾濱を中心として松花江岸に沿ふて長途自動車営業に従事する大同汽車公司、長野汽車公司、國際運輸支店自動車部其他

No.

の日系長途営業者あり、又日系以外の外人経営の状態は詳ならざれども察するに黒河地方、西部国境地方及東部国境地方に在りては従前よりの関係を考慮し引続き露人経営者相当数に上れるもの、如し、因に吉林に於ては商埠地、城内乗合其他一般自動車営業は日、鮮・満何れたりとを問はず同様に之を免許し市区の内外及郊外を運行せしむる路系統割振りであった。

ヨ－0022　B列5　28字×10　南満洲鉄道株式會社　（16. 6. 5,000冊 鮎川納）

No.

舊中國關係法規の缺陷

嘗て中國政府及東三省政府當局より公布せられたる自動車事業に關する關係法規は其主要なるものを摘錄するに次の通りである、但し省政府發布のものは其代表的なるものとして遼寧省の分を揭げ他は之を省略することにした

一、長途自動車公司條令　民國七、七、二九日交令二二九

二、長途自動車公司營業規則　民國七、七、二九日交令二三〇

三、長途自動車公司許可證發給規則　民國七、八、九日交令二四五

四、民營公共事業監督條例　民國十八、一二、二一日　政府公報

五、自動車取締規則　（奉天省）

No.

六、自動车道路土地租用辦法大綱　民国一八、三、一日　遼公三六

七、普通営業自動车取締暫行章程　民国一八、一〇、一五日　遼公二五二

八、普通営業自動车免許証発給規則　仝上

九、遼寧省公共自動车暫行規則　仝上

一〇、遼寧省自動车運行暫行規則　仝上

一一、建設庁重訂長途自動车取締暫行章程　民国一九、六、三〇　遼公一七八

一二、修正建設庁自動车路用地賃借買収辦法大綱　民国一九、六、三〇　遼公一七八

一三、公路法（国民法規）　民国一八、一二、二六日国民政府公布

ヨ－0022　B列5　28字×10　南滿洲鐵道株式會社　(16. 6. 5,000冊 [illegible])

No.

事にして、所謂地方的運輸取締規則、自動車交通整理指示法等は別として右の如く十数種に及んで居る、然るに之等関係法規に就て其内容を検討するに、民国政府の公布に係る長途自動車公司條令にては、其第一條に於て「中国人が資本を集め云々」と規定し、茲に本事業の経営は中国人の組織する法人団体とし其資本も亦自国資本に拠るべきことを示し、同長途自動車営業取締規則第三條にては自動車運転手は自国民に限ることを明記せるも、奉天省自動車取締規則第九條には外国人運転手に関する規程を設け前規程と抵触する法を定めたり、次に同国政府公布の公共民営事業監督條令第十六條には民営公共事業は外株を加入せしむること或は

ヨ－0022　B列5　28字×10　南滿洲鐵道株式會社

外債の抵当と為すことを得ずと規定し絶体外国資本の投資を禁じ第十六條に於ては此禁を犯す者に対する罰則を制定してゐる遼寧省普通営業自動車取締暫行章程第四條には会社の株金は中国人のみの投資に限定し且外債借入を禁じたるも、本規則に於ては車輛の運轉手は試験に合格したるものと定めたる外特に其国籍に関する制限を設けず、熱河長途自動車取締暫行章程第一條には中華民国人民は本章程の規程に依り長途自動車会社或は自動車営業店を設けて客貨の運輸業を営むことを得る旨規定し、国民政府の意に従ひ其の公布せる長途自動車公司條令の法文と一致せしむ、同第八條には資本は中国資本に限定し第十二條にては運轉手の資格を定めたるも、

ヨ－0022　B列5　28字×10　南滿洲鐵道株式會社

No.

其試験或は検定規則は別に之を定むと在り、其の内容を窺知し難きも、国民政府の精神に従へば同長途自動車営業取締規則に示されたるが如く其国籍に関する制限を附するならむか、即ち如斯事業の経営者、資本、運輸技術等に関し狭義の制限を附したるは明かに法の缺陥にして、右に依れば本事業に対しては全く門戸を閉鎖し以て事業の最大原動力たる資本の流入を防ぎ、優秀なる技術の移入と経営の才を用ふるに處なからしめ事業の発展を阻止するものにして、而も統制の正しからさる等の結果は其他の事情と相俟つて現状の如く本事業の振はさる原因を為したるものである

支那官憲の圧迫時代

昭和時代の初期は欧洲大戦後の世界的不況の襲来と当時支那がロシヤ側の利権回収に意外の成績を収めたるに乗じ排日運動に転じ一般日本側事業を極度に圧迫した時代である。

即ち張作霖の死後その子張学良が満洲及河北の主席となるに及び、支那中央政府と提携することに依り自己の政治的勢力を維持するに汲々とし、その権限の及ぶ範囲に於てあらゆる手段を弄して排日を行ひ、日本の特殊利権を妨害し減殺するの方針を採つた。しかしその傾向は年と共に病的となり遂には日本の勢力を満洲より駆逐せんとの非望をさへ懐くに至つた

従つて昭和六年九月十八日の所謂満洲事変直前迄は満洲の諸情勢は一つの例外もなく日本と学良政権との対立であつた

政治的には満鉄買收、旅大回收運動となり、軍事的及教

背的には奉天兵工广の建設、排日教材の利用となり産業的には官銀號の活躍となり満鉄併行線問題に続いて不当課税問題に至つた

邦人自動車営業者の営業の成績に至つては然を除き交通と技術に於ては已に飽和状態に達し、帯状をなす満鉄沿線猶狭の地には最早や協定し得ないことにあつた　然し如何せん上述の如き圧迫を蒙り已得権まで奪はれ邦人として附属地外の地に於て如何なる方法を講ずるも営業を為すを得へなかつた実に髀肉の歎に堪へなかつたものがある

従来附属地以外に於ては邦人自動車営業者は支那人名義か或は日支合弁と云ふ形式で経行的に地方官憲が黙認してゐたもので曲りなりにも営業を継続して来たのであるが、遂に排日運動の激化すると共に

No.

日本側
支那側

右の表中両者の比率を比較するに当り、一考を要することは

台数　台　台　比率

その事業活動地域と人口の点であるが満洲側は広袤百四十二万平方粁の地域、人口約三千四百万と称せらるゝに反し日本側の活動範囲は関東州及南満洲鉄道附属地に在る面積合せて三千七百平方粁、人口約百四十三万に過ぎない、この事実を考慮に入るゝとき比較の実情思い半ばに過ぎるものがある

ヲ－0022　B列5　18字×10　南満洲鐵道株式會社　(15. 10. 7,500冊 …)

No.

満洲事変前後に於ける満洲の自動車交通事業は前に述べた如く全く跛行的状態を以て推移したので、自動車事業統制の必要は何人も痛切に之を感じつゝあったのであるが、政治的事由に依り拱手傍観如何ともなし得なかったのである

然るに満洲事変の勃発となり、続いて満洲国独立が実現された結果、従来の不快なる事情は一掃せられ、経済的活動が政治的に保障されるに及び、日本側自動車運輸事業は堰を破った河水の一時に奔流する如く広漠たる満洲の野に急速度に発展飛躍したのである

南満洲鐵道株式會社

No.

第一項　運輸概況及営業路線

事変前に於ける自動車運輸事業

満洲各都市に於ける市街運輸即ちタクシー、バスと市街地を中心として鉄道沿線以外の都邑とを聯絡する即ち市外バス（乗合自動車）の三種であつて之に使用せられてをる車体は各種各様であるが今之を製造会社別にする時は実に四十余種にして自家用車に於て最も種類が多い。　自家用車は機械の堅牢は勿論ボデー（車体）の優美なるものを一般に愛用し且つ各種関係に依て需要してをるのである。繰て営業用に在ては機械の堅牢なるを主としシヤシー、ボデー（車台、車体）之に伴ひ而して高速度と高能率を得るものを選び従て風抵抗を減じ得るボデーを一般に要求するを

No.

以て製造會社は漸次之等を研究して所謂水雷型とも稱すべき軽快なるものを製造する傾向である、而して製造國別に於ては米國製品が過半を占めてゐる

市街地に於ける自動車運輸は大連、哈爾浜、奉天、長春、安東等の地方にして、タクシー、バス（乗合）共に益々發達の趨勢を示してゐる，我附屬地に於けるものは我官憲の交通取締規程に依て凡て運輸營業に從事し運轉事故等發生の場合に於ては容易に處置を辨じ得るも附屬地外に於ける支那官衙の取締に依るものは夫の取締不徹底にして運輸不確実因つ事故發生等に対する處置緩慢にして人畜等の被害事故も往々にして何等補償を受けず其

流線型

ヨ－0022　B列5　28字×10　　南滿洲鐵道株式會社　　13. 3. 3,000冊

No.

屡に看過することがある殊に地方都邑に聯絡するものに在ては其運転時間の不正確なると夫等車輛の多数は概ね中古品を以てし且つ車輛の手入不充分なると悪道路に加へて動揺甚だしく乗心地不快なることは各地方共殆ど共通の弊である。而て之が営業振(1)を通覧するに各地に於けるものは記述の如く大なる資本を用ひずして公司又は個人経営等各地各々其営業状態を異にして居る即ち現在に於ける満洲の自動車は所謂試運転時代に属してをる。而して之等取締の官憲も亦各地各様であつて或は厳に或は緩に全く統一せられてをらない所謂研究時代であるから少し営業状態が好成績だと伝へらるれば忽ち同業者が其処に簇生

No.

して共倒れの悲運に沈淪して営業の收拾に困憊する者が決して尠くない。而して投資額に於ても事業者に於ては概ね車輛購入費を限度とし融通資本等を有する者は極少である。之等は沿線都市と地方都邑とを聯絡する乗合自動車が殆んど之である。大連旅順、鉄道沿線等の各都市に於ける市街自動車ノ営業者は邦人が主であって少数の支那人と露西亜人がある。然しながら哈爾浜以北に於けるものは即ち我勢力圏外であって支露人が主である而して之等の都市を中心として地方都邑を聯絡運転するものは殆ど支那人の経営である之は其管掌が支那官憲であって専ら外資を防圧してをるかであるからである之等の運転状態は各地自

No.

動車運行概況に於て述ぶる通りであって殆ど冬季に限られ一部に於て僅に全年營業すると雖夏季降雨等の為充分の運轉成績を挙げ得ない状態である、奉天を中心とするものに瀋陽長途汽車公司がある。同公司は道路を特に改修して殆んど独占的に使用營業しておる一異彩である。

冬期間運轉するものは各地に於て各々早晩の差は免れない。然し毎年十、十一月の候に於て各河川の結氷を待て運轉を開始し翌年三、四月に至って閉止する。此間即ち六箇月間の營業をなすものである。運転休止期間の約六箇月間は徒らに車庫内或は院内に雨覆ひをなして格納しておる。甚多くは汽筩其他主要部

ヨ—0022　B列5　28字×10　南滿洲鐵道株式會社　（15.3.3,000冊）

No.

分の機械類は取放して安全に保管する者が多い。然れども稀には車輛を他地方即ち全年運行し得る都市に移轉して引續き運轉營業するもの等もあるが斯の如きは東支南部線の沿線都市に於て往々見受ける處である

而して其營業振りを見るに多くは經營者自ら事務所を設けずして投資者は單に車輛のみを購入して之を代理者に委ね乘客の收集金錢の收入等は客桟之を取扱ひ客桟は二三分の手數料を得る規約の下に旅宿と共に兼業し或は店舗の一部に事務所を設け專ら乘降客を取扱ふ者又は店舗の兼業としてある者であつて殆ど一定して居ない運轉營業に關する稅金は地方に於て或は徴收

ヨ－0022　B列5　28字×10　南滿洲鐵道株式會社　(15.3.3.000冊)

或は何等之等の拘束を受けず所謂勝手に営業しておる地方もある。更に営業上最も細心の注意と研究を要すべき運転手及所要消費油量の廉價購入に対しては別段の注意を用ひず為に運転手は亦ふじて車輛を操縦し車体の手入は勿論消費油の節約等の注意を放漫し且つ営業主も斯業の経験に乏しく未熟なる運転手の欲するに委せ徒らに機械の故障を誘発し車体の破損を生ぜしめ従て車輛の生命を短縮し且多量の消耗品を空費するため営業収支の償はざる悲境に陥る者も往々目にする處である。運転事故に就ては詳細なる調査を得ざれども人畜に対する殺傷事故は比較的勘少ない。之れは各地方の道路は比較的人馬の通行輛

ヨ－0022　B列5　28字×10　南滿洲鐵道株式會社　（13．3．3，000冊 鮎川納）

No.

躾せず旧地方住民も自動車の運転に対して正直であつて細心の注意を以て接してをる為である。其他匪賊の被害はあれ共之亦少数であつて多いのは機械の故障に依る運転事故である。之等の故障は前陳の如く畢竟車輌の不完全なるに加へ運転手の機械に対する智識不充分にして平素の手入保修の不備と使用燃料の粗悪と通過道路の荒廃に基くものであるが之等は新設計画者の大に参考とすべき点である。

斯の如く計画的営業法に依らず漫然として運輸営業するに拘はらず比較的多く收支相償ふ者多き奇観を呈するは下の如き理由によるのである。由来支那人は利を見ること敏く使用人の節

No.

約等の如き営業の緊縮を専ら考慮し車輌の保修に重きを置かず概ね中古品を以て運転可能限度迄酷使して原價償却等を顧慮せず徒らに運轉経費を節約し以て收入を計る等他の追従を許さぬ営業振りを発揮し殊に其組織の如何に拘ず投資額は車輌購入費の外殆ど固定資金を準備する者尠く消耗品類の購入の如きは普通商品と同じく延べ取引を以て仕入れ営業收入を以て之を支拂ひ居るを以て固定資金の多額を要せないからである

ヨ－0022　B列5　28字×10　南満洲鐵道株式會社　(15.3.3,000冊 [illegible])

No.

第六節　自動車交通

満蒙に於ける自動車交通は、欧洲大戦に依て漸く之が發達の萌芽を見、当时は哈尔浜市を中心とし、冬季郊外著名の都邑出稼運轉をなし、夏季は復歸して市中運轉をなす状態であったが其後の發達に目覚しきものあり、長距離運轉に在ては自動車専用道路の築造が各地に企図或は改修を促進するに到り、斯業経営上漸く一新紀元を劃し今や満蒙幹線鉄道沿線と直角或は斜角線状に運行して、奥地都邑と連絡し、漸次長距離運轉を敢行する傾向を馴致せられた

然し之等各地方に運轉するものは殆んど乗客用にして貨物輸

074
5P

ヨ—Q022　B列5　28字×10　南満洲鐵道株式會社　(15. 10. 7.500冊 ―審補輪)

No.

送用としては関東州内及西部露支国境地方に於て不定期的に運行せらるる外主要地内の短距離運轉に過ぎない　其他産業方面に利用するものは北部興安嶺林区に於て木材運搬用及黒龍江省の一部地方にて農耕用として試用せられつつあるが、未だ極めて振はない現状であつて試験時代に屬する而して各地に於ける運轉は概ね（市街地を除く）各河川沼澤の凍結せる冬季として、四季を通じて運行するは洮南、斉々哈爾、海拉爾、満洲里、等各地方の一部であつて降雨期に際しては、その運行は不可能に陥るを免れない而て概ね各年十月下旬より翌年三月頃の約六ケ月間運轉するを普通とする各地に散在する各種自動車の数量

ヨ－0022　B列5　28字×10　南満洲鐵道株式會社　(15. 10. 7.500冊)

No.

はその確数を知るを得されども従来の分布状態より推算すれば約五、三〇〇餘台と推定する

関東州内地方　一、一〇〇台
関東州外満鉄沿線地方　一、六〇〇台
四洮々昂沿線地方　一、〇〇〇台
瀋海吉長吉敦沿線地方　一、三〇〇台
東支沿線地方　九〇〇台
哈尔浜地方　三〇〇台
呼海松花江沿岸黒河附近地方　二三〇台
計　五、三六〇台

ヨ—0022　B列5　28字×10　南滿洲鐵道株式會社　(15.10.7.500冊 一番…)

No.

今之を東三省並各地に於ける総人口と対照するに

人口と自動車比数

国別	自動車数当	人口割合
東三省	一台当	五四、〇〇〇
関東州及満鉄附属地	〃	八、九〇〇
日本	〃	一、二五〇
米国	〃	五

更に満洲に於ける五〇台以上を運転する都市は次の一一ヶ所である

大連、旅順、奉天、撫順、安東、長春、吉林、哈尔浜、安達

No.

斉々哈尔、満洲里

而て、車種に就て見るに初期時代に於てはフォード型が全盛であつたが、最近各種優秀車續出し、殊に近来勃興せる長距離バス運轉の如きは堅牢なるインタートナショナル、グラハムブラザー、ドッヂ等が需要せられ、経営上投資金は多額を要するも、畢竟堅牢なる耐久力に富むものが採算上有利であつて、舊来型は逐年改良せられつつある。

各地に運轉するものは、実に其の種類六十餘種に亘り、極めて復雑を呈しているが、之等の輸入系路は欧米仕出大連経由及営口安東であるが、其の内で大連が最も多い。

No.

自動車及燃料輸入年表

種別	大正十三年	同十四年	昭和元年	同二年	同三年	同四年	同五年
自動車　台	九四	四九六	一、〇五六	一、〇五	一、一三九	二、一三九	八五〇
燃料　瓦	一、二〇〇、五八一	二、〇三六、九五六	二、八五六、〇〇六	四、三六九、六三三	四、八四〇、〇六五	六、六〇五、三八	三、五八四、六〇〇

右の如く逐年輸入数量を増加し、殊に燃料に於ても尤も遞増してゐるが、一方に於ては鞍山産出のベンヅールも亦、奉天以北地方に相当数量を移出し、輸入ガソリンと混戦状態を現出してゐる

斯の如く既に鉄道の東北各省主要都市を連絡し、自動車は之等鉄道と相連絡して郊外都邑と相通じてゐるのではあるが、未だ

No.

其運行範囲は僅に直角又は斜角線形を走る短距離にして、その営業期間は概ね冬季間であつて之が延運轉距離概算約三二、八〇〇支里中全年を通じて運行する延里程は、僅に七、〇〇〇支里に過ぎないものの様である

而て之等は前陳の如き乗客用であつて貨物用運轉發達の遅々たるは、各種の原因を有すると雖、自動車運轉要件の第一要件たる道路の不適と共に在来輸送機関たる馬車に妨げられ所期の採算に合致しない為である。

然し従来の鉄道中心主義即ち軌道交通輸送は建設費に巨額の固定資金を必要とするに反し、自動車輸送経営はその半額を以

No.

て経営が出来るのみならず、軌道輸送の如く限られたる、一定路線の輸送でなく自由に路線を選択し得るのである満蒙の地は一部地方の山岳地帯を除く外、所謂平野であって自動車路の建設費の数割を以て修築が出来ることを考ふる時、自動車による貨客輸送の将来は多幸なりと云はねばならぬ

ヨ－0022　B列5　28字×10　南満洲鐵道株式會社　(15. 10. 7.500册 一審編輯)

No.

昭和五年六月　H3/15

四平街

四平街・梨樹間自動車の交通に就て

四平街・梨樹間の乗合自動車の運轉は大正十五年頃より開始せられつゝあり。現在の營業者は梨樹及四平街に本支店を有し乗客の多少に依り運轉回數は不同なるも普通一日三往復の運轉をなしつゝあり。其の營業者を掲ぐれば左の如し

營業者名	車數 大型	車數 小型	車數 計	賃金	備考
平台長途汽車公司	五	二	七	現大洋一元	不定期なるも乗客ある場合は梨樹、楡樹台間も往復し
德利成	一	一	二	〃	
董号	一	一	二	〃	
王凱車店	一	〇	一	〃	賃金は現大洋一・五元なりといふ。

ヨ—0022　B列5　28字×10　南滿洲鐵道株式會社　(15. 10. 7,500冊)

No.

四平街、梨樹間道路は縣道にして一般荷馬車の通行も頻繁に往来するが為道路の破損すること甚だしく其の保修に対し多大の経費を必要とするのみならず道路橋梁の不完全は自動車運行の圓滑を期し難く且つ一ケ年を通じて間断なく運行し得られざるを以て茲に沿道の大地主を株主として同利股份汽車公司と稱する一大會社の創立が企図せられ四平街、梨樹間縣道に隣接併行して幅約四米の自動車専用道路を設置すべく昭和四年十二月末折柄の厳冬を冒して土工並木橋架設の工事施行中なるを見受けたり。本公司営業開始の暁は一般乗客は勿論特産貨物等の運搬をも行ふ計画なりと云ふ。を以て云々……。

ヨ－0022　B列5　28字×10　南滿洲鐵道株式會社　(15. 10. 7.500冊)

No.

~~熱河の自動車概況~~

自動車が熱河省内に於て交通機関として活動せる歴史は旧軍閥時代に遡り既に中国の交通部大臣の許可を受け承徳―北平間、北平豊寧より囲場赤峰へ到る間、張家口より多倫囲場承徳へ到る間、通遼より開魯林東、林西、烏丹城赤峰へ到る間等の営業が営まれて居た。之等の使用車輌は北平方面を根拠とするものは概ねダッヂブラザー、ソーリング型、通遼開魯を根拠とするものはインターナショナルG.M.C等にして之等は殆んど一年一回のオーバーホールをするに止り部分品を多量に使用せる記録を有せず。

No. 1　タイプライター原稿用紙

哈爾賓自動車發達史

哈爾濱日々新聞
昭和五年一月二十五日記載

哈爾濱に於ける自動車の發達は現在尚鮮著位にある。北滿の一隅に短日月を以て都市的發達を遂げた哈爾濱に何故に斯く迄自動車の激増を見自動車都市を現出し得るに至つたのであらうか。それには上海同様國際各國人雜居の國際都市的各列國人ともに或る優越感を爭つた方面からの刺戟もあつたであらうが創草都市として市内交通機関の不備が却て一躍自動車交通への躍進となつたのではないかとも思はれる。

以下哈爾濱の自動車發達史と題し露字紙の報道と記者の得たところに依つて記述する事とした。

南滿洲鐵道株式會社

タ―0024　B列5　32×15　●分類打字ノ際スル原稿ハ五、六頁乃至十一頁ニテ區切ルコト

No. 2　タイプライター原稿用紙

哈尓浜に最初に自動車が現はれたのは一九一二年（大正元年）から一三年の間であつた。その自動車の持主は樂器店のマグラム氏であり運轉手はキリリラと呼びその當時誰一人として知らぬ者はなかつた。それから最初に自動車置場が出来たのは三年後の一九一六年でその主人は市立公園附近のマザギンナヤ街に住んで居たクズネツツ・オシイといはれて居る。其の時丁度クズネツツ氏の置場には二台の自動車があり自動車にて荷物運搬の註文は一週間程前から然も賜物まで添へて申込んでおかねば容易に其の望みが叶はなかつたと言ふ程であつた。しかしこうした出の好況が何時迄も續く筈はなく忽ち次から次へと模倣者出現し一九一八年には二三の人々の共同にかゝはる新しい自動車置場アプト・プロカツトが出現するに至つた、そしてその置場の自動車の形は全部ミツチエル型で半歳の後に九台となり一年經つとミツチエル型が六台、イルランド及カデルリヤツクの小型自動車が各々二台宛、ビユツク型が二台都合十五台となつた。斯くして右のアプト・プロカツト置場は数年間哈尓浜で最も大きな立派なものとして名聲を博するに至つた。それから一九二〇年にはま

南満洲鐵道株式會社

甲—0024 B列5 32×15 ●分綴打字ヲ要スル原稿ハ五、六頁乃至一〇頁ニテ區切ルコト (15. 5. 5,000冊)

No. 3　タイプライター原稿用紙

なくヂヤゴナヤ街とノオゴロツド街の角にチンツラリと云ふ置場が造られるに至つたので一九二〇年度を期して哈爾浜の自動車は殆ど各地の都市に比しや々頭角を現はしモデルン秋林商会前には今日の如き盛況と迄は行かなくとも自動車陣が布かれたわけであつた。二年後の一九二二年ルイプキン氏によつて初めて哈爾浜に乗客用の自動車が出現した。而し当時たつた台よりで哈爾浜人に持てはやされ値段の如きも運轉手が言ふ儘となつて居た。それから二ヶ月經つて忽ち×台となりその嫁き高は一日平均百圓に上つて居たと言ふ。斯くて一九二二年には大型の乗合もルイプキン氏外數名の手に依つて、二台現はれた。しかしそれから×年經つた今日は約百台となりそれを種類別に見ればインターナショナル×台、ビブロレ十九台、スチュアルト×台、フォード五台、リオ二台、G.M.C一台、ドツヂ一台、ラクビー一台となつてゐる。尚右百台の乗合は九十二人の持主からなつて居り乗合自動車協會なるものに依り統一されてゐる。之れを國籍別に分けて見れば白系露人二十名ソビエト國籍人×名、支那國籍人が×十×名となつて居る。而してこれら

No. 4　タイプライター原稿用紙

で小型の自動車が有してゐた地位を大型の乗合自動車が奪ふに至つた。然しその当時は郊外に通ふものは最近呼海が創設されたベイリンツイ近の一線で冬期河が凍結した時のみ通つて居た、が今では郊外の到處迄も乗合自動車の通路がないところはない迄に発達し電車の乗客を奪ふ程の勢である。哈爾浜の大小自動車が劃紀的発展を遂げたのは一九二二年から二四年間ではあるが一九二四年後の超スピード的自動車時代は実に目覚しく、キタイスカヤ街とモストワヤ街角には新市街わきの小型自動車が往来せまきまで道に横たはり新市街秋林前も同様に二十台乃至三十台の自動車の停留を見、今哈爾浜に於ける自動車総数は大小八百近くあると言はれてゐる勢でこの中には個人乗用の自動車、東支鉄道専用自動車、各国官廳商會の私有自動車等正に自動車時代を現出してゐると云ふであらう。

—0024　B列5　32×15　●分割打字ヲ要スル原稿ハ五、六頁乃至一〇頁ニテ區切ルコト　(15. 5. 8,000冊)

No.

事變前に於ける自動車交通事業概況（熱河省）

元来満洲に於ける自動車に関する調査資料は二三あるに過ぎず鐵道のそれに比し資料甚く寂寥悲哀を感ずるものがある中にも熱河地方のものは皆無にして事業の計畫上多大の不便を蒙るは言を俟たざる處であるが熱河省のみの斯業の變遷を特に茲に記したる所以のものは叙上の見地に基く。

熱河省は是れを地域的に謂へば赤峰を中心として北は概して沙漠地帯をなし、南は峻険なる山岳地帯にして自動車交通の遅々として發達せざりし原因は此處に介在する。

自動車交通事業の開始は民國十五年（昭和元年）以降奉直戰前

ヨ－0022　B列5　28字×10　南滿洲鐵道株式會社　(15. 10. 7.500冊)

後に属する。即ち當時は北京より熱河を經由して北票に通ずる道路が軍事上の必要に迫られ運行せられしに始まる。該路線の最も難路と目せらるゝは承德附近にして殊に天朝山の峠は路面より百五十米、硬質の岩壁より成り最も峻阻を極む該路線は熱河軍の改修せしものであるが其の程度は辛ふじて自動車が運行するに止まり、貨客を満載しては運行困難な箇所もありたり。

當時熱河省に於ける自動車は九十四輌にして湯玉麟の率ゐる熱河軍交通隊所属の六十輌と、騎兵第十七旅の催新五軍に所属する八輌と民営乘合自動車公司の二十六輌とであった。軍の自動車

No.

は専ら軍用に使用せられ勿論営利を目的とするものに非ざれども其の余務を以て一般人民の便宜をも図り比較的低廉なる料金を以て運行せり。而して又人民は軍用自動車に便乗するときは匪賊の被害なく、生命財産の安全なるがために漸次軍用車を利用する者多く中にも開魯を中心として運行する催新五旅長の軍用自動車は自然、民間乗合営業と全く類似のサービスを為すに至れり。

今往時のそれ等自動車を路線別に表示すれば次の如し

No.

営業者	路線区間	距離	運賃(元)	車輌数
熱河軍交通隊及民間営業者三名	北平－承徳	二五九粁	一三.五	民間三営業者 二〇
熱河軍交通隊	承徳－囲場	一六四	一〇.〇	交通隊所属 六〇
〃	承徳－北票	三三三	三六.〇	
〃	凌源－綏中	一八八	不明	
北票	朝陽－赤峰	二一四	一五.〇	
熱河軍騎兵第十七旅	開魯－通遼	一一一		八
	開魯－林西	三五八		
吉星汽車公司	赤峰－平泉	二〇七		六
	平泉－喜峰口－遵化－玉田－南倉鎮	二一五		
計		二〇四八		九四

都市の發達はまたその交通機關の質と量とに顯はれて來る。新興文化都市を以て誇る大連市の交通機關としては數年前迄は電車の外には露治時代の遺物にかゝる馬車と洋車とが唯一の調法な交通機關であつたが大正×年に大連自動車馬車會社が出來初めてタクシー營業を開始した頃よりボツボツ營業用自動車が市中に現はれ行人の眼を聳たしめた、しかしそれも束の間瞬く間に車數六百台と殖え内地一流都市の視察者を驚かしめる程の發展振であつた。しかし未だブルジヨア階級に利用されたに過ぎず一般民衆化はしなかつた。

No.

昭和四年四月頃より市内五〇銭均一となり自動車は全く民衆化され年々益々増加し東京大阪を圧する状態となつた。(台の變等

この革命的な自動車の發展に圧倒され馬車、洋車は著しき減收を来し市内電車でさへ減收となつた。(減收の数字あり。)

しかし乍ら此の急激な自動車の進展には幾多の罅裂が潜んで居た為(昭和五年十一月)最近自動車界の一角に悲鳴が挙り強制組合を作らねばならぬと騒ぎ出しておる。

No.

営業自動車の激増に依る営業政策として謝恩券とか割引券を乱用して乗客に憂身をやつして闘ったタクシー界の将来に早くも経営難、タクシー全滅などと言ふ暗影が投げかけられ料金問題を中心として混乱、恐慌時代を現出した。これは独り大連のタクシー界の問題ばかりでない。大連は殊に日支両国人の営業者乱立してゐることに依って其の経営に対して一層重要な意義が伏在して居る。当局もこれが善後策を攻究した結果内地より一足先きに昭和五年六月より強制大連自動車組合を組織せしめタクシー界の統制を図った。

ヨ－0022　B列5　28字×10　南満洲鐵道株式會社　(15.10.7,500冊)

No.　タイプライター原稿用紙

大連自動車界に新経営戦時代来る

強制組合組織、自動車倉庫業新計画等

昭和五年三月九日、大連新聞

大連市外の各自動車業者は旧来の営業方針を改めて新規な営業方針を確立して新しい経済戦に臨まんとして日夜協議に協議を重ねて居るがその第一歩として大連タクシーを除く他の小自動車営業者は過日来から関東廳保安課に猛運動して支那人自動車営業者の進出を阻止すると共に賃金の強制統一を図らんと強制組合法の制定とこれが設立の実現を期せんとして居るが他の一方大連タクシーでは数日前から強制組合法の不必要組合組織の不必要を強調して単独に支那人営業者と競争を試みる事にして賃金の値下げの認可方を大連署に提出して双方とも頗る猛烈な競争を開始したがこれに対し又一方山田三千氏の一派は現在の各営業者が従来の営業方針を固持して合理的の営業を為して居らぬ点につけ込んで自動車の一大倉庫業（タクシー業に従事する者の自動車を預かる営業）を開始して現在の小自動車営業者を一擧に葬ってこれが自動車所有の運轉手を独立せしめんと計画して居る。此の山田氏の計画は着々効を奏して営

南満洲鉄道株式会社

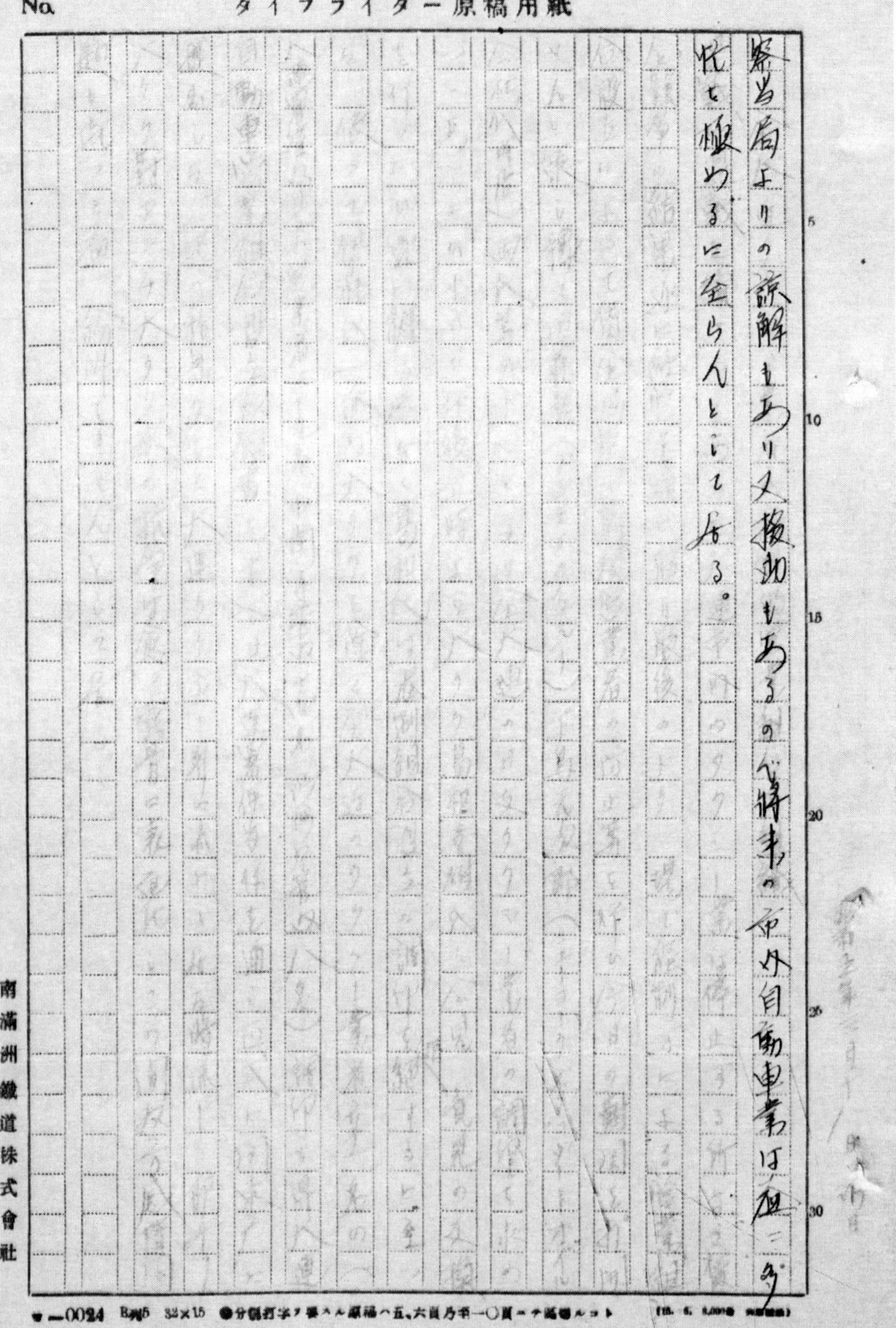
No.　タイプライター原稿用紙

察当局よりの諒解もあり又援助もあるので将来の市外自動車業は益々多忙を極めるに至らんとして居る。

南満洲鐵道株式會社

サ—0024　B列5　32×15　●分割打字ヲ要スル原稿ハ五、六頁乃至一〇頁ニテ區切ルコト

No.　　タイプライター原稿用紙

全大連タクシー業者が強制的營業組合を組織

混戦に混戦を續けつゝあつた大連市外のタクシー業は停止する所なき賃金競争の結果遂に經營苦境に陥り最後のドタン場で強制力による營業組合設立によつて賃金協定、新規營業者の防止等を行ひ今日の難関を打開せんと議し纏て伊藤勝（プラチナタクシー）、下島元次郎（ニューヨークスタンダードオイル會社代理店）両氏等が中心となり全大連の日支タクシー業者の調印を求めつゝあつたが十六日午後六時より大タクシー島和香雄氏と會見、意見の交換を行つたが遂に纏る處なく島和氏は強制組合設立の調印を拒絶するに至つた。依つて伊藤氏一派は大タクシーを除く全大連のタクシー業者五十名の（大連署管内日本人營業者三十九名、小崗子署管内十名、沙河口署管内八名）調印を得大連自動車營業組合設立願書を十八日大連署保安係を通じ正式に関東庁に提出した。此の結果久しく大連タクシー界に流れて居た暗流即ち大タクシー對アンチ大タクシー派の抗争は愈々露骨に表面化しこの問題は双方感情問題も混つて益々紛糾をきたさんとして居る。

昭和五年三月十八日 滿日

南滿洲鐵道株式會社

—0024 B列5 32×15 ……

社報原稿用紙

No.

大連自動車株式會社

資本金　五〇万圓

拂込資本金　一五万圓

設立月日　五月四日（昭和六年）

目的

1.自動車、其附屬品及部分品の賣買

2.自動車の賃貸

3.自動車に依る乘客及諸貨物の運送

4.自動車及其附屬器具修理を営み尚同種の事業者と提携又は合同して斯業の合理的統制を図る

代表者　田邊敏行

本社所在地　大連市山縣通四（大連市八幡町四）羽衣町六番地一八

南滿洲鐵道株式會社

○大連支社月報　昭和六、一一、六

社報原稿用紙

No.

民国十八年（昭和四年）頃ノ自動車交通情勢

当時満蒙ニ於ケル自動車交通状態ヲ見ルニ未タ揺籃時代ヲ脱スルノ機運ニ至ラナカツタ別項述ブルカ如ク満蒙ノ地ニ自動車ノ運行ヲ始メタノガ欧州大戦当時ノコトデアツテ南部満洲ニ於テハ主要都市ノ自家用乗用車ヲ主トシテ運行シ郊外ニ及ブモノハ極メテ近年ノコトデアツタ、而シテ北部満洲ニ在テハ哈尓濱地方ヲ中心トシテ遠ク郊外ニ進出シタノハ南満地方ヨリハ遥カニ早ヤカツタ様デアル

当時各要所ニ於ケル自動車運行状態并車輛ノ一般ヲ通覧スルニ

自家用車ヲ除キタルソレ以外ノ営業用乗客車ニシテ北部満洲地方ノ郊外

南満洲鐵道株式會社

社報原稿用紙

No.

都市ヲ運行スルモノノ如キハ最初ヨリ殆ンド中古品ヲ使用シ、加フルニ運轉手ハ技倆拙劣且ツ道路不良デ、車体ノ破損ヲ頻發シ之ガ修繕機關不完備ノタメ極メテ短年月間ニシテ廢品トナルヲ免レナイ狀態デアッタ、之等多クノ業者ハ開業當初ニ於テ最モ安價ナ自動車ヲ得ルタメニ機關ノ新舊型式ノ如何ヲ考慮ニ措カズ投資金ノ節約ノミヲ念頭ニ置イテイタ、斯クシテ購入サレタ自動車ハ冬季凍結セル凹凸甚シイ惡道路上ヲ酷使シ夏季ニ入レバ何等ノ修理補修ヲ加ヘズ甚ダ屋外ニ放置スルトイフ狀態デアッタ為ニ再ビ運轉ヲ開始スルニモソレハ、餘分ノ修理費用ヲ要スルノミナラズ機械ノ性能ヲ著シク減殺スルトイフ極メテ無知識ナ取扱ヲナスタメ結局自動車運輸營業ハ有益ナ營業デナイトイフ

南滿洲鐵道株式會社

社報原稿用紙

No.

コトガ一般ニ看做サレタノデアル
然ルニ一方社會ノ進運ニ伴ヒ主要都市内外ニ於ケル自動車ノ需要
ハ漸増シ来リ市街地ニテ一定限度迄使用シタル中古自動車ハ郊外及奥
地用ニ轉賣セラレ營業初期ニ酷使シテ老朽シタル車輛ノ補充トシテ之
ヲ使用シ次デ次第ニ運轉車輛ヲ増加シ運行範圍ヲモ擴張シ營業ハ好
成績ヲ挙ケ得ヌマデモ又其他ノ方面ニ利スルトコロガアリテ斯業ハ漸次進展
シ来ツタ、斯クスル内ニ自動車ノ需要ハ日ヲ追テ増加シ從ツテ車質モ年
次優良堅牢トナリ價格モ低下シ營業者ノ自動車ニ對スル知識モ昂
マリ乘用者ノ嗜好鑑識モ亦大ニ進歩シ、市街地ニ在テハ高級者ノ需要
ヲ増加スル様ニナリ、市外ニ在テハ漸次郊外並ニ奥地都邑相互間ニ於テ

南滿洲鐵道株式會社

■-0023　B列5　22字×10=220字詰　(19. 6. 5,000冊 校滿線納)

社報原稿用紙

No.

道路ト距離等ヲ考慮シテ各種型式ノ適否ヲ定メ採算上新型新車ヲ取入ルル趨勢ヲ招致シ運転手ノ技倆モ漸ク向上シ修繕技術等ヲ習得シ燃料及附属品ノ供給モ順調トナリ、長距離運輸ニ於テハ専用道路ノ築造計画カ進メラレツツアル等斯業界モ漸ク進展ノ傾向ニナラントシテヰル

現在満洲ニ於ケル自動車ノ分布状態ハ別表ノ如ク約四千三百台ヲ算シテ居ル今之ヲ地方別ニ分割シテ見ルト次ノ如クデアル（軍用車ヲ含マズ）

関東州内	八〇〇台	吉長吉敦沿線	一〇〇台
関東州外附属地及奉天大部側ヲ含ム	一、三二〇台	瀋海沿線	五台
四洮沿線	五〇台	東支南部沿線	一七〇台
洮昂沿線	二〇台	〃　東部沿線	九〇台

南満洲鐵道株式會社

満-0023　B列5　22字×10＝220字詰

No.

社報原稿用紙

东支西部沿线　五〇〇台、松花江沿岸　八〇台

哈尔滨附近　一一〇〇台　黑河　四〇台

呼海沿线　七〇台　合计　四三四五台

南滿洲鐵道株式會社

Ⅱ-0023　B 判5　22字×10＝220字詰　（13. 6. 25,000 册 松浦謄刷）

社報原稿用紙

No.

民国十八年頃ノ自動車情勢

~~自動車交通機関ハ~~晩近鉄道ノ新設ニ伴ヒ漸々振ヒ自動車運輸ノ業モ最近稍著シキ発展ヲ来タシ従ッテ車輛モ多種多様ニアッテ其ノ種数七十余種ニ上リ市街地殊ニ自家用車ニハ優良ナ車輛ガ多カッタ関東州及満鉄沿線附属地ニ於ケル営業用並ニ自家用共ニ漸次高級車ヲ使用スルニ至リ車体検査励行セラレ運転手ハ資格試験ヲ要スルモ車輛運転手ノ不良ノ者稀デアルガ其ノ外ノ地域ニ於テハ車体ノ検査及運転手資格検定ノ章程ハアルトモ之カ確実ニ実施サレズ車輛ハ一定ノ使用限度ヲ越ヘタル殆ド廃車ニ等シキ物ッ平然トシテ運転シ其ノ危険寒心ニ堪エナイモノガアリ、所謂激死ノ疆

南満洲鐡道株式會社

甲-0023　B列5　22字×10=220字詰　　13. 6. 3,000冊 松浦納

社報原稿用紙

No.

馬ニ鞭打ツ感ガナツテ而モ斯カル車輛ハ其ノ約七割強ヲ占ムル様デアツタ哈爾濱ヲ中心トスル各地方ノ古物品ハ既ニ移入當時ヨリノ中古車輛多ク奉天安郵側所屬ノ内ニハ東三省政府ガ北京引揚ゲノ際押收シ来レル天津附近ノ中古車輛ガ相當混入シ居リ且ツ自家用及團体名義ノモノハ大部分下級品デアツタ前述ノ如ク北部満洲地方ノ自動車ハ主トシテ冬季ノミノ運行ニ止マルヲ以テ夏季徒ラニ死藏スルヲ避ケンガ爲メ冬季結氷期間他地方カラ陸送シ来ツテ運轉營業ヲ爲ス者多ク哈爾濱ノ如キハ西部線安達、南部線ハ陶賴昭、窑門、呼海線及遠クハ松花江沿岸一帯ノ諸地方ニ陸送シテ出張営業ヲナシ夏初帰還スル状態デアルカラ哈爾濱安郵側登録車輛

南滿洲鐵道株式會社

社報原稿用紙

ノ多数ナルニ拘ラズ市街ニ於ケル実数ノ過半ナルハ遠ク他地方ニ出稼営業ヲナスモノ多キガ為ナ表中哈爾濱ノ数字ハ沿線ノモノト可成リ重複シ免レナイコトヲ遺憾トスル

当時大連港ニ輸入セル自動車数ハ新旧併セテ一箇年約一、一〇〇輌ニシテ長春中継分八〇〇輌（中古品ヲ含ム）長春以南三〇〇輌分布スルモノヽ如ク其他北平、天津地方ヨリ陸送セラルヽモノモ相当ノ数量ニ達シ民国十六年頃約二、五〇〇輌デアッタカ一箇年半ニシテ約一、〇〇〇輌ヲ増加シテ居ル之等自動車ノ型式ハ当初輸入シタノハフォードデアッテ其大部分ハ廃車ニ近キモノデアッタ、市街地ニ於テハ各種型式ノ高級車ヲ以テ運行シテイル、冬季ヲ主トシテ運輸営業ヲ困難スル北部満洲ノ郊外

南満洲鐵道株式會社

ニ於テハフォードニ亜テシボレー、ビユツク等ノ順位ニシテ最近年ヲ加フルニツレ旅客、道路及運行距離等ヲ考慮シテ好適ノ型式ヲ要求スル時代トナッタノデフォードハ同新型ノ外ハ後者ニ駆逐セラレツツアル趨勢トナッタ、彼ノ海拉爾以西及通遼、洮南ノ如キ砂土質ノ地帯ニ於テ四季運行ヲ能ナル地方ニアリテハ軽快ナル型式カ適合シ哈爾濱市街地ノ乗合車及東支沿線等ノ比較的遠距離ヲ運行スルモノハ堅牢ナルインターナショナル、グラハム、ドッヂ等ノトラックカ需要セラレ一般ニ経営上有利ナル型式ヲ研究選択スル傾向トナッタ

以上ハ主トシテ乗客用自動車ニ就テ述ヘタノデアルガ貨物輸送用トシテノトラック又ハトラクターハ前述ノ如ク主要都市ヲ除ク以外ハ

道路粗悪不完全ニシテ郊外ニハ殆ト運行シテ居ナイ　従ツテ長距離大量輸送ハ是迄各地ニ於テ屡々計画セラレテ居ルカ何レモ実現スルニ至ラナカツタ　当時當満洲里ニ於テ桑貝子ヲ通シ後貝加尔地方ヘ断続的ニ食糧及雑貨類密貿易ノ相当数量カ自動車輸送セラレテ居タハ見逃セナイ　由来満蒙ニ於ケル大量ノ物資輸送ハ主トシテ農産物デアツテ之カ輸送期ハ冬季デアルカラ当時ニ於テハ自動車ヨリ安価ナル馬車ヲ利用シ雑貨類ノ小量貨物ニ在リテモ之等ニ吸収セラレ自動車輸送ハ都市内ノ短距離輸送ニ制セラレテ居タ

昭和五年十月現在満蒙ニ於ケル自動車現勢ヲ表示スレハ次ノ如クデアル

满業ニ於ケル自動車数用途別表

地名	乗客用 自家用	乗客用 營業用	乗客用 計	貨物用 自家用	貨物用 營業用	貨物用 計	合計	備考
旅順	三五	二三	五八	九	九	一八	七六	
大連	一四九	二六七	四一六	七六	一三	八九	五〇五	
水上	九	一	一〇	一二	四二	五四	六四	
西崗子	一六	六三	七九	三	一〇	一三	九二	
沙河口	二五	三三	五八	二	四	六	六四	関東州内八四八
金州	四	一五	一九	一	五	六	二五	
普蘭店	二	一〇	一二	—	一	一	一三	
城子疃	—	八	八	—	—	—	八	
貔子窩	一	—	一	—	—	—	一	
瓦房店	—	八	八	—	—	—	八	
熊岳城	—	一	一	—	—	—	一	

南満洲鐵道株式會社

站	1	2	3	4	5	6	7	備考
營口	二七	四	三一	二	[illegible]	二	二三	
鞍山	四	八	一二	六	一	七	一九	
遼陽	三	三	六	|	一	一	七	
奉天	五六	二〇五	七二一	一二五	二二	一四七	八六八	支那側ノ在車数
	四三	一〇四	一四七	二一	七	一八	一六五	日本側ノ在車数
撫順	二	二四	三五	一三	三	一六	五一	
本溪湖	|	|	|	|	一	一	一	
安東	九	一〇	一九	六	|	六	二五	
沙河鎮	二	二五	二七	二	二	四	三一	
鉄嶺	一	|	一	|	|	|	一	
開原	一	|	一	一	二	三	四	
四平街	二	一	三	二	|	二	五	
公主嶺	|	二	二	五	|	五	七	

范家屯	長春	朝陽鎮	吉林	敦化	烏拉街	龍井村	下九台	舒蘭	九站	鄭家屯	双山	通遼
｜	三八	｜	二二	｜	｜	｜	｜	｜	｜	一	｜	一
八	九	五	二三	一三	三	五	三	二	五	[illegible]	三	一二
八	四七	五	四五	一四	三	五	三	二	五	一	三	一二
｜	一三	｜	二二	｜	｜	｜	｜	｜	｜	一	｜	｜
十	三	｜	二	二	｜	｜	｜	一	｜	｜	｜	｜
｜	一六	｜	二四	二	｜	｜	｜	一	｜	一	｜	｜
八	六三	五	六九	一五	三	五	三	三	五	二	三	一二

南滿洲鐵道株式會社

站名							
大平山	—	四	四	—	—	—	四
洮南	五	二三	二八	—	—	—	二八
泰来	—	一六	一六	—	—	—	一六
大賚	—	五	五	—	—	—	五
扶餘	—	二一	二一	—	—	—	二一
農安	—	一〇	一〇	—	—	—	一〇
南郭爾羅斯	—	一	一	—	—	—	一
肇州	—	一五	一五	—	—	—	一五
窑門	—	五	五	—	—	—	五
陶賴昭	—	四三	四三	—	—	—	四三
三岔河	—	二〇	二〇	—	—	—	二〇
德惠	—	二四	二四	—	—	—	二四
双城堡	—	一二	一二	—	—	—	一二

南滿洲鐵道株式會社

哈尔滨	二四七	五四八	七九五	二一	二六	四七	八四二
傅家甸	—	二三八	二三八	—	—	—	二三八
松浦	—	二七	二七	—	—	—	二七
沈家站	—	一二	一二	—	—	—	一二
海伦	—	二〇	二〇	—	—	—	二〇
绥化	—	三二	三二	—	—	—	三二
巴彦	—	三	三	—	—	—	三
一面坡	—	一	一	—	—	—	一
乌吉密河	—	二一	二一	—	—	—	二一
甯古塔	—	一九	一九	—	八	八	二七
牡丹江	—	—	—	—	一八	一八	一八
山西	—	—	—	—	二	二	二
绥芬河	—	二	二	—	—	—	二

方正	三姓	佳木斯	富錦	望奎	満溝	安達	齊々哈爾	富拉爾基	海拉爾	満洲里	小子	黒河
—	—	—	—	—	—	—	六〇	—	—	二四	—	七
一五	四〇	三三	六	八	四〇	一三〇	一六三	一	三〇	五	一二	三四
一五	四〇	三三	六	八	四〇	一三〇	二二三	一	三〇	二九	一二	四一
—	—	—	—	—	—	—	—	—	—	一一	—	—
—	—	—	—	—	—	—	四	一	—	一〇	—	—
—	—	—	—	—	—	—	四	一	—	二一	—	—
一五	四〇	三三	六	八	四〇	一三〇	二二七 昂昂溪ヲ含ム	二	三〇	五〇	一二	四一

總計	一、二六五	二、五四四	三、八〇九	三四四	二〇〇	五四四	四、三五三

備考

地名中ノ關東州內ハ警察署各管區別ヲ示ス

自家用乘客用車中ニハ警備用、貨物用車中ニハ消防撒水用ヲ含ム

本表中關東州內旅順以外ハ昭和四年七月末他ハ同六月末現在トス

表中支那側ノ管區ニ屬スル數ハ多少ノ誤差ヲ免レス

黒龍江省自動車営業ニ関スル調査 昭5 3-13

齐齐哈尔

名稱	所有車輛 乘客	所有車輛 貨物	營業期間	營業開始年月	資本金	經營者
東興汽車公司	一二	一	全年	民國十五年	二0.000元	楊某
龍江汽車公司	九		〃	民國十六年	一五.000元	孔心絲
中國汽車公司	八		〃	〃	一0.000元	杜宝山
嫩江汽車公司	一0		〃	〃	二0.000元	
震中汽車公司	七		〃			崔某
永全汽車公司	七		〃		一0.000元	
隆興汽車公司	八		〃		二0.000元	孫毅三
嫩江春汽車公司	六		〃	民國十四年		姐某
東亜汽車公司	七		〃		一二.000元	
瑞祥汽車公司	三		〃			
永利汽車公司	一八		〃	民國十八年		林永太
萬合汽車公司	一0		〃			張君

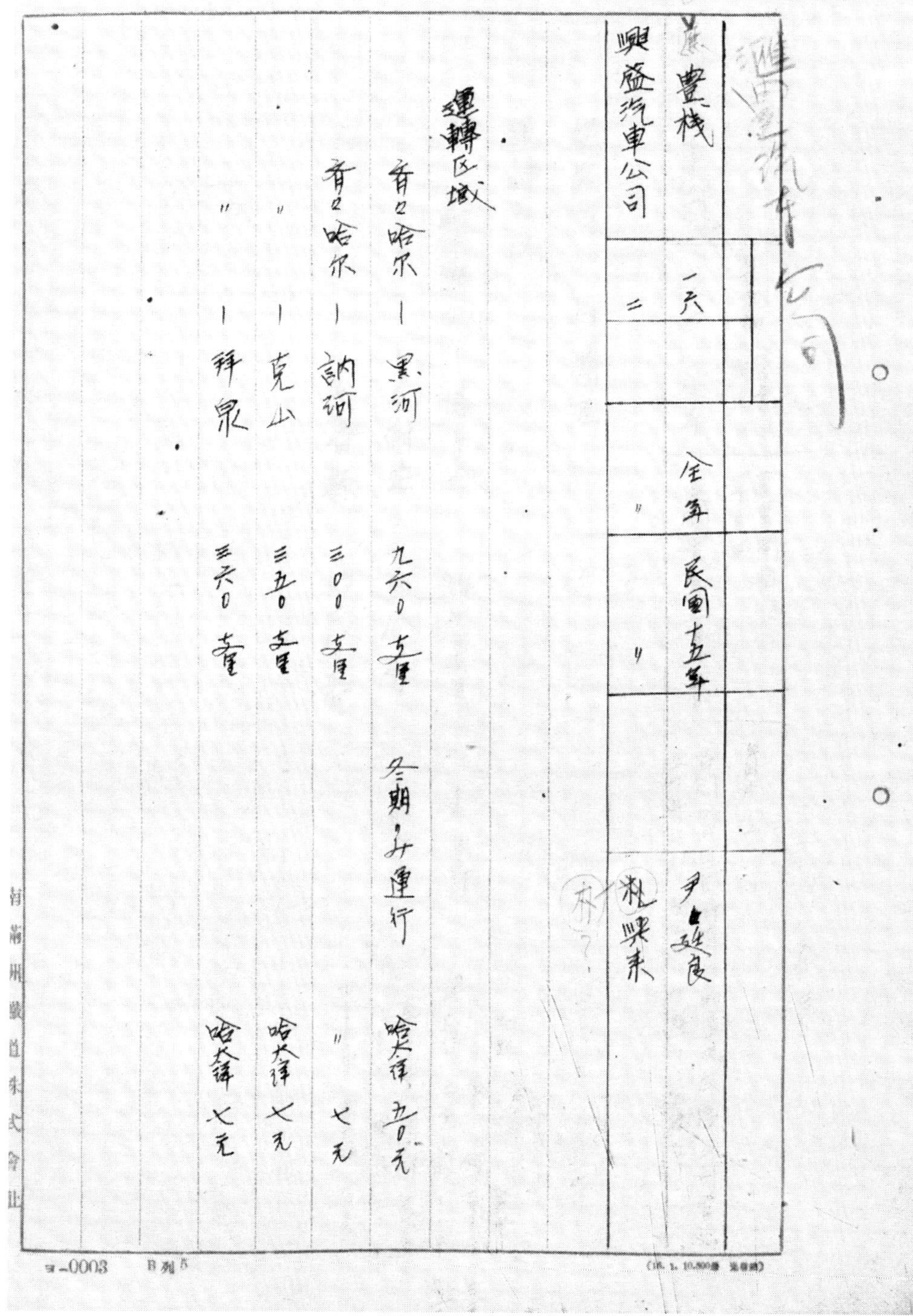
豊桟
興盛汽車公司
一六
二
全年
〃
民国十五年
〃
尹延良
杜興来

運轉区域
首ロ哈尔ー黒河　九六〇支里　冬期ノミ運行　哈大洋五〇元
首ロ哈尔ー訥河　三〇〇支里　〃　七元
〃ー克山　三五〇支里　哈大洋七元
〃ー拜泉　三六〇支里　哈大洋七元

南満洲鐵道株式會社

ヨ-0003　B列5

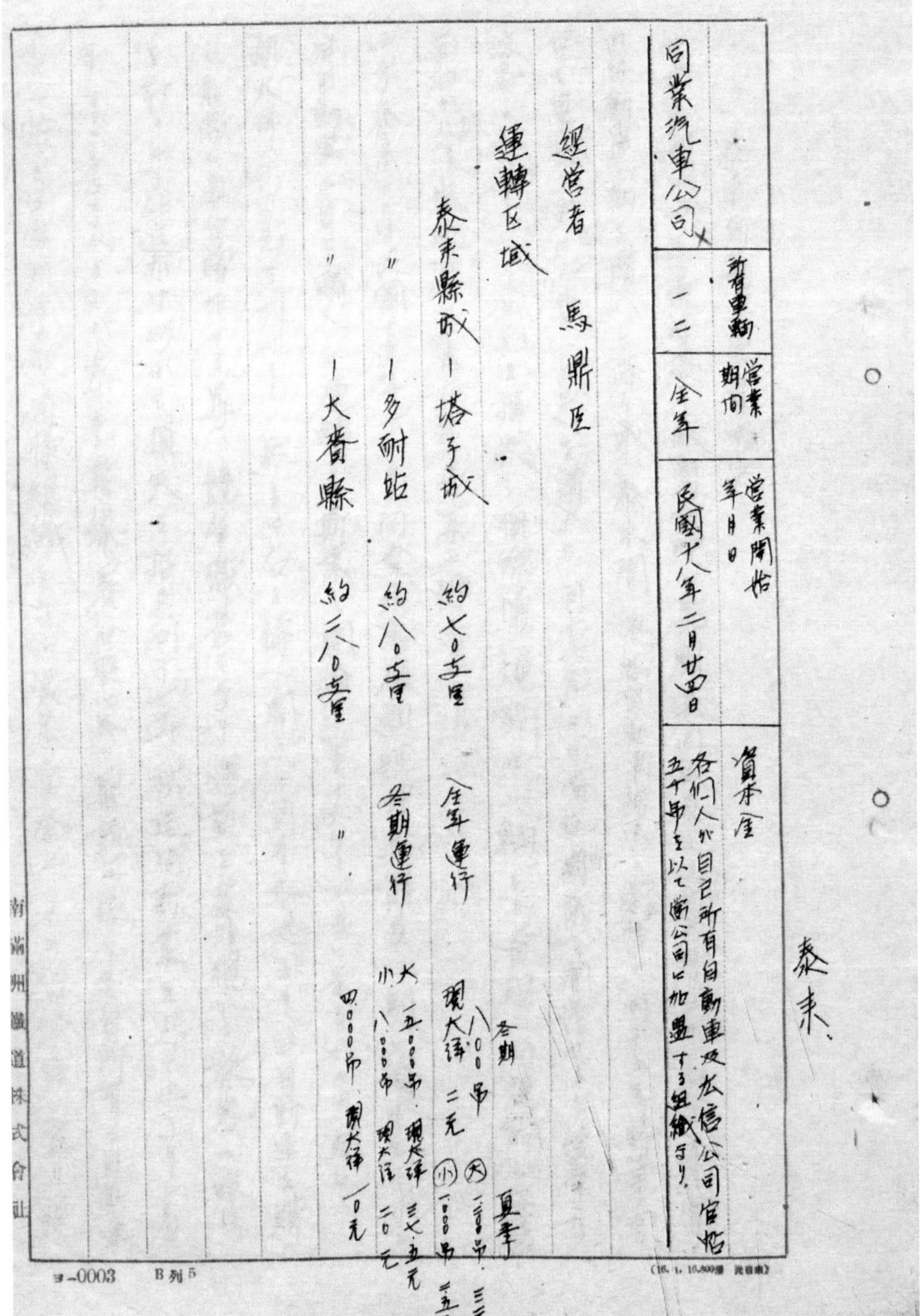
同業汽車公司　所有車輛　一二　営業期間　全年　営業開始年月日　民國十八年二月廿四日　資本金　各個人が自己所有自動車及太信公司宮始五十吊を以て當公司に加盟する組織なり。　泰来

經営者　馬鼎臣

運轉区域

泰来縣城－塔子城　約七〇支里　全年運行　各期　八〇〇吊　現大洋　二元　㊄ 一言吊　三　㊉ 一〇〇〇吊

〃　－多耐站　約八〇支里　冬期運行　大　一五〇〇〇吊　現大洋　三七．五元　小　八〇〇〇吊　現大洋　二〇元　夏季

〃　－大賚縣　約二八〇支里　〃　四〇〇〇吊　現大洋　一〇元

南滿洲鐵道株式會社

ヨ－0003　B列5

泰来自動車営業略史

中華民國十四年當時塔子城商務會々長劉某同会員より現大洋二千三百余元を集め
旧自動車一輛を購入し塔子城、泰来間旅客自動車輸送を開始し同十五年將來有
望と見越し更に一台（旧品）を購入し同十六年四月頃迄斷業を開始せるも営業方
法宜しからず二万余元を損失し順源號燒鍋に二輛とも賣却し同燒鍋も經営
面白からず失敗して泰来在住李某に轉賣せり。
一方泰来にては民國十五年十一月同業汽車廠總經理馬鼎臣は別に資本主を求め
旧自動車二台を購入し運轉して斷業を開始し翌十六年四月に至る六ヶ月間にて
現大洋二万元を利せり　然るに右を傳へ聞きて同年各地より旧自動車を購入
し急激に車台増加せる為、競争激甚となり運賃を度外視して旅客の吸収
を計りたる結果は何れも損失を招き同十七年秋迄は斷業を思ひ止まり着
手するものなかりしが泰来警察署谷股員の勸誘に依り各自所有の自動車
を一括し同業汽車廠同様組織となし実兄常奎一三が總經理に當り鋭

意業務に努めたる為僅かに三ヶ月にして相當の利益を計上せしが常套一之を私用に充てたる為め後自動車所有者の知悉する所となりて解散し民国十八年二月更に同業汽車廠生れ之れに加盟して今日に至れるものなり。

南満洲鐵道株式會社

ヨ-0003 B列5 (10.1. 10,500冊 光陽業)

安達

安達ニ於ケル自動車會社ハ元五社アリテ相互ニ劇甚ナル競爭ヲナシタル結果各社夫甚ダシク損失ヲ受ケタルニ鑑ミ最近各會社自由競爭ヲ避クル爲メ官憲ノ定メタル乘車賃銀ニ依リ旅館ニ切符寄賣ヲ依頼シ營業シツヽアリ

華東客棧　自動車四輛所有

平安客棧　自動車二輛所有

裕盛客棧

吉興客棧　裕東客棧　永順客棧

太和客棧　同記客棧　華興客棧

双和客棧　順利客棧　東生客棧

前記旅館所有ノ自動車以外其ノ他營業用自動車數ハ

一三五台ニ達ス

南滿洲鐵道株式會社

-0003　B列5

運輸轉区域及賃銀

安達—拜泉	哈洋六元
〃—三道鎮	〃九元
〃—安達縣城	〃二.五元
〃—大同鎮	〃五元
〃—克山	〃九元
〃—双陽鎮	〃六元

南滿洲鐵道株式會社

ヨ-0003　B列5　(15. 1. 10,000冊 [illegible])

満洲里

稱号	車数	資本金	運轉區域	期間	開始年月	運賃
振東汽車行	二	三,〇〇〇元	満洲里—札賚諾爾	全年	民国十年四月	八角
永興汽車公司	二	三,〇〇〇元	〃	〃	民国十六年九月	八角
ソフトル・グロフロト	六		満洲里—外蒙	全年	民国十五年	乗車賃（一人付）満洲里—桑貝子 四五元 〃—庫倫 九五元 貨物（一プード付）満洲里—桑貝子 五元乃至七元 〃—庫倫 十元乃至十七元

赵河交通队

东北边防第七师司令部交通队所属

司令 汤玉麟

No.

熱河に於ける自動車運行状態

熱河管内に於ける自動車運行は地勢に恵まれず概ね峻険なる山岳を通過する地方多く、為めに其の發達程度は遅々として進まざるが如し。自動車運行の開始は民國十五年以降奉直戰前後である。即ち當時北平より熱河經由北票に至る軍事的必要に依り連絡運行を開始したに始まるものの如し。道路の不完全なるは承徳を中心として凡そ二十粁内外を繞囲する山岳の横断道路である。此の箇所は自動車運行を目的として熱河軍に於て改修を施したるも其の程度は辛ふじて運行するに止まり貨物搭載の儘自由に運行するは極めて困難である。其の他の道路にして尚

ヨ－0022　B列5　28字×10　南滿洲鐵道株式會社　(15. 10. 7,500冊)

No.

改修を施す必要あるものの幾多あるを知らず。管内に於ける自動車数は七十台内外と称せられ其の主なる所有者は熱河軍交通隊所属の五十台内外にして他の二十余台は民間のものである。交通隊の自動車は其の目的が専ら運用にせらるゝものにして営利を目的とするものに非ず、其の余裕を以て一般民衆の便宜を図り比較的低廉なる料金を以て運行しつゝあり。且つ民衆は軍用自動車に便乗するときは匪賊被害の危険なく安全なる為めに一般民営を利用するもの少く為めに営業は甚だ不振の状態にあり。管内自動車交通の最も頻繁なるは北平―承徳間、承徳―圍場間及承徳―北票間にして其の他は極めて閑散である。

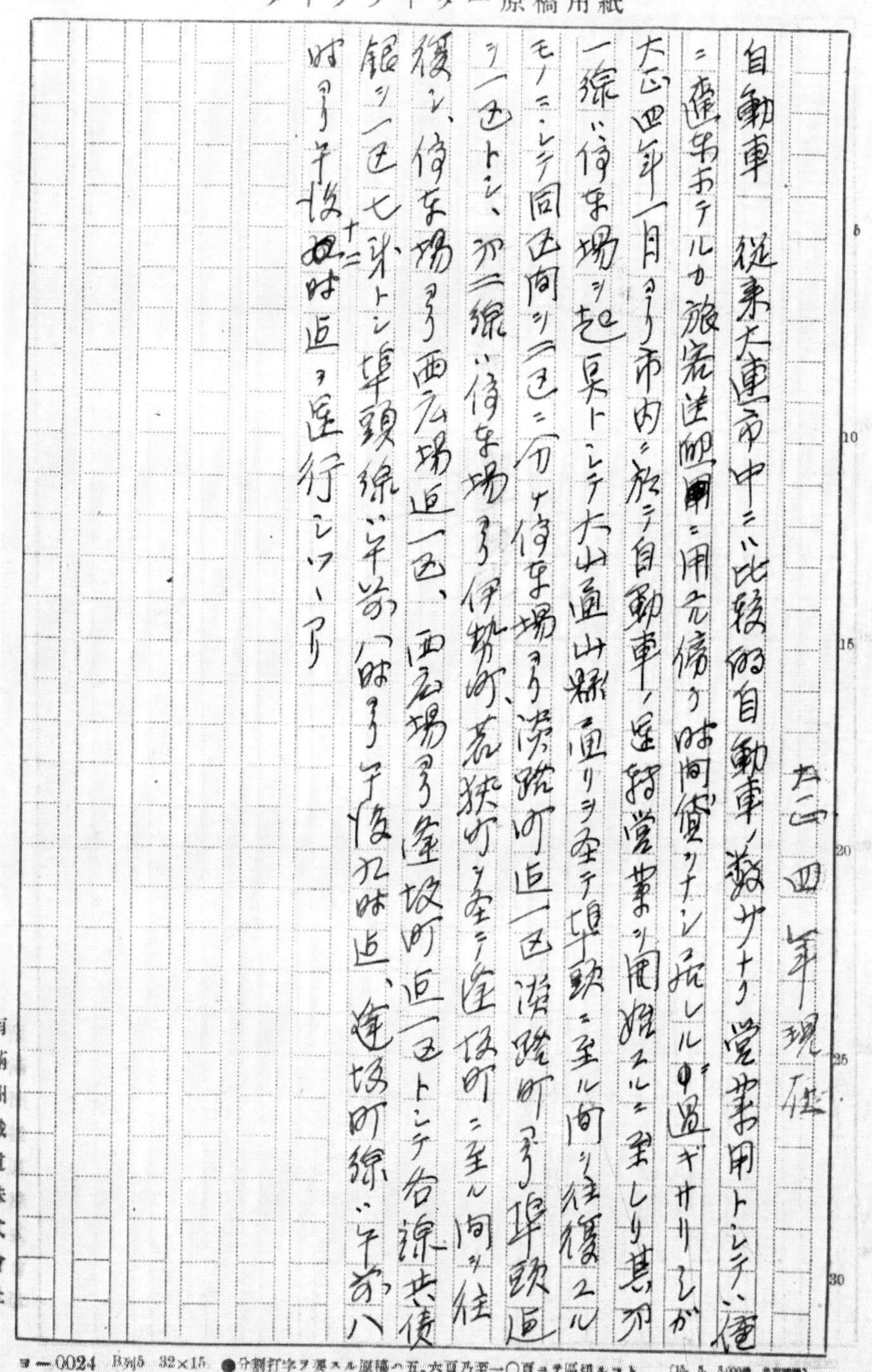

No.　タイプライター原稿用紙

大正四年現在

自動車　従来大連市中ニハ比較的自動車ノ数少ナク営業用トシテハ僅ニ遼東ホテルカ旅客送迎用ニ用ユル傍ラ時間貸ヲナシ居レルニ過キサリシガ大正四年一月ヨリ市内ニ於テ自動車ノ定時営業ヲ開始スルニ至レリ其ノ一線ハ停車場ヲ起点トシテ大山通山縣通リヲ経テ埠頭ニ至ル間ヲ往復スルモノニシテ同区間ヲ二区ニ分ケ停車場ヨリ浪速町迄ヲ一区浪速町ヨリ埠頭迄ヲ一区トシ、第二線ハ停車場ヨリ伊勢町、若狭町ヲ経テ逢坂町ニ至ル間ヲ往復シ、停車場ヨリ西広場迄ヲ一区、西広場ヨリ逢坂町迄ヲ一区トシテ各線共賃銀ヲ一区七銭トシ埠頭線ハ午前八時ヨリ午後九時迄、逢坂町線ハ午前八時ヨリ午後十二時迄ヲ運行シツヽアリ

ヨ—0024　B列5　32×15　●分割打字ヲ要スル原稿ハ五、六頁乃至一〇頁ニテ區切ルコト　(15. 5. 3,000冊　共栄謄)

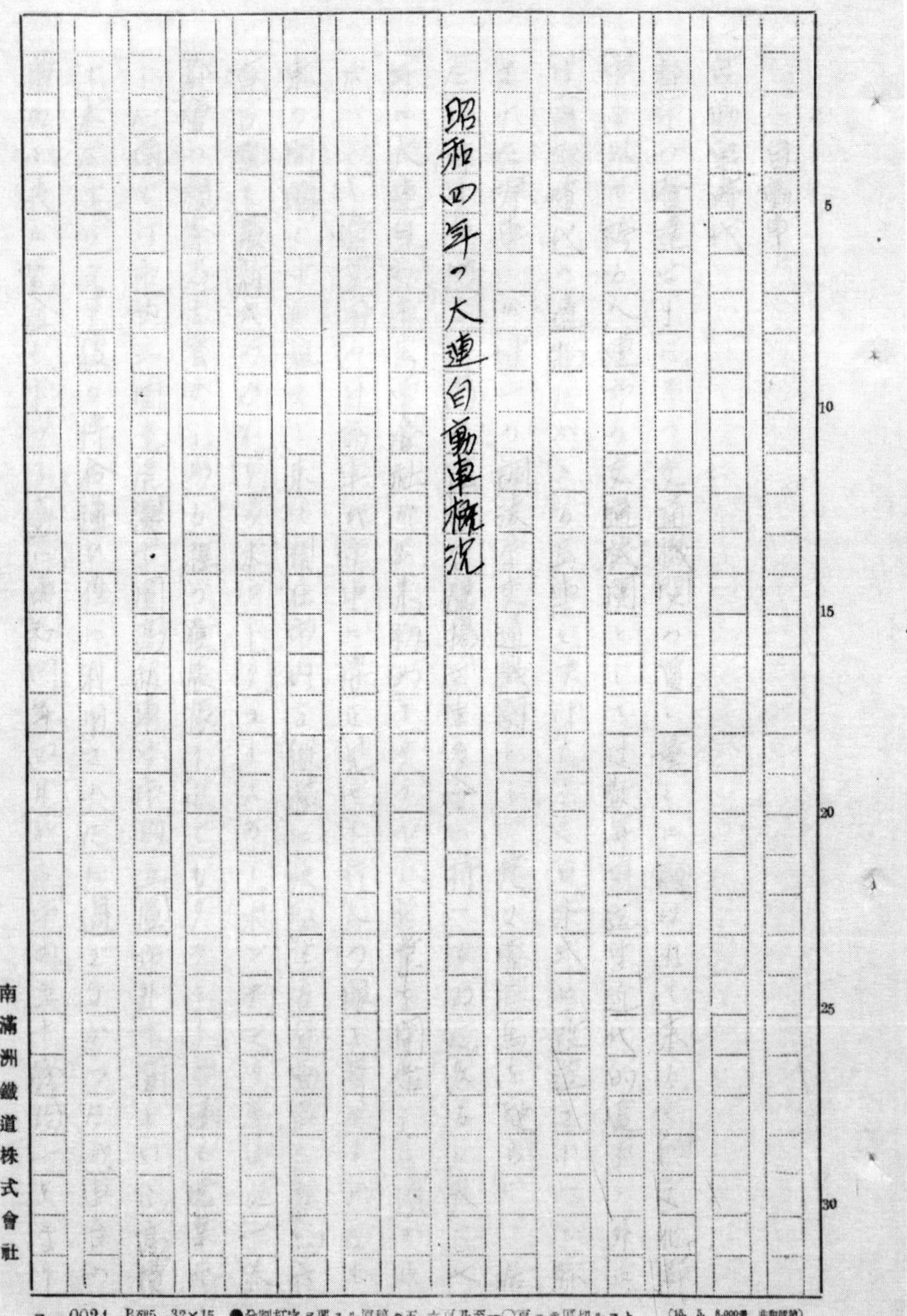
No.　タイプライター原稿用紙

昭和四年の大連自動車概況

南滿洲鐵道株式會社

ヨ―0024　B列5　32×15　●分割打字ヲ要スル原稿ハ五、六頁乃至一〇頁ニテ區切ルコト

自動車

一、自動車時代

都市の發達はまたその交通機関の質と量とに顯はれて来る。新興文化都市を以て誇る大連市の交通機関としては数年前迄は近代的電車の外には、露治時代の遺物にかゝる馬車と、すばらしく日本式に改造されたと称された洋車とか唯一の調法な交通機関として悠々蒙古馬を駛らして居た当時は如何にも尚大陸的な鷹揚さを多分に持つてゐた。然るに大正七年に大連自動車馬車會社が出来初めてタクシー営業を開始した頃からボツ／＼営業用の自動車が市中に姿を見せて行人の眼を聳たしめたも束の間、瞬く中に殖えて来て現在市内を縦横に疾駆する自動車の数約六百台、型も最新式のビイック、シボレー、クライスラー、ポンテアック等内地一流都會の視察者を驚かしめる程の発展振、それでもタクシーが漸く営業化した頃では市内三圓、老虎灘方面高級車は市内五圓、市外十圓といふ高價で、未だブルジョア級の待合通ひ位に利用されたに過ぎなかつたが、車台の増加と共に賃金も下つて遂に昭和四年四月から市内五十銭均一となり

No.　タイプライター原稿用紙

自動車は全く民衆化されてしまつた。昨年一箇年間に二百台の自動車が増加し、本年に入つて益々殖えつゝあるから今後毎年ますく激増するものと見ねばならぬ。

現在大連市内の邦人を九萬として一台約百五十人宛であり、ニユーヨークの一台三人には遠く及ばないが、東京大阪を追越す時代も遠くはあるまいと言はれてゐる。この革命的な自動車の發展に壓倒されて、市内百余台の客馬車約千四百台の人力車は最近著しく收入を減じ、殊に客馬車の如きは四割位の減收となり、一日平均七万四千の乘客を持つ市内電車でさへ、四年十二月の人口一人宛乘車回數八四半で、前年に比べて約一・八回の減少を示して居る。まさに自動車時代として近代文化都市の特徴であるスピード時代に遅れぬ發展振である。五年二月十日の市内交通量調査の結果に據ると最も交通量の多い常盤橋附近で、一時間四、八二、此内自動車が三四二台で東京永樂町の一、三〇〇台には遙かに及ばないが近代都市的テンポは充分備へて居る

しかしながら此の急激な自動車の發展には幾多の龜裂が潜んで居たた

南滿洲鐵道株式會社

ヨ—0024　B列5　32×15　●分割打字ヲ要スル原稿ハ五、六頁乃至一〇頁ニテ區切ルコト　(15. 5. 8.000冊 共和謄納)

No.　タイプライター原稿用紙

めに、最近自動車界の一角に悲鳴が挙がり、強制組合を組織せねばならぬと騒ぎ出してゐる。問題がドウ片附くかは今後斯業者の発達に関する主要問題である

二、満電バス

旅大間の陸上交通は従来満鐵旅順線六往復に限られてゐたが、満電バスの出現により両地間の交通が一層便利になつて来た。

旅大バスに手を染めたのは大正十三年十月から運轉開始した旅大タクシーであつた。午前一回午後一回の二往復一回賃金一圓五十銭で、試験時代として経営も可なり困難なものであつた。それを電気會社が昭和二年五月買收して六月から満電バスの運轉を開始した。営業当初は旅大バスの自動車をその儘襲用したが旅大道路のドライブに観光に利用者が次第に多くなり、満電もドッヂブラザーやしオなどスマートな自動車を買込んで運轉するに至つたため両地間の乗客が激増し今日では一日十往復一回賃金一圓といふ発展振りを見せるに至つた。その後會社は旅大市内及市外にバスを運轉開始し現在次の如き交通網を張つてゐる

南滿洲鐵道株式會社

ヨ―0024　B列5　32×15　●分割打字ヲ要スル原稿ハ五、六頁乃至一〇頁ニテ區切ルコト　(15. 5. 8.000冊 共和謄寫)

満電バス（運轉時太字は午後）

起業月日	線名	運轉時間	運轉自動車數	運轉期間
一	大連市内線	七―一〇 七―八	四	年中（一每五分 每十分）
昭和三・六	老虎灘線	七―六 暑日七―六	一	自六月一日 至九月末（普通電車二台ヲ當ム）
昭和四・六	傅家庄線	現在廢止		
昭和二・六	小平島線	七―六 日祭日一時間延長	一	年中一時間三往復
昭和二・六	旅大線（日祭日は増台）		六	年中
昭和四・七	金大線（日祭日増台）		五	年中
昭和二・六	旅順市内線	冬八―一〇 夏七―一〇	四	年中

No.　タイプライター原稿用紙

大連自動車組合

営業自動車の激増による営業政策から謝恩券とか其他後払割引券を乱用して乗客の争奪に憂身をやつして闘ったタクシー界の将来に早くも経営難、タクシーの全滅などといふ暗影が投げかけられ料金問題を中心として混乱、恐慌時代を現出した。これは独り大連タクシー界の問題ばかりではない、大連は殊に日支両国人の営業者が乱立してゐることによつて、その経営に対して一層重要な意義が伏在してゐる。当局もこれが善後策を攻究した結果内地よりは一歩おくれて昭和五年六月から強制大連自動車組合を組織せしめタクシー界の統制を図ることとなつた。

自動車賃金

区域	片道	往復
旧市内	五〇、	八〇、
櫻花台	五〇、	八〇、
火葬場	七〇、	一〇〇、
若松町	八〇、	一二〇、

区域	片道	往復
老虎灘星ケ浦	一五〇、	二三〇、
傅家庄	一八〇、	二七〇、
周水子駅	二〇〇、	三〇〇、
関家屯凌水橋	二〇〇、	三五〇、

南満洲鐵道株式會社

ヨ－0024　B列5　32×15　●分割打字ヲ要スル原稿ハ五、六頁乃至一〇頁ニテ區切ルコト　（15.5.8.000冊 共和謄納）

No.　タイプライター原稿用紙

宏濟街宿舍	八〇	一・二〇
大連運動場附近及聖德街	八〇	一・二〇
桃源台平和台	一・〇〇	一・五〇
石油棧橋	一・〇〇	一・五〇
沙河口（驛を含む）	一・〇〇	一・五〇
王家屯	四・〇〇	六・〇〇
競馬場	一・〇〇	一・五〇
傅家庄（滿洲清湖附近）	一・五〇	二・〇〇
石道街	二・五〇	三・八〇
小野田セメント	三・〇〇	四・五〇
小平島	三・〇〇	四・五〇
凌水寺	四・〇〇	六・〇〇
龍王塘	五・〇〇	七・五〇
金州	六・〇〇	九・〇〇
旅順	八・〇〇	一二・〇〇

立廻金三十錢　立寄金二十錢　待時間一時間一圓二十錢　市內時間運轉一時間二圓五十錢　市內貸切一日（十時間）十八圓　市內貸切半日（五時間）十圓

（備考）旧市內とは東寺児溝終点迄、西小崗子警察署、長者町迄、南逢坂町迄　北露西亜町水産會迄。

ヨ―0024　B列5　32×15　●分割打字ヲ要スル原稿ハ五、六頁乃至一〇頁ニテ區切ルコト　（15. 5. 8.000枚　共和謄納）

No.　　タイプライター原稿用紙

新自動車規則の制定

日毎に激増して行く高速度交通機関それによる夥しい交通犠牲―街頭のメカニズムを如何にして整理し如何に統一し如何に発達せしめるか、それは近代都市に投げ与へられた最も重大な問題の一つである。関東庁管下諸都市に於ける交通警察もこの問題の解答には常に悩まされてゐるが関東庁警務局にあつてはかねてからこれが対策を講究し、現警務局長の着任以来一層慎重な研究が積まれた結果、或は交通事犯の厳罰主義を採り或は交通警察官吏の特殊訓練に努め近くまた大連旅順その他の都市には最新式交通指示器を施設する等ひたすら問題の解決に邁進してゐるが、時代の進歩は遂に関東庁の自動車取締規則の根本的改正を必要とするに至り、保安当局に於て過般来これが改正規則の稿を急いでゐたが、此の程愈々成案を得たので近く審議会の審議を経て公布の運びに至る筈である。元来現行規則は大正九年四月に公布施行されたものを、該取締規則の主体たる自動車そのものの定義においたもので当時と現在とは甚だしい距離が生じてゐる。例へばオートバイの如きは現行規則によれば自転車同様の取扱ひとなつ

ヨ―0024　B列5　32×15　●分割打字ヲ要スル原稿ハ五、六頁乃至一〇頁ニテ區切ルコト

No.　タイプライター原稿用紙

てゐるが、現在ではこれを自動車と解釋するを當然とするに至つてゐる。即ち改正案においては此意味に於て根本的な改革が行はれることになつてゐるが、其他速力制限上にフレキシビリティを付與し、充分高速度交通機関としての機能を發揮せしめると共に、一方運轉手の資格には嚴重な制限を加へ、かくて交通地獄を救はんとするものであるが、新規則は目下内務省に於て研究されつゝある内地の取締規則よりも一足お先に実施の運びになる筈である。

南滿洲鐵道株式會社

ヨ—0024　B列5　32×15　●分割打字ヲ要スル原稿ハ五、六頁乃至一〇頁ニテ區切ルコト　(15. 5. 5,000冊 共和製函)

No.

各自動車會社營業狀態（齊々哈爾）

各會社の明細なる收支狀態は不明なるも試みに自動車十輛を有する嫩江自動車會社に就て調査するに本年四月二十六日より五月四日迄の總收入哈大洋七百元に過ぎず。然るに自動車一輛に付大型は毎月哈大洋三十三元小型は二十二元の稅金を納入し運轉手に對しては一日一元の給料を支給し尚運賃收入の一割を手當として支給す。

然して當地に於ける自動車所有者は車輛を會社に託し代理經營を依頼するものにして普通會社所屬車輛の一半は此の種に屬す。此の場合會社は運賃收入の一割を手數料として扣除し其処

BN13
13

No.

を所有者に交附するものなり。

故に前記會社の如き約十日間に七百元の收入あるも實際會社の收入はその一半なる可く「ガソリン」其他修繕費等を控除せば殘額幾何もなく財政の困難なること想像に難からず。然して目下各會社の營業狀態の困難なるは主として左の三種の原因に基く

(A) 自動車會社が近年頓に激增せしこと

民國十五年には營業用自動車總數僅かに四〇台なりしに、二年來急に激增し已に百二十三台に達し競爭次第に激烈となり營業從て困難となれり。

(B) 道路悪きため自動車交通に多大の障碍あり。

No.

省城より各縣に至る道路は降雨多量の場合は自動車の運行不可能に陥り又平時に於ても道路粗悪の為め屡々故障に陥り砂中に没し止むを得ず馬又は牛を傭ひて之を引揚ぐる場合多く其の都度官帖二千帖以上を要し自動車交通に多大の障害あり。

(C) 省内人口稀薄なる為め自動車往行距離に比し乘客比較的少し。

省内人口稀薄なる為め乘客比較的少く遠距離の各地に運行して採算のとれざる場合少なからず、斯くの如き當地に於ける自動車営業は經営困難なれども此の窮状に対し各會社は左記の如き諸種の方法を以て辛ふじて經営しつゝあり。

No.

(a) 各會社自ら旅館を兼業するか乃至旅館と密接する關係を結びつゝあり。

旅館を兼業せる各會社は投宿せる旅客が各縣に出發の際は自社の切符を購入せしめ旅館を兼業せざる場合には近所の旅館に依頼して切符を發賣せしむ。此の場合旅館は一割の手數料を扣除す

(b) 各會社共同して旅客の遣繰を爲しつゝあり。旅客少數なるか爲め自動車運轉に採算とれざる場合には各会社共同して旅客の遣繰を爲しつゝあり。

(c) 各會社は公會を組織して運賃を統一す。

No.

從前各會社は運賃競爭を為し損害少からざりしに鑑み現在に於ては公會を組織し隨時各會社代表集合して運賃其の他を議定し無益の競爭を避けつゝあり。

(ロ)各會社は官憲の橫暴に對し一致團結して對抗しつゝあり。

由來支那官憲は常に商民の膏血を絞らんとして種々の狡猾なる手段を弄し勝ちなるが客年拜泉縣官憲は自動車營業の有利なるに着眼し組合を設立して官憲自ら乘車賃銀を統一し一手に之を徴收せんとせり。然るに當時及拜泉縣自動車会社に於ては若し斯の如き組合出現せしか賃銀は次第に釣上げらるゝのみならず多額の手數料を官憲に搾取せらるゝ恐あるを以て断然之を拒絶すると共に各會社結束して拜泉縣附近各縣迄は自動車を運轉するも拜泉縣へは運行せしめざることゝして之に對抗したる爲め官憲は遂に屈伏し組合の設立を見ざりしことあり又斉々哈爾官憲は自動車保護の爲一車に二名の護兵を派し食費宿舎費共に會社をして負擔せしめ人とせしが之又各會社の反對に逢ひ遂に護兵派遣に止め其費用は官費とする事とし漸く落着せしことあり。

右の如く自動車公會は常に自己利益擁護の爲には全力を盡して自衛策を講じつゝあり。

No.

其他關係事項

一、朝鮮人が自動車營業を為しつゝあること

當地朝鮮人朴興来は興盛汽車公司を經營しつゝあるが同人は所有自動車二輛を永利汽車公司に託け運轉せしめ其の他朝鮮人にて韓明星なる者も同様に所有自動車一輛を龍江汽車公司に代理經營を為さしめつゝあり昂々溪にも朝鮮人所有自動車四輛あり同様の方法を以て經營す但し彼等は何れも支那人の名義を用ひ税金修繕費等は自ら負擔しつゝあり。

二、運轉手養成

當地永利公司は本年五月中旬より運轉手養成を為す豫定なる

が右は三ヶ月間を養成期間とし学費哈大洋百元二十五名を以て限度とす。実習生卒業後は同公司より相当の自動車会社に詔介の労を執ると云ふ。

三、自動車管理規則（和二十三條迄あり）

（安郭之）

No.

鐵嶺に於ける自動車事業概況

從來同地居住邦人木吉某は當市を中心として法庫、康平、北山城子間の自動車運轉を計画せしも実現に至らず更に大正十四年一月奉天華豐汽車公司に於て當市を起點として法庫、康平との聯絡運轉を開始した、然るに各種の事情に禍されて缺損を見て休止し西で翌年更に法庫縣城在住者に於て同区域の運行を開始せしが、同じく採算不可能にして辛うじて冬季間営業を断續的に行ひ之が車輌は破損の儘法庫縣城に放置してあつたものを鐵嶺在住某中國人が之を修繕して運轉を計画し昭和二年一月不定期に運行を開始し二、三往復の後遂に車輛破損したる儘放棄

經調七十一號

ヨ－0022　B列5　28字×10　南滿洲鐵道株式會社　(15. 10. 7.500冊 一審編輯)

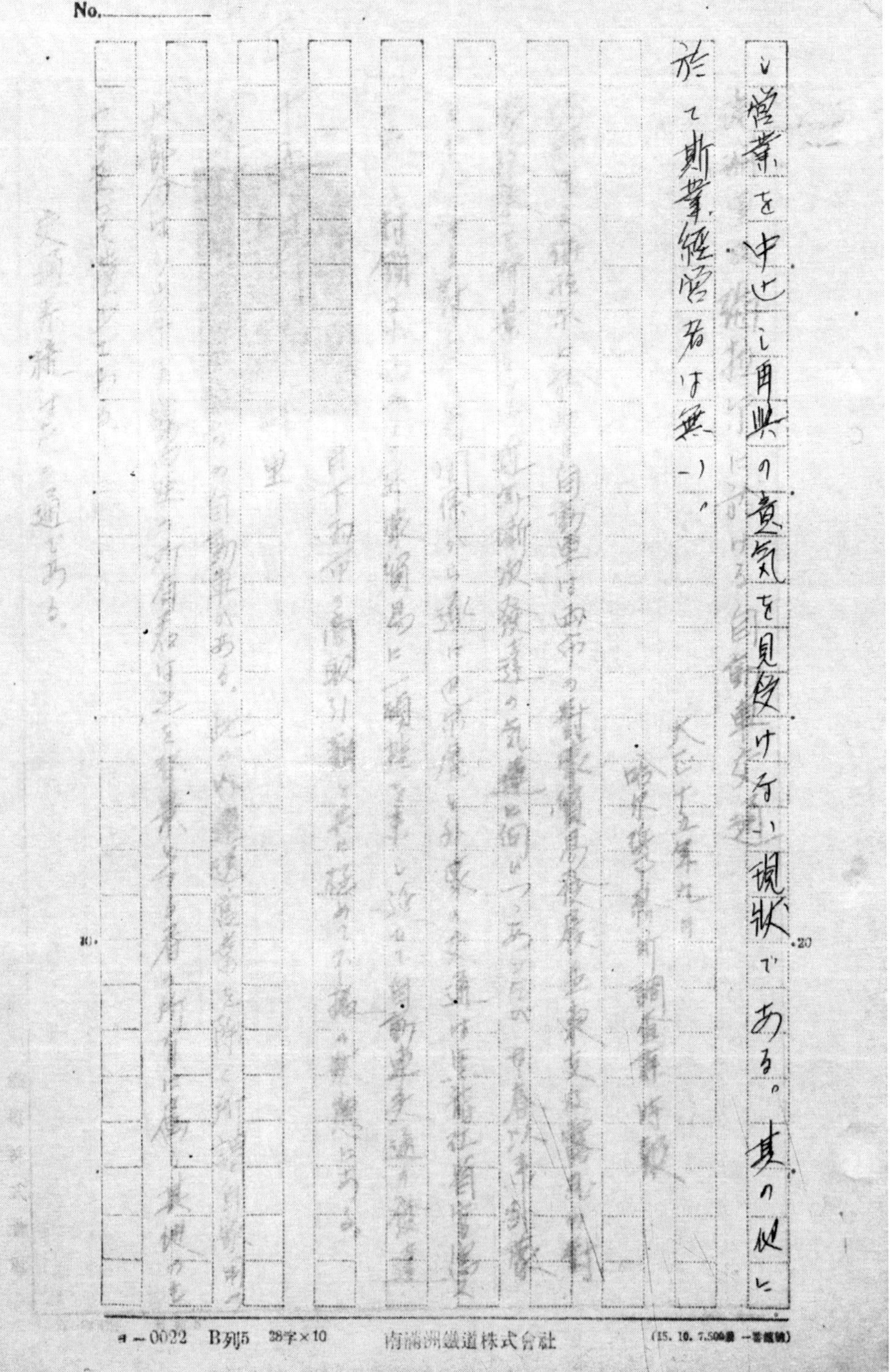

No.

し営業を中止し再興の意気を見受けない現状である。其の他に於て斯業経営者は無し。

ヰ－0022　B列5　28字×10　南滿洲鐵道株式會社　(15. 10. 7.500冊 一等級納)

満洲里及海拉爾に於ける自動車交通

大正十五年九月

哈爾浜事務所調査課時報

満洲里及海拉爾に於ける自動車は両市の對蒙貿易發展並東支及露西亜の對蒙政策を背景として近年漸次發達の気運に向ひつつあったが昨春以来外蒙を中心とする對東三省関係から遂に巴爾虎と外蒙の交通は黒龍江省官憲に依って封鎖され両市の外蒙貿易に一頓挫を来し延いて自動車交通の發達にも一の障碍を與へた。目下両市の商取引難と共に極めて不振の状態にある。

一、満洲里

満洲里には現在五十六台の自動車がある。此の内運送営業を除く所謂自家用の大部分はソウエート露西亜の所有若は之を背景とする者の所有に属し其他のものは至って僅少である。

交通系統は左の通である。

(一)満洲里ー札賚諾爾　三十八露里
(二)満洲里ー呼倫湖漁場　三十五露里ー三十五露里
(三)満洲里ー桑貝子　四〇〇露里

(一)満洲里ー札賚諾爾

道路は概ね鉄道線路に並行し道路平坦特に険阻な箇所なく只本道路は石炭を積載した荷馬車が通行する為雨後は所々破壊されることあるも左して妨害とはならぬ

本道路上を運行するもの十四人乗大型乗合自動車五輛あり何れも支那人経営になるものであって運賃は一人片道八十銭一日二回往復する。相当の乗客あるも東支鉄道と並行する為運賃率に自ら制限あり且多少同業者間の競走もあってあまり利益ありとは思はれぬ。

(二)満洲里ー呼倫湖漁場

本道路は主に冬季漁場行及水産物積出の為交通する道路で直接呼

倫湖北端に至るものと札賚諾爾經由呼倫湖北端に至るものとある。前者は鐵道南を通過するもので距離は約二十五露里であるが、途中稍急な坂路を上下せねばならぬに反し後者は札賚諾爾迄は前項の通路に從ひ札賚諾爾よりは更に平坦な野原を馳驅する故自動車路としては極めて良好な通路である。

(三) 満洲里ー桑貝子

満洲里より西南進すること八十露里附近より左折して南進し克尔倫河岸に出でそれより同河岸に沿ひ運行す。克尔倫河は河幅長きも水深大ならず増水時以外は到る處渡渉場あり。

本通路を運行する自動車は主として對蒙貿易の為往來する露人の乘行するものにして、平時は一日にて桑貝子到達す。運賃一人片道四十元以上である。(北路)

二、海拉爾

海拉爾には現在二十五台の自動車あり之を昨年の二十台に比すれば數に於て

減少したるも之が所有主に於て昨年八名ありしものが本年は十二名を算し昨年に比し一般的となりたる訳である。又運送営業用車十台及貨物自動車三台がある。

一、北方吉拉林（室韋縣）に至るもの

二、南方蒙古アルシャン温泉に至るもの

三、西南方壽寧寺（甘珠爾廟）に至るもの

四、桑貝子を経て庫倫に至るもの

を主なるものとし其他蒙古各旗に至る無数の一時的通路がある。

(イ) 吉拉林に至るもの

距離約三百露里あるも道路は概ね良好である。海拉爾河の渡船を渡り北行五十露里辺より漸次丘岡地帯に入るも緩傾斜にして極めて安易なる運轉を續け得再び根河の平原に下り、これより路は額爾克納河に並行し殆んど平坦に近く、幾つかの緩斜面の丘岡を通過する

本通路は年々開拓され行く吉拉林地方の農耕移住者の増加と共に

砂金鑛地を控へ且對後貝加爾貿易路に當るを以て自動車運輸營業路として最も將来ある道路である。

支那人經營の合同汽車公司は主として此の方面の營業に當る同公司は經理人を洪順利と云ひ資本金一万元と称し乗客用十二人乗二台二噸積貨物車一台を有し吉拉林海拉爾間運賃一人片道二十元貨物一布度二元を徴し月平均八十―一〇〇人の乗客を運送して居る

(ニ)アルシヤン温泉に至るもの

アルシヤン温泉は海拉爾の南約三百露里の所にあり古くより蒙古人に依り拓かれた所であるが最近某露人により薬効の顕著なることゝ湧出量の豊富なることが發表されてから俄に声價を高め、爾来夏季の浴客年々増加して去年に至り殊に浴客殺到し八月初旬には其の数二千名に上つた。

此の状態に着目し左記の通本年から夏季六、七、八の三ケ月間定期自動車運輸營業に着手し目下運行中である

經営者　ロザンスキー（猶太人）

乗客用……五輛（以一輛十二人乘）

貨物用……一輛

右は本年11月初旬より運轉を開始し一週二回の定期としたが十一月十五日蒙古政府から無居運轉の故を以て車輛（全部）を一時抑留された

尚現在本經路には他に競爭者なし。此はロザンスキーは蒙古政府並に支那官憲に其の下に付益に暗中飛躍をなしたる為との噂がある。

運賃一人片道二十五元以外

(三) 壽寧寺（甘珠児廟）に至るもの

道路平坦特記する程の障碍なし。此の通路は只甘珠児廟會開催中に限る。運賃一人片道十元乃至十五元を普通とする。

(四) 桑貝子ノ庫倫に至るもの

本通路を運行するものは對外蒙貿易業者（主として露人）にして運賃相

場の如きは其の時の事情により全く一定しない。即ち若し本道路を旅行する場合は全行程を通じ車輌を借入るゝ形式に依る故である。

桑貝子迄六百露里。道は最初海拉爾より西方に向って沙質地を百八十露里許り進みハルシエン河の橋梁（最近東支鉄道に於て建設したもので。橋幅六米長三十五米の木橋。通過税として自動車一輌に付三元を徴す）を渡り左折して呼倫湖の南端附近より克爾倫河流域に出で。此れより満洲里ー桑貝子道路と同一道路ニを通過する。　行程二日。

No.

鐵嶺に於ける運轉手養成機関

自動車営業に恵まれない當市(鐵嶺)に自動車運轉手養成機関がある。而して其の創立は大正十五年十月で概況は下の通りであるが之が裏面には奉天軍官の政策が伏在して居るものと一部間に稱せられて居る。

鐵佛爾特旅汽車公司

No.

鐵佛爾特派汽車公司

1. 設立年月日　大正十五年十月
2. 目的　自動車運轉手養成
3. 代表者　康鐵鋒
4. 所在　鐵嶺附属地敷島町四丁目
5. 所有自動車　一輛
6. 練習生現在数　三〇名
7. 教師　二名（康鐵鋒　韓德成）
8. 修業期間　三ヶ月
9. 教科目　「機械學」一〇時—一一時「電気學」一一時—一二時
「実習」後〇時半—一時半「繪図学」一・五—二・五時
「體操」二・五—三・時

ヶ-0022　B列5　28字×10　南滿洲鐵道株式會社　(15. 10. 7.500冊 一普鐵補)

No.

本公司は通稱自動車運轉營業に從事するが如くなるも其の內容は即ち以上の如く一種の運轉手養成學校にして設立者の前身は(自稱)元鐵嶺中國警察所行政兼衛生主任、奉天警官練習所教官等に歷任し現東省鐵路護路軍總司令部少校參謀と稱する人にして其の眞否如何は此處に問はずとし同所卒業生は奉天陸軍に於て採用し或は其の他就職に就いては同陸軍關係に於て充分斡旋盡力する諒解ありと稱し現在の在校生中には朝鮮人三名ありと。然るに其の經營の實況を窺ふに教科目の授業等は一種の空文にて時々破損せる一台の車体を修繕するを見るのみにして正確の練習等を行ふは其の設備に於て不可能ならむと推せらる、家屋は日本家屋の矮小なる平家にして院内狭く附近に余地なく其の實行は疑問視せざるを得ない、調査當時は旧正月に際し同家屋は貸家札を貼付して荒廃し僅に住居の跡を認むるに過ぎなかつた。移轉廣告を見るに單に旧正月に付當分休業する旨を認め社長たる創立者は一小支那商店に寓居して居る現状である。

No.

經調七一號

德惠縣自動車取締規則

德惠縣自動車取締規則は同縣実業局より民國十五年十月二十日發布し同日より之を施行した。今之を示せば次の如し。

德惠縣自動車取締規則

第一條　本局ハ交通ヲ便利ニシ民有自動車ヲ整理スルヲ以テ本旨トス

第二條　自動車取締事務ハ一切本局職員兼任ス

第三條　縣下ニ於ケル營業自動車ハ一切本局ノ管理ニ歸ス

第四條　本局ハ各自動車營業ヲ便利ニスル爲別ニ停車場ヲ設ク

No.

第五條　本局ハ旅客ノ安全ヲ計ル為別ニ待合室一箇所ヲ設ク

第六條　運行線路、毎日發車度数ハ必ズ一定ノ時間ヲ守リ豫メ本局ヨリ布告ス

第七條　各自動車ハ本局ニ於テ編定シタル號數ニ依リ順次發車シ紊乱ヲ防クヘシ

第八條　乗車賃ハ道程ノ遠近ヲ以テ標準トシ別ニ定賃表ヲ定メ之ヲ遵守スヘシ

第九條　各自動車ノ貨客切符ハ本局ニ於テ代賣シ以テ稽査ニ便シ十圓ニ付手数料五十銭ヲ徴收ス

第十條　本規則ニシテ不足ノ箇所アレハ随時申請シテ修改ス

ヲ－0422　B列5　20字×10　南滿洲鐵道株式會社　(15. 10. 7.500冊 一番編號)

No.

第十一條　本規則ハ認可ノ日ヨリ施行ス

以上

吉林省德惠縣実業局

ヨ－0022　B列5　28字×10　南滿洲鐵道株式會社　(15. 10. 7,500册 一誠堂納)

No. 1　タイプライター原稿用紙

大連自動車界の変遷

大正十五年末大連に於ける自動車数は営業用一三四、自家用一七六、計三一〇台に達し逐年益々増加の傾向を示して居る。……[illegible]

斯く発達せる大連の自動車は如何なる経路を辿って来たかその沿革を述べて見よう。

第一期　創業時代　大正六年迄　資本家又は会社当事者が好奇心に駆られて購入

第二期　好況時代　大正七－九年　欧洲大戦の好況時代、成金簇出時代

第三期　整理時代　好況の後を受けた所謂整理時代

第四期　革新時代

第五期　現況　昭和二年現在

新聞十二

昭和二年現在。

南滿洲鐵道株式會社

ター0024　B列5　32×15　●分割打字ヲ要スル原稿ハ五、六頁乃至一〇頁ニテ區切ルコト　(15. 5. 5,000冊)

No. 2　　タイプライター原稿用紙

第一期　創業時代

大連に於ける自動車の輸入は明治四十一年満洲鐵が米国ロコモービル会社より始めて一台を購入したのが嚆矢であって翌年三井物産支店並に当の大連市長石本鏆太郎がエック会社より各一台を輸入使用するに至り以来引続き会社用又は自家用として年々その数を増加して来つたが未だ自動車の運輸営業を開始するものはなかつたのである。当時は自動車に関する知識を有するものは極めて少く従て操縦及修理等に多大の苦心を要すの状態であつたが勿論金持連が好奇心に購入使用するのであるから費用等は全く無関心で居た。越えて大正三年十一月に至り松岡庄助氏は松岡自動車部を設け主として自動車の販売及修理業を始めると同時に貸パップモビール、スチュードベーカー・ビュック・フオード・キャデラック等の高級型自動車を購入し運輸営業を開始するに至つたがこれが即ち営業自動車の元祖である。大正六年五月大連自動車株式会社創立せられ山縣上卯平代之を管理し一般顧客の乗合自動車営業を開始し。フオード・オーバランド級自動車を使用し盛に活躍した。当時伊藤一雄氏等

No. 3　タイプライター原稿用紙

大連グレーで・福田藤三郎氏は福田自動車部を設立して自動車の販賣並に修理を目的とする至つた。斯くて漸進的乍ら自家用に營業用にその数を増して来たのである。

南滿洲鐵道株式會社

ヨ－0024　B列5　32×15　●分割打字ヲ要スル原稿ハ五、六頁乃至一〇頁ニテ區切ルコト　（15. 5. 3,000冊　共和謄納）

第二期　好況時代

大正七年春頃より欧州戦争の影響を受け一般の市況漸次活気を呈するに至つて市内に於ける一流の旅館料理店等は自家用車の専用として一台乃至二台を購入したが永続せずに終つた、其の主なるものは遼東ホテル、濱の家、扇屋、千勝館、よし加等であつて現在尚継続使用して居るのは遼東ホテルのみである。此の時に当つて山崎真一氏は大三ス自動車商会を設立し盛に乗客の便を図り相当の業績を挙げつゝあつたが其の経営振あまりに放漫なりし為め収支償はず遂に大連自動車会社と合併することゝなつた、其の他山本凉蔵、小島鉦太郎氏等各自営業を開始したが何れも永続する者なく一時の出現に過ぎなかつた。以上の如く自動車の使用は相当隆盛を来したが之を取締るべき規則はなかつた。依つて種々の弊害を生じたので大連民政署は自動車営業者に対し取締條項を規定し車体の検査並に運転手の試験を施行して之を取締るに至つた。由来一般財界の好況に伴ひ翌八年春日町に日出自動車商会出現し大三ス自動車商会と相対し大いに活躍したのである。

No. 5　タイプライター原稿用紙

当時の営業状態は恰も欧州大戦後に於ける好景気の絶頂にあって、如何なる手業も商業も労せずして利益を挙げ得たので一般の風潮は自然軽佻浮薄となって居た。従って自動車営業の如きも上調子で営業者も様重ま堅実味を欠いたのは免れぬ所であった、殊に運転手の如きも月給よりもチツプの方が目的で月収少くも三百円を下るものなく従って操行其の他につき全く言語道断であった。一方当時の乗客も薬屋・株屋・会社新設屋等の成金また特殊階級に限られてゐたので乗車賃の高低は殆んど眼中になかったのである。斯くの如き状態にあった自動車営業は相当の業績を挙げたが結局徒らに運転手を利したるに過ぎず大正九年三月の財界急変と共に経営困難となり廃業するもの簇出するに至った。

当時営業者として活躍せるものはスミス自動車、日出自動車、太平自動車、ツバメ自動車、満洲自動車、沙河口スター自動車等である。

南満洲鐵道株式會社

ヨ－0024　B列5　32×15　●分割打字ヲ要スル原稿ハ五、六頁乃至一〇頁ニテ區切ルコト　（15. 5. 8,000冊 共和謄納）

第三期　整理時代

大正十年末から愈々一般財界の不況深刻となり成金輩の没落と共に自動車営業も茲に一転機を劃さねばならぬ状況に立ち至ったが既に自動車の大部分は担保として銀行の倉庫に保留せられ其の数四十台以上に及び今尚其の儘になって居るものもある。而して辛じて継続するものは従来の営業状態を一変すると共に運転手の整理を行ひ只堅実な業程を辿つたのである。従って此の時代は経営者　運転手共に着実真摯となりガソリンの下落に加ふるに自動車また四割の下落を来し経営者として漸く採算不能の域に達し賃金も最高二円五十銭程度に値下げし茲に始めて自動車営業が採算的に成り立つ可能性を示したのである。此の間開業したるものに常盤タクシー、ミツワ自動車、大連タクシー等があり漸次自動車の実用化に努めたが大正九年四月自動車取締規則公布以来経営ま厳重なるに反し一般乗客は未だ贅沢視して使用せずまた〱苦境に陥つた。茲に於て大連タクシーは賃金の値下げを断行し市内一個五十銭均一とし益にこるを宣伝すると共に乗客を吸収したゝめ他の営業者は大恐慌

No. 7 タイプライター原稿用紙

を来し賃金協定を謀りたるも車体の関係上まとまらず已むなく他の営業者も断然賃金値下げを行ひ競争することゝなり漸次競争は自動化し乗客の注意を喚起するに至つた。

南満洲鐵道株式會社

ヲ－0024 B列5 32×15 ●分割打字ヲ要スル原稿ハ五、六頁乃至一〇頁ニテ區切ルコト (15. 5. 5,000冊)

No. 8　タイプライター原稿用紙

第四期　革新時代

自動車営業者は大連タクシーの値下断行に引摺られて若しみながら同一歩調を取つて競争するやうになつたが乗客にしても同一賃銀ならば大連タクシーのフオード級より高級車を選ぶのは当然であるから大連タクシーは之に対抗するため又々一圓二十銭に値下し更に一圓に値下げするに及び他の営業者もまた之に追随したが徒に無謀の競争を行へば互に自滅の外ないので営業者の組合を組織し賃金の協定を図らむとしたが再び不調に終り勢ひ自然に放任するの已むなき状態になつた。賃金の値下は顧客吸収に対する唯一の良策であるが如何せん高級型のものは経費の関係上フオード級のものと同一に値下することは困難であるので何れもフオード車を購入して競争に当つたのである。この競争の結果は俄に乗客を増加し漸次実用化するに至つた。此の間に於て大正自動車支那人経営の大星自動車常盤、沙河口スター自動車合併の実用タクシー等出現して盛に競争を始め賃金は八十銭より六十銭に更に五十銭に三十銭に値下され混乱として停止する所なき状態を呈せり。素より

南満洲鐵道株式會社

ヨ－0024　B列5　32×15　●分割打字ヲ要スル原稿ハ五、六頁乃至一〇頁ニテ區切ルコト　(15. 5. 8.000冊 [illegible])

No. 9　　タイプライター原稿用紙

多大の犠牲を払ひ採算を無視せる無謀な競争であつた事は明かな事で警察当局でも再三注意する所があつたが容易に協定ならず警察も遂に放棄の自由に任したのである。兎に角右の如き競争は到底業者の堪え得る所でなく自然何れかに無理を生じ欠陥を来すのは当然である　即ち運転手の過労　車体の低下　車体の取扱乱暴による事故の続発　運転手の不秩序等種々の故障を百出した　此の状態を持続するときは営業者は早晩自滅する外なき悲境に陥るので慧眼なる大連タクシーは直に労資協調の下に出資者と運転者の共同経営とし従来の月給制度を歩合制度に改めチップを全廃し流営乗客の吸収に全力を集中した。この方法は大連に於ける自動車界に一大革新を与へ従来自動車を全く贅沢なものとして嫉視して居た者も自然利用する事となり便に自動車の民衆化となり乗客は俄に約五倍に激増して従来の馬車や人力車の領域を冒すの盛況を呈した、勿論他の営業者もこれに倣つたのである。従つて大正十四年末には営業自動車は五四台に過ぎなかつたものが昭和元年末には実に一三四台に激増し一方自家用自動車は十四年末一九台のものが元年末には一〇六台と

南満洲鐵道株式會社

ヲ—0024　B列5　32×15　●分割打字ヲ要スル原稿ハ五、六頁乃至一〇頁ニテ區切ルコト

No. 10　タイプライター原稿用紙

ちり卸しを減少するに至った。これは営業自動車の実用化に反し自家用自動車経費の節減等のため整理された結果である。

南満洲鐵道株式會社

ヨ－0024　B列5　32×15　●分割打字ヲ要スル原稿ハ五、六頁乃至一〇頁ニテ區切ルコト　（15. 5. 8,000冊 共和謄納）

No. 11　タイプライター原稿用紙

第五　現在の状況

営業者は労資協調の下に組織を改善し大に能率の増進を図りたりと雖も運転手の過労は歩合制度のためその度を増し車体の取扱依然として改まらず大部分の営業者は今尚経営困難に陥つて居るのは事実である。唯是が運転手の素質及乗客に対する待遇等は著しく改善せられた事を認める事が出来る殊に乗客は車体の良否に依つて賃銀の高低を云為するに至り営業者は自然高級車を購入して客の吸収に努める傾向を示すに至つた事は車体の低下を防遏する事となつたのは幸ひである。しかし各営業者の営業状態は決して楽観するに至らず運転手の歩合制度は漸次引取契約に改められつゝあるその方法は自動車の月賦販売の様なもので十ヶ月乃至十五ヶ月間運転手は毎日一定の掛金を支払ひ十ヶ月、十五ヶ月に至つてその自動車を自己の所有とするのである。しかし自動車の種類に依つて掛金は異るが大体毎日十二圓内外の掛金と一ヶ月営業費主に支払い店賃百圓を加へ一ヶ月約四百四五十円を十ヶ月間滞りなく支払はなければならぬから運転手は一日少くも右の掛金丈け収入を挙げねばならぬので余程の

南滿洲鐵道株式會社

ヨ－0024　B列5　32×15　●分割打字ヲ要スル原稿ハ五、六頁乃至一〇頁ニテ區切ルコト　(15. 5. 8,000冊 共和號納)

No. 12　タイプライター原稿用紙

昭和二年

努力と忍耐を要するは勿論である。故に先生に此契約を果すものは実に僅にして本年六月に始めて一二名此の契約を完了するものがあるのみである。右は運轉手の自覺を促して着實勤勉ならしむるに效果があるとはいへ少しく苛酷に失する嫌ひがあり未だ相当研究を要すべき事と思はれる。しかして運轉手は現在この契約に依るもの過半を占め漸次増加の傾向を示して居る現在では営業者も運轉者も均しく真面目で無謀の競争は自識の外なく如何に競争すると限度があると言ふので大部分の者は漸く自覺して組合を組織し賃金を協定し一方運轉手もショファー会を組織して互に親睦を図ると共に技術の向上に努めて居る今組合で協定して居る現在の自動車賃金は左の通りなり。

区域	大型	小型
日本区（護國寺、樓台子、日本町を含む）	八〇	四〇
初音町附近	一、〇	五〇

雪雨天夜間十二時以後及悪路の場合は各二割増

区域	大型	小型
サマ温泉	一、〇〇	七〇
桃源台	一、三〇	一〇
聖徳街	一、三〇	一〇
沙河口	一、三〇	一、〇〇
星ケ浦（老虎灘）	一、八〇	一、三〇

南滿洲鐵道株式會社

ヨ－0024　B列5　32×15　●分割打字ヲ要スル原稿ハ五、六頁乃至一〇頁ニテ區切ルコト　（15. 5. 5,000冊 共和謄納）

No. 13. タイプライター原稿用紙

そして現在の営業者は9支人合せ十X軒あるが自己の貨車を投じてゐるものは殆んど無く何れも他より賃車を仰いでゐるのであるから果して現在の営業状態で継続し得るかは疑問である或者は楽観し或者は悲観説を唱へつゝあるが前者は四平実相当の利益を挙げつゝあり殊に車体の如きも昨年末約三倍に増し将来益々発展するに間違ひないと云ひ後者は現在営業者は単に目前の状態のみを見て居る貸車に対する金利、車体償却費等は勿論除算してゐるであらうが時々勃発する故障の如きは全然計算に入れて居らぬ、しかも現に経営困難にあるものが大部分である許りで全く大連に於ける自動車は遠き将来は兎も角当分の間は到底異常の発達は予想し得られぬ状態にあると。今大連に於ける自動車の将来を考察するに

(1) 大連に於ける乗用馬車は其の賃金も非常に安く数も多く殆んど電車との競争に甚しき状態である

(2) 邦人の資産乏しく外に人力車多し。

(3) 市中の距離短く自動車の必要少く又郊外と雖も此等に比較し利用

No. 14　タイプライター原稿用紙

する所極めて尠い
(四)乗用馬車の如く荷物と共に乗客を収容し能はざる事
(五)尚特殊方面の使用が大部にて未だ全く実用化されるに至らぬ事
以上は大連に於ける自動車の発達を阻害する主因である。殊に必要であるのは自動車の事故保険である。大連には未だ之を取扱ふものはないが若しこの保険を取扱ふこととなれば斯界の発達を促進するに大なる効果があると信ずる。要するに悲観論者の唱ふる所も絶対的のものではない。只時期の問題である。経営者の営利方針の改善、無謀の競争中止、運転手の自覚、自動車の民衆化、事故保険の取扱等がそれぞれ実行されて初て時代の趨勢と相俟て相当の発展を見る事が出来るのである。
（大連民政署調査）

南満洲鐵道株式會社

ヨー0024　B列5　32×15　●分割打字ヲ要スル原稿ハ五、六頁乃至一〇頁ニテ區切ルコト　(15. 5. 8,000冊 共同印刷)

No.

吉林

吉林に於ける自動車の運轉營業は日未だ浅く大正十四年十月省城を中心とする馬拉街、樺甸方面の運行を計畫して樺豊長途汽車公司を設立して以来幾多の変遷を經て現今に至るものであるが現在は數箇の公司設立せられ省城を中心として附近各都市との連絡交通をなすと雖も何れも營業振はざるに拘はらず、漸次斯業の増加せむとする傾向を呈するは奇異の現象である。由来吉林省は四周山岳に囲繞せられ僅に西北部が吉長線に由て交通開け居るのみであるから一般に旧慣を脱するに至らず、行旅客は駄背又は馬車、橇等を以て交通するの外なき現情である。

ヨ－0022　B列5　28字×10　南滿洲鐵道株式會社　(15. 10. 1,500冊 一書館納)

No.

然るに一度文明の交通機関として自動車の運轉を計畫し、種々の難関を排除して漸く営業を開始せむとするや実業廳は頻りに外資の進入を懼れ徒らに之が営業の進捗を妨げ遅々として進展せず、他都市の發展に後れるは蓋し斯る當局の猜疑に因する所大なりと稱するを至當とする。

ヨ－0022　B列5　20字×10　南滿洲鐵道株式會社

No.

外國人自動車營業に就ての取締

中國人以外の外國人で東三省内に於ける自動車營業投資することに關しては東三省実業廳は絕対之を許可せざるも當鐵道附屬地内に於ける營業は何等拘束する所なく民國十四年秋季に至る若干年間は露人は單に自ら經營したのであるが縣管内に於ては絕対不可能として居る状態であるから當附屬地内に營業所を設け縣公署當局の諒解を得て各地へ向つて運轉營業する事は差したる難事にあらざるものゝ様である。元来自動車營業に就て東三省當局は絕対外資を峻拒し之等の色彩を有するものは許可後にありても其營業を取消し以て取締を嚴にする取締令を發布

No.

せしも地方各縣下に於て前陳の如く地方當局の諒解成立に由て營業許可は難事にあらず、四平街通遼地方に在りては邦人に於て運轉營業する者あれども之に對し何等制裁を受けず中國人同様營業を持續して居る奇現象を呈して居る、彼此共に自動車營業上の異例といふべきである。

局子街、琿春間冬期自動車開通（大正十四年二月十日附在局子街芝崎副領事報告）

豆満江と布尔哈通河との結氷を利用し氷上を駛りて局子街より琿春に達する自動車の運轉は二月三日より開始せらる。右は片道四〇邦里所要時間五時間賃金邦貨十二円にて毎週二回火金の両日に発車す。

哈尔濱、農安間自動車運轉開始

大正十三年十二月一日

?"

農安、窑門間自動車交通開始

（大正十三年十月十一日附在農安帝國領事館報告）

農安長春間には例年十一月より翌年三月迄乗合自動車の便あるを常とせるが長春居住ロシヤ人某は同地支那人某と合辨（匿名）にて十月五日早くも農安、窑門間（東支鉄道南部線の王家駅）に乗合自動車（小型）の運轉を開始せり。乗車賃は農安窑門間哈大洋五元七角にして農安に於ては南門裡福順焼鍋に事務を置き午前八時発車（双方より）運轉し居れり。尚十月下旬乃至十一月上旬に至らば本邦人及他のロシヤ人に據りて更に農安、窑門間及農安長春間に乗合自動車の運轉を見るに至るべし（[illegible]）。

長農間自動車交通

大正九年一月二十九日より開業、米支合辦一十万圓にて鮑督軍及支那側の出資二百万元三十台の自動車を有し、將来吉林迄延長する豫定

安拜間旅客自動車

安達ノ拜泉間の交通頻繁なるに鑑み有志に於て株式組織として旅客自動車四輛を購入し兩地間に於ける交通の便を謀るべく大正十年一月下旬より開始せり、運賃大洋八元

No.

四平街に於ける自動車交通概説

経調　七十編

中國官憲の取締嚴しき裡に独特の飛躍を試みむとして往年哈爾濱市街自動車を經營し更に大正十三年末より當市場を中心として梨樹、懐徳等の都邑との連轉營業を爲せる邦人岡村靖市す努力の結果當方面の活躍を腹裡にとゞめつゝ僅に梨樹縣城との連轉に止め一方通遼、開魯地方の連轉に手を染めつゝあるが將來豊富なる資金融通の道が講ぜらるゝ曉に於て初期の方面に對しても相當の成果を收め得べしと其の努力の結果に付て嘱望せれて居る。其の他の營業者に在りては一進一退年々其の營業者を異にする状態であるが本年に於ては四平汽車公司が其の雄たるも

No.

のであつて或は殆んど断續的に運行して收支採算に至つては問題でない現状を呈して居る。而して我が附属地と支那町即ち附属地外の聯絡運轉は彼此の諒解成らず圓滑を缺いで居る有様乗客は不便を喞つて居る。而して之が聯絡は日支官憲の取締規定を改善せざる限り圓滑なる運轉は到底望まれないのである。従て當市場を中心とする自動車営業は現状では今日より以上の發展は至難と見受けられる。

No.

大連自動車株式會社定款

第一章 總則

第一條 當會社ハ大連自動車株式會社ト称ス

第二條 當會社ハ本店ヲ大連市ニ置キ重役會ノ決議ヲ以テ必要ノ場所ニ支店ヲ設クルコトヲ得

第三條 當會社ハ

一、自動車、其附屬品及部分品ノ賣買

二、自動車ノ賃貸

三、自動車ニ依ル乘客及諸貨物ノ運送

四、自動車及附屬器具ノ修理

No.

ヲ營ミ尚同種ノ事業者ト提携又ハ合同シテ斯業ノ合理的統制ヲ圖ルコトヲ以テ目的トス

第四條　當会社ノ存立期間ハ設立ノ日ヨリ満二十箇年トス

第五條　當會社ノ公告ハ本店内掲示場ニ三日間掲示シテ之ヲ為ス

第二章　資本金及株式

第六條　當會社ノ資本總額ハ金五拾萬圓トス

第七條　當會社ノ株式ハ壱万株トシ壱株ノ金額ヲ金五拾圓トス

第八條　當會社ノ株券ハ記名式トシ壱株券、十株券及五拾株券ノ三種トス

No.

第九條　株金第一回払込ハ一株ニ付金十五圓トシ第二回以降ノ
払込金額及其ノ時期ハ取締役會ノ決議ヲ以テ之ヲ定ム
第十條　株主ガ株金ノ払込ヲ怠リタルトキハ払込金ニ對シ金百
圓ニ付一日金五錢ノ割合ニ依ル延滞利息ヲ支払フヘキモノト
ス
但シ之カ為當会社ニ於テ商法ノ規定ニ依ル處分ヲ妨ケス
第十一條　當会社ノ株式ハ取締役ニ名以上ノ承認ヲ得ルニ非サ
レハ之ヲ讓渡スルコトヲ得ス
前項ノ承認ヲ得テ株式ヲ讓渡セムトスルモノハ双方連署ノ株
式名義書換請求書ヲ當會社ニ提出スヘシ

No.

第十二條　相續、遺贈其他ノ包括承継ニ依リ株式ヲ取得シタルモノハ其事實ヲ証スル書類ヲ添ヘ名義書換請求書ヲ提出スヘシ其氏名商號変更ノ場合亦同シ

第十三條　株券ヲ汚損又ハ毀損シタル時ハ該株券ニ其ノ事由ヲ記載シタル書面ヲ添ヘ之ヲ當會社ニ提出シ新株券ノ交付ヲ求ムルコトヲ得

但シ汚損又ハ毀損ノ為メ鑑別シ難キモノハ次條ノ手續ニ依ルヲ要ス

第十四條　株券ヲ亡失シタルトキハ其ノ事由ヲ詳記シ當会社カ承認スヘキ保証人ノ連署ヲ以テ新株券ノ發給ヲ求ムル事ヲ得

ヨー0022　B列5　28字×10　南滿洲鐵道株式會社

No.

當會社ハ請求者ノ費用ヲ以テ新聞紙上ニ公告シ二箇月ヲ經ル
モ故障ノ申出ナキトキハ新株券ヲ交付スヘシ

第十五條 株券名義ノ書換ハ一枚ニ付金十銭、新株券ノ交付ハ
一枚ニ付金五十銭ノ手数料ヲ收受ス

第十六條 當會社ハ株主總會開會ノ通知ヲ發シタル日ヨリ其總
會終了ニ至ル迄株券ノ名義書換ヲ停止ス

第三章 株主總會

第十七條 當會社ノ定時株主總會ハ毎年四月及十月ニ之ヲ招集
ス

ヨ—0022 B列5 28字×10 南滿洲鐵道株式會社 (15.7.8.400冊 舘川納)

No.

第十八條　株主ノ議決權ハ一株ニ付一箇トス

第十九條　株主ハ代理人ヲ以テ其ノ議決權ヲ行フコトヲ得但其ノ代理人ハ當会社ノ株主タルコトヲ要ス．

前項ノ場合ニ於テハ代理人ハ代理權ヲ証スル書面ヲ會社ニ提出スヘシ

第二十條　總會ノ決議ハ商法ニ別段ノ定アル場合ヲ除ク外出席シタル株主ノ議決權ノ過半數ヲ以テ之ヲ爲スヘシ可否同數ナルトキハ議長之ヲ決ス

第二十一條　總會ノ議長ハ社長之ニ任ス社長事故アルトキハ專務取締役之ニ任ス

ヨー0022　B列5　28字×10　南满洲鐵道株式會社　(15. 7. 5,400冊)

第二十二條　總會ノ議事概要及決議事項ハ之ヲ記録シ議長及出席株主二名之ニ任ス

第四章　役員

第二十三條　當會社ノ取締役ハ六名以内トシ監査役ハ三名以内トス

第二十四條　取締役ハ百株以上監査役ハ五十株以上ヲ有スル株主中ヨリ株主總會ニ於テ之ヲ選任ス

第二十五條　取締役ノ任期ハ三年トシ監査役ノ任期ハ二年トス但其任期カ最終ノ配當期ニ関スル定時總會ノ終結前ニ終了スル場合ハ其總会ノ終結ニ至ル迄之ヲ伸張ス

No.

補鉄トシテ選任セラレタル取締役又ハ監査役ノ任期ハ前任者ノ残存期間トス

第二十六條　取締役ハ在任中自己所有ノ當會社株式百株ヲ監査役ニ供託スルコトヲ要ス

第二十七條　取締役中ヨリ社長一名、專務取締役一名、常務取締役二名ヲ擧ク

社長專務取締役ハ株主總会ノ決議ヲ以テ常務取締役ハ取締役會ノ決議ヲ以テ各之ヲ選任ス

第二十八條　社長ハ當会社ヲ代表シ定款株主總会及取締役会ノ決議ニ基キ當会社諸般ノ業務ヲ執行ス

ヨ—0022　B列5　28字×10　南滿洲鐵道株式會社　(15. 7. 8.400册 船川納)

No.

社長事故アルトキハ専務取締役之ニ代ル

第二十九條　専務取締役及常務取締役ハ取締役會ノ定ムル所ニ従ヒ當会社ノ業務ヲ分掌ス

第三十條　監査役ハ當会社ノ業務ヲ監査シ取締役ガ總会ニ提出スル書類ヲ調査シ株主總会ニ其意見ヲ報告ス（ベシ）

株主總会ニ於テ監査役中ヨリ常任監査役一名ヲ選任スルコトヲ得

第三十一條　當会社ハ取締役会ノ決議ヲ以テ顧問又ハ相談役ヲ置クコトヲ得

ヨー0022　B列5　28字×10　南滿洲鐵道株式會社　(15.7.5.400冊 細川納)

No.

第五章　計算

第三十二條　當会社ノ決算ハ毎年二回トシ三月末日及九月末日ヲ以テ締切リ決算ヲ行フ

第三十三條　毎決算ニ於テ純益金中ヨリ左記金額ヲ控除シタル残額ヲ當該決算期日現在ノ株主ニ配當ス

一、法定積立金　　純益ノ百分ノ五以上

一、償却積立金　　若干

一、役員賞与金　　純益ノ百分ノ十以内

ヨ－0022　B列5　28字×10　南満洲鉄道株式会社

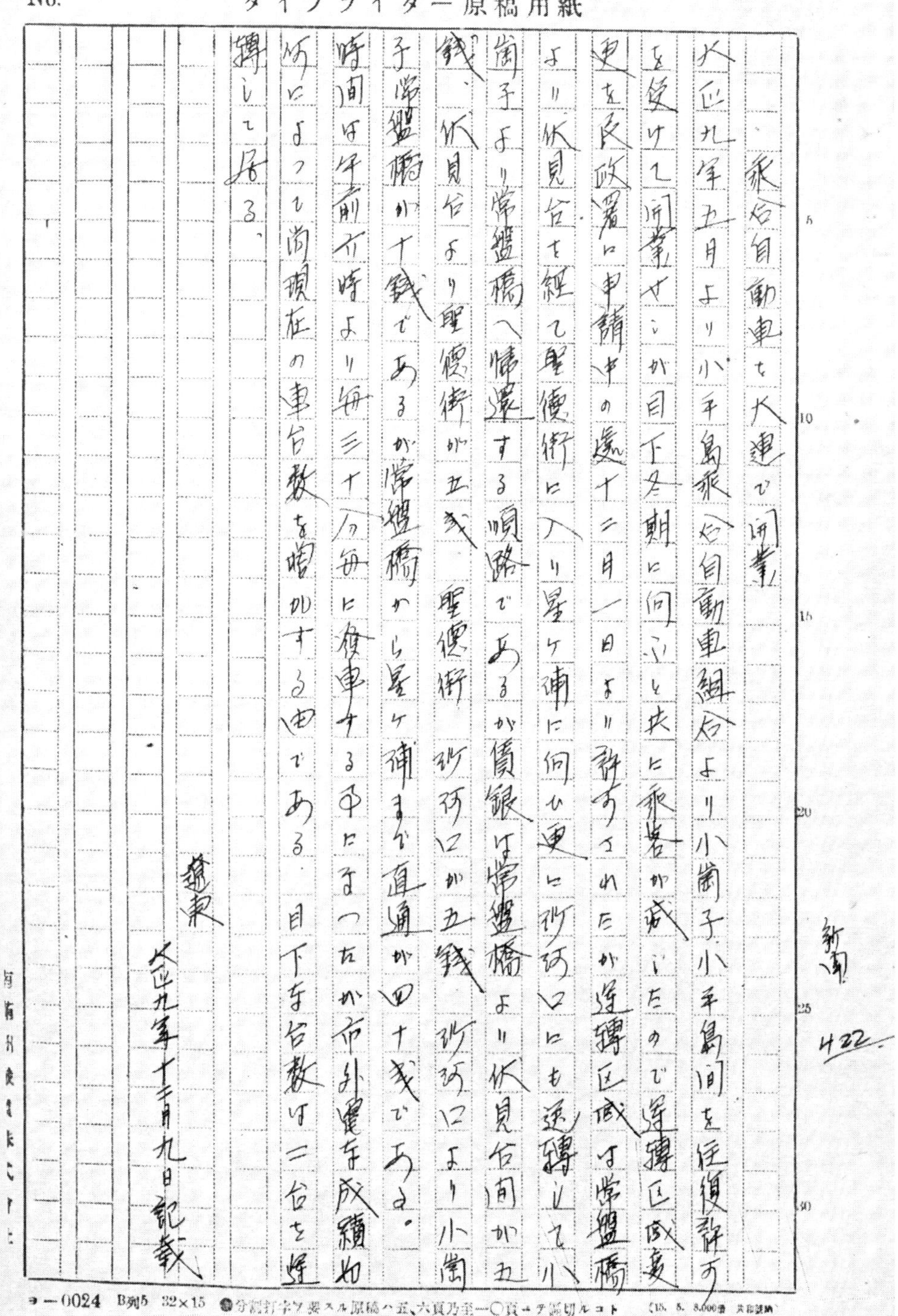
No.　タイプライター原稿用紙

一、乗合自動車を大連で開業し

大正九年五月より小平島乗合自動車組合より小崗子小平島間を往復許可を受けて開業せしが目下冬期に向ふと共に乗客が減じたので運轉区域変更を民政署に申請中の處十二月一日より許可されたが運轉区域は常盤橋より伏見台を經て聖德街に入り星ケ浦に向ひ更に沙河口にも運轉して小崗子より常盤橋へ帰還する順路であるが賃銀は常盤橋より伏見台間が五錢、伏見台より聖德街が五錢　聖德街沙河口が五錢　沙河口より小崗子常盤橋が十錢であるが常盤橋から星ケ浦まで直通が四十錢である。時間は午前六時より毎三十分毎に発車する事になったが市外電車成績如何によって尚現在の車台数を増加する由である。目下車台数は二台を運轉して居る。

遼東
大正九年十二月九日記載

新聞
422.

ヲ―0024　B列5　32×15　●分割打字ヲ要スル原稿ハ五、六頁乃至一〇頁ニテ區切ルコト　(15. 5. 8,000冊　共和謄納)

贰拾壹册

满洲自動車保有数

141

満洲自動車保有数

一、自動車保有数　項目

二、満洲に於ける自動車の分類

三、省別自動車分布状況、附表

四、主要都市に於ける自動車及自動自轉車、附表

五、自動車車種使用別数量表

六、容量別分類

七、年次発達状況　附表

八、数量總括表

九、諸車現在数量表

十、満蒙に於ける自動車数量表

（昭和四年十月）

南満洲鐵道株式會

B列5

No.

第五章

第十節　自動車保有数項目

第一項　現勢

第一款　自動車の分類

(一) 用途別分類
(二) 営業別分類
(三) 新旧別分類
(四) 車体別分類
(五) 容量別分類
(六) 特殊自動車及自動自転車

第二款　自動車の分布状態

(一) 省別自動車表
(二) 主要都市別自動車表
(三) 分布図 ――（未）

ヨ－0022　B列5，28字×10　南満洲鐵道株式會社　(16. 4. 5,000冊 [illegible])

No.

第二項、事故發生狀況

一、總括表

二、諸車損傷程度

三、〃　年度別

四、昭和十年度　小表

五、〃　四　〃　〃

No.

第一款　満洲に於ける自動車の分類

満洲に分布せる自動車及自動自轉車の一九三六年（昭和十一年）三月現在に於ける種類及台数は自動車一〇五種、九、一五四輛自動自轉車六八種、一、四〇三台、計一七三種、一〇、五五七台に及んで居る。

これを各用途別種類別等に分類すれば次の如くなる。

No.

(一) 自動車の用途別分類

九、一五四台を用途別に分類すれば次の如くなる。

用途	台数
乗用	四〇一二
貨物	三四一〇
乗合	一三三三
特殊	三八七
其ノ他	二二
計	九、一五四

これを一九三六年一月の内地の統計表と比較すれば次の如くである。

	満洲 台数	満洲 百分比	内地 台数	内地 百分比
乗用	四〇一二	四五・八	六〇、三四四	四三・九
貨物	三四一〇	三八・九	四九、一五四	三五・八
乗合	一三三三	一五・三	二七、九六〇	二〇・三
計	八七五五	一〇〇・〇	一三七、四六八	一〇〇・〇

No.

百分比で見る場合、内地と殆んど並行して居ることが分かるが満洲の実情よりして自動車運輸事業が遅れて居るのは止むを得ないことであり、これに反して貨物車は運用性が多い点よりしてその占める割合は相当大きく今後ともその傾向は増加するものと思はれる。

ヨ－0022　B列5　28字×10　南満洲鐵道株式會社　(16.6.5,000冊)

No.

(二) 自動車の営業別分類

自動車を自家用車と営業用車に分類すれば次の如くする。

	乗用車	貨物車	乗合車	特殊車	其ノ他	計
自家用	二、一四二	一、七八一	六九	三六八	一〇	四、三七〇
営業用	一、八七〇	一、七二九	一、二六四	一九	二	四、八八四
計	四、〇一二	三、五一〇	一、三三三	三八七	一二	九、二五四

内地の自家用営業用に就き一九三五年末のものを挙ぐれば次の如くである。

	乗用車	貨物車	計
自家用	九、二二三	七、六〇六	一六、八二九
営業用	六四、七九五	三九、三〇二	一〇四、〇九七
計	七四、〇一八	四六、九〇八	一二〇、九二六

No.

此の両者を比較するときその間に著しい相異を認める。即ち満洲に於ては乗合を除けば自家用の方が多い状態であるが内地に於ては営業用が遥かに多く自家用の五倍乃至六倍に達して居る。

この理由を一應考へて見るに満洲に於ける営業用の少い原因としては、

(い)自動車及其の附属品燃料等が非常に高價である。(関東州を除く)

(ロ)満洲土人の生活程度が低い。従って自動車の地方進出が殆んどない。(一般に自動車の必要を感じないが、必要を感じても購買力がない)或は道路不備匪賊の危険等の為)

(ハ)都市に於ける發達も在来の馬車或は人力車との競走に於て

No.

採算とれぬために遅れて居る

(四)満洲に於ける一般自動車の發達程度に比し諸官廳（会社等の必要とする自動車はそれが整備せられた状況にある為目立つて見える。即ち自家用が多すぎるまでなく、営業用が少なすぎる。

等が擧げられる。従つて自動車の普及を計るためにはかゝる民度に適する様に工夫することが最も必要である。

No.

（三）自動車の新舊別分類

自動車を新車新規使用開始後二年、中古車同三年乃至五年、古車同六年以上として分類すれば次の如くなる。

	乘用車			貨物車			乘合車			合計
	自家用	営業用	計	自家用	営業用	計	自家用	営業用	計	
新	七八三	七一〇	一四九三	七〇三	三七九	一〇八二	一二	四五一	四六三	三〇四八
中古	七〇七	四三二	一一三九	六八二	六四二	一三二四	四二	三八五	四二七	二八九〇
古	六五二	七二八	一三八〇	三九六	六〇八	一〇〇四	一五	四一八	四三三	二八一七
計	二一四二	一八七〇	四〇一二	一七八一	一六二九	三四一〇	六九	一二五四	一三二三	八七五五

乘合は別としてその他のものにあつては一般に自家用に新車が多く営業用に古車が多いことが覗はれる。これは民間業者の資力豊ならざることゝ競走の激しくないことを示して居る。試に

No.

東京或は大連の例をとれば東京に於てタクシー中新車五五%中古三一%、古一四%となって居り、大連の営業用乗用車に於ては新車六六%、中古二四%、古一〇%となって居るのである。これはかゝる都市に於ては競走が激烈であり、経営が合理化されて居るをめである。

乗合車に新車の多いことは自動車運輸事業の発展を意味し、その経営形態が確実となって来つゝあることを示して居る。

今新車・中古車につき年平均台数をとって見るに新車に属するものは平均一年間一五二四台、中古車に属するものは九三〇台となって居る。更に一九三五・六年の満洲への自動車輸入数を調べるに

No.

一九三五年二二五〇台、三六年二二〇六台となって居り約二〇%の増加と思はれる。因に世界に於ける増加割合は一九三六年一月一日現在三七、三七五、二七四輛、三七年同月同日三九、八三一、九三七輛であって約六五%の増加である。

No.

(四) 自動車の車種別分類

満洲に使用されて居る自動車種は約一〇五種に及んで居るがその内電気自動車一三種、ディゼル自動車二種を除いては全部ガソリン自動車である。これを車名別に分類すれば、内地同様フオード及シボレーがその半数以上を占め、フオード二八四一台[illegible]三一%、シボレー二二三四台二四・四%と断然他を圧して居るが、インターナショナル八四二台九・二%に次ぎ、ダッヂ・ブラザース四九二台五・四%、ヴイック四五四台五%の順であるが其の他のものに至つては二〇〇台二%以下である。

斯かる自動車中、中高車と云はれるヴイック、カディラック、

No.

ラサール、ナッシュ、パッカード、ロールス・ロイスは七三八台であるが、その大半をヴイックが占めて居る。自家用六四五台、営業用九五台であつて大部分自家用である。

乗合車の使用状態をみるに大型車は同和一一八台、ちよだ三六台、スミダ一九台、アツリ二台、ダツト七台、計一八二台であるが、小型車はダツトサン二六台、太田号一台、計二七台、合計二〇九台であつて全車数の二%余に過ぎぬ状態である。甚だ微々たるものであるが乗合車使用には諸官廳、大会社方面の積極的援助もあり、又大衆向きの豊田号の販賣も開始されて居る関係上将来相当増加するものと思はれる。

ヨ—0022　B列5　28字×10　南満洲鐵道株式會社

No.

第二款　自動車の分布状況

(一)　省別自動車分布状況

表より明なる如く面積百平方粁當りの自動車密度は関東州最大であつて断然他を圧し、これに次いで奉天省、吉林省、濱江省間島省等の順になつて居て大体分化の程度と併行して居るが人口千人に対する台数よりすれば関東州は別として興安北省、黒河省、浜江省、間島省等の順序となり却て僻地の方に良く利用されて居ると言ふことになる。これはかゝる僻地に於ては人口の少いことにも依るが都市附近に人口集中し地方には殆んど住居して居ないと云ふことにもなるのである。

No.

関東州に於ける自動車密度は對人口比よりすれば日本の東京府に次ぐものであり對面積比よりすれば静岡縣に相當し第十位である。然し乍らその他の省にあっては對面積比に於ては北海道にも及ばざること遠く又對人口比に於ては沖縄縣を除けば北海道を凌ぐものに興安北省があり、比肩するものに黒河省があるのみであって、全体より見る場合は百平方粁當り〇・六台人口四千人に付き一台と云ふ貧弱なる状態である。

一、乗用車

営業別よりすれば、営業用の多いところはその地方の自動車利用が盛なることを意味し、多くは大都市を有する地方であ

ヨ—0022　B列5　28字×10　南満洲鐵道株式會社　(16. 6. 5,000冊)

No.

るが又諸官廳大會社等の多数存在する地方は自家用車の多いことは當然である。然し乍ら大体状況を同じくした地方にあつてその差の甚しいのはその土地の生活程度が低いか或は又地の交通機関の利用が盛なることを示すものであつて、例へば関東州或は濱江省に比し吉林省或は奉天省の営業用車の少いことはその土地の馬車或は人力車等の影響に依るものと思はれる。又営業用車の新旧別に見る場合関東州、奉天省は新車が多いのに對して吉林省、濱江省　龍江省等次第に古車が多くなるのは車が古くなるに従つて奥地へ流れて居ることとを示し、自動車に対する地方民の要望或は業者の営業方針の

No.

相異等を感知せしめる。

二、乗合車

大体乗用車と併行して居るが乗合車は田舎或は都市間に使用されて居るものが約半数あり、その土地状況に影響されることが相等大である。

従って奥地へ入る程小型車が多く熱河、間島、錦州、興安省等には大型車は存在して居ない。都市交通事業の盛なる地方は一般に大型車が多いが、新車が古車より遥に多い點よりして傾向は大型車に向ひつつあることを示して居る。尚小型車で新車の多い地方はその地方に於ける自動車運輸事業の活躍

ヨ－0022　B列5　28字×10　南満洲鐵道株式會社　(16. 6. 5,000冊)

No.

なることが覗はれる。

三　貨物車

各地に最も普及して居るのは貨物車であつて、それは乗用車或は乗合車の運行出来ない要路に於ても貨物車は運行できると云ふ融通性が然らしめるものと思はれる。然も討匪其の他治安上その運用が大なる為各縣、旗公署等に多数使用されてゐることは地方に於ける自家用車の多数なる原因の一つである。関東州の如く道路状況の比較的良好なる地方に於ては右表の如く中型車最も多く、大型車も全部の大半を占めて居るが、一般には一噸半積以下の小型車が大部分を占めて居る。

省別自動車分布表　（関東州及特別市ヲ含ム）

		乗用車					乗合自動車 20人乗以下				乗合自動車 21人乗以上					貨物自動車 2.5噸以下				貨物自動車 2.6噸以上								
		新車	中古車	古車	小計	計	新車	中古車	古車	小計	新車	中古車	古車	小計	計	新車	中古車	古車	小計	新車	中古車	古車	小計	計	自営別計	合計	自動車付台数	人口千人ニ付ラ台数
関東州	自	149	113	82	344	933	—	—	—	—	—	—	—	—	161	90	87	146	293	9	5	5	19	497	656	1,591	45.98	3.47
	営	388	142	59	589		6	4	11	21	82	53	5	140		79	33	29	141	23	17	4	44		935			
濱江省	自	95	104	191	390	1,052	1	2	3	6	—	1	—	1	281	93	181	96	370	4	14	—	18	905	785	2,238	1.55	0.48
	営	75	107	480	662		9	84	101	164	68	17	25	110		40	110	366	516	—	—	1	1		1,453			
吉林省	自	273	200	78	551	761	2	—	—	2	2	4	4	10	194	200	94	16	310	4	1	—	5	564	878	1,519	1.69	0.70
	営	90	46	74	210		23	35	40	98	54	23	7	84		96	79	67	242	3	3	1	7		641			
奉天省	自	168	147	221	536	836	1	4	—	5	4	9	5	18	386	140	75	58	273	2	1	4	7	509	839	1,731	2.03	0.18
	営	136	93	71	300		32	56	40	128	137	45	53	235		50	97	81	228	1	—	—	1		892			
龍江省	自	10	58	24	92	142	—	1	—	1	—	—	—	—	129	21	38	30	89	—	7	1	8	202	190	473	0.38	0.22
	営	11	16	23	50		6	42	70	118	1	6	3	10		11	52	33	96	2	7	—	9		283			
熱河省	自	14	18	1	33	37	—	—	—	—	—	—	—	—	20	24	50	—	74	—	—	—	—	268	107	325	0.34	0.12
	営	1	3	—	4		—	—	20	20	—	—	—	—		21	169	3	193	—	1	—	1		218			
安東省	自	22	10	17	49	63	—	—	1	1	1	—	—	1	43	24	43	14	81	—	—	—	—	114	132	220	0.46	0.08
	営	3	9	2	14		5	2	4	11	29	1	—	30		28	1	4	33	—	—	—	—		88			
間島省	自	13	21	15	49	73	—	21	2	23	—	—	—	—	66	17	50	4	71	—	—	—	—	79	143	218	0.74	0.36
	営	5	13	6	24		—	22	21	43	—	—	—	—		—	4	4	8	—	—	—	—		75			
三江省	自	6	—	—	6	8	1	—	—	1	—	—	—	—	20	27	18	9	54	—	—	—	—	93	61	121	0.11	0.13
	営	—	1	1	2		—	13	4	17	—	—	2	2		11	28	—	39	—	—	—	—		60			
錦州省	自	9	18	6	33	36	—	—	—	—	—	—	—	—	14	18	5	—	23	—	6	—	6	44	62	94	0.24	0.03
	営	—	1	2	3		3	3	8	14	—	—	—	—		4	9	2	15	—	—	—	—		32			
黒河省	自	8	1	1	10	10	—	—	—	—	—	—	—	—	8	1	4	4	9	—	—	—	—	26	19	44	0.04	0.84
	営	—	—	—	—		—	6	—	6	—	2	—	2		4	5	8	17	—	—	—	—		25			
興安東省	自	1	2	2	5	5	—	—	—	—	—	—	—	—		—	2	1	3	—	—	—	—	3	8	8	0.01	0.14
	営	—	—	—	—		—	—	—	—	—	—	—	—		—	—	—	—	—	—	—	—					
興安西省	自	1	2	3	6	6	—	—	—	—	—	—	—	—	4	6	9	—	15	—	—	—	—	25	21	35	0.04	0.09
	営	—	—	—	—		—	—	4	4	—	—	—	—		—	9	1	10	—	—	—	—		14			
興安南省	自	5	3	1	9	9	—	—	—	—	—	—	—	—	4	13	8	5	26	—	—	—	—	41	35	54	0.07	0.09
	営	—	—	—	—		2	1	1	4	—	—	—	—		2	11	2	15	—	—	—	—		19			
興安北省	自	9	10	10	29	41	—	—	—	—	—	—	—	—	3	10	14	3	27	—	—	—	—	40	56	84	0.05	1.64
	営	1	1	10	12		—	—	3	3	—	—	—	—		4	7	2	13	—	—	—	—		28			
使用別計	自	783	707	652	2.142	4,012	5	28	6	39	7	14	9	30	1,333	684	648	386	1.718	19	34	10	63	3.410	3.992	8.755	0.67	0.25
	営	710	432	728	1.870		86	238	327	651	371	147	95	613		350	614	602	1.566	29	28	6	63		4,763			
新古別計	新	1,493					91				378					1,034				48					3,044			
	中古		1,139					266				161					1,262				62				2,890			
	古			1,380	4,012				333	690			104	643				988	3284			16	126		2,821	8,755		
用途別計				4,012						1,333									3.410							8,755		

No.

(二) 主要都市に於ける自動車及自動自轉車

満洲には人口一万以上の都市が一三七あるが自動車及自動自轉車の六三%は大連、哈爾濱、奉天、新京の四都市に依って占められ、尤も表の二四都市に就て見る場合は八二%でこれ等に依って占められて居る状態であり、殆んど鐵道沿線に限られてゐる。台数は大連最も多く二〇五一台、哈爾濱一九八三台、新京一一九三台齊々哈爾二三九台等の順序であるが人口千人當り台数よりすれば承徳八・一台、延吉七・〇台、旅順五・九台、大連五・六台、哈爾濱四・三台、新京三・八台等の順となり僻地に於ける都市の方が却って密度が大となって居る。これは承徳は北支との交通の要衝とし

ヨ—0022　B列5　28字×10　南満洲鐵道株式會社

No.

て旅順は官廳街としてその所有數が多いものと思はれる。然し乍ら表に依つても明なる如く、都市に於ける自動車密度さへ甚だ稀薄であつて、内地の昭和十年末に於ける自動車及自動自轉車數一〇〇、八三九台、人口千人に付き二・六台に比すればこれ等都市の半數以上はこの平均以下であり如何に自動車の發達が遲れて居るかを說明して居る。

附満洲國自動車分布圖

ヨ―0022　B列5　28字×10　南滿洲鐵道株式會社　(10, 6, 5,000冊 [illegible])

主要都市ニ於ケル自動車及自動自轉車數

都市名 ＼ 用途別 使用別		乘用車	乘合車	貨物車	特殊車	自動自轉車	小計	計	人口千人當リ台數
大連	自	277	0	285	169	541	1,272	2,051	5.5
	営	546	109	117	7	0	779		
哈尔濱	自	363	0	279	71	92	805	1,983	4.3
	営	589	168	419	2	0	1,178		
奉天	自	378	8	122	30	355	893	1,383	3.1
	営	227	161	100	2	0	490		
新京	自	468	2	224	38	101	833	1,193	3.8
	営	123	72	154	3	0	360		
齊々哈尔	自	82	0	50	5	8	145	239	2.5
	営	40	15	39	0	0	94		
吉林	自	67	0	19	13	7	106	193	1.5
	営	35	12	40	0	0	87		
安東	自	45	2	39	8	28	122	193	2.5
	営	14	31	26	0	0	71		
承德	自	26	0	40	0	0	66	185	8.1
	営	3	5	111	0	0	119		
旅順	自	47	0	15	4	33	99	183	5.9
	営	30	22	30	2	0	84		
延吉	自	38	2	38	1	20	99	171	7.0
	営	22	42	8	0	0	72		
撫順	自	22	0	38	4	43	107	151	1.2
	営	21	12	11	0	0	44		
營口	自	41	0	3	5	12		132	1.0
	営	11	47	13	0	0			
遼陽	自	19	7	11	12	31	80	116	2.3
	営	12	13	9	2	0	36		
鞍山	自	17	0	5	5	21	48	63	1.8
	営	9	3	1	2	0	15		
海拉尔	自	17	0	17	0	2	36	61	3.6
	営	12	0	13	0	0	25		
公主嶺	自	5	0	20	0	14	39	50	2.7
	営	3	1	7	0	0	11		
錦州	自	25	0	4	0	5	34	48	0.7
	営	3	0	11	0	0	14		
四平街	自	11	0	24	2	5	42	45	1.1
	営	2	0	1	0	0	3		
黒河	自	10	0	8	1	1	20	42	3.8
	営	0	5	17	0	0	22		
佳木斯	自	5	0	25	0	1	31	41	1.8
	営	1	2	7	0	0	10		

洮南	自	1	0	2	0	0	3	29	2.5
	営	0	13	13	0	0	26		
敦化	自	3	0	13	1	0	17	26	1.1
	営	2	4	3	0	0	9		
満洲里	自	6	0	3	4	3	16	19	2.6
	営	0	2	0	1	0	3		
赤峰	自	2	0	11	0	0	13	24	0.8
	営	1	0	10	0	0	11		
計	自	1.975	21	1.295	373	1.323	4.987	8.621	3.4
	営	1.706	744	1.163	21	0	3.634		

自動車車種使用別数量

			乗用車	乗合車		貨物車		特殊車	其ノ他	小計	計	百分比
				20人乗以下	同以上	2.5噸積以下	同以上					
1	フオード	自	380	9	19	627	17	61	—	1.113	2.841	31.04
		営	682	243	197	584	13	8	1	1.728		
2	シボレー	自	422	22	9	507	12	38	—	1.010	2.234	24.40
		営	461	184	144	424	9	2	—	1.224		
3	インターナショナル	自	5	2	—	151	13	74	—	265	842	9.20
		営	6	133	145	301	11	1	—	597		
4	ダッヂ ブラザース	自	191	3	—	57	—	20	1	272	492	5.37
		営	85	17	25	82	11	—	—	220		
5	ビユイック	自	393	—	—	—	—	6	—	399	454	5.00
		営	43	6	—	4	—	2	—	55		
6	プリムス	自	17	—	—	—	—	—	—	17	171	1.87
		営	154	—	—	—	—	—	—	154		
7	ナッシユ	自	125	—	—	—	—	—	—	125	143	1.56
		営	17	—	—	—	—	1	—	18		
8	エレベイティング・プラットホーム(電)	自	—	—	—	115	—	10	—	125	125	1.37
		営	—	—	—	—	—	—	—	—		
9	同和	自	—	1	—	44	4	1	1	51	118	1.29
		営	—	5	50	12	—	—	—	67		
10	エセックス	自	58	—	—	—	—	—	—	58	113	1.23
		営	53	1	—	—	—	1	—	55		
11	オルヅモビル	自	60	—	—	—	—	—	—	60	104	1.14
		営	44	—	—	—	—	—	—	44		
12	G・M・C	自	—	—	—	34	2	13	—	49	91	1.00 (~~0.99~~)
		営	—	8	3	25	6	—	—	42		
13	オークランド	自	19	—	—	—	—	—	—	19	89	0.97
		営	70	—	—	—	—	—	—	70		
14	スチュードベーカー	自	35	—	—	8	—	2	—	45	83	0.91
		営	11	2	12	12	—	1	—	38		
15	レオ	自	1	—	—	11	1	24	—	37	78	0.85
		営	—	4	21	14	2	—	—	41		
16	ポンティアク	自	32	—	—	—	—	—	—	32	73	0.80
		営	40	—	—	—	—	1	—	41		
17	ハドソン	自	43	—	—	—	—	7	1	51	69	0.75
		営	8	10	—	—	—	—	—	18		
18	デソート	自	13	—	—	1	—	—	—	14	64	0.70
		営	50	—	—	—	—	—	—	50		
19	ステフード	自	1	1	—	7	2	11	—	22	51	0.56
		営	—	—	—	28	1	—	—	29		
20	パッカード	自	43	—	—	—	—	3	—	46	47	0.51
		営	1	—	—	—	—	—	—	1		

			乗用車	乗合車		貨物車		特殊車	其ノ他	小計	計	百分比
21	フエザラル	自	–	–	–	8	–	–	–	8	40	0.44
		営	–	3	–	29	–	–	–	32		
22	ウィリス	自	10	–	–	1	–	–	–	11	38	0.42
		営	13	6	–	8	–	–	–	27		
23	ちよだ	自	1	1	–	24	–	–	–	26	36	0.40 (?)
		営	–	–	1	9	–	–	–	10		
24	ラクビー	自	4	–	1	5	–	–	–	10	36	0.40 (?)
		営	21	1	1	3	–	–	–	26		
25	ダイアモンド	自	1	–	–	11	2	–	–	14	34	0.37
		営	–	–	–	12	8	–	–	20		
26	エール・アンドタウン　(電)	自	–	–	–	3	3	27	–	33	33	0.36
		営	–	–	–	–	–	–	–	–		
27	ホイツパット	自	15	–	–	1	–	–	–	16	31	0.34
		営	15	–	–	–	–	–	–	15		
28	シトロエン	自	18	–	–	–	–	2	–	20	30	0.34
		営	8	2	–	–	–	1	–	10		
29	グラハムペーヂ	自	13	–	–	–	–	–	–	13	27	0.29
		営	14	–	–	–	–	–	–	14		
30	ダットサン	自	19	–	–	5	–	–	2	26	26	0.28
		営	–	–	–	–	–	–	–	–		
31	クライスラー	自	16	–	–	–	–	–	–	16	23	0.25
		営	7	–	–	–	–	–	–	7		
32	デユランド	自	6	–	–	–	–	–	–	6	23	0.25
		営	17	–	–	–	–	–	–	17		
33	オーバーン	自	19	–	–	–	–	–	–	19	19	0.21
		営	–	–	–	–	–	–	–	–		
34	スミス	自	5	–	–	5	6	2	–	18	19	0.21
		営	–	–	–	1	–	–	–	1		
35	クレーン・トラクター　(電)	自	–	–	–	–	–	18	–	18	18	0.20
		営	–	–	–	–	–	–	–	–		
36	チャンドラー	自	10	–	–	–	–	2	–	12	16	0.17
		営	4	–	–	–	–	–	–	4		
37	ペーヂ	自	14	–	–	–	–	–	–	14	16	0.17
		営	2	–	–	–	–	–	–	2		
38	キヤデイラック	自	12	–	–	–	–	–	–	12	15	0.16
		営	3	–	–	–	–	–	–	3		
39	イスズ	自	–	–	–	3	–	–	–	3	14	0.15
		営	–	1	10	–	–	–	–	11		
40	ベッドフオード	自	–	–	–	9	–	–	–	9	13	0.14
		営	1	1	1	1	–	–	–	4		

			乗合車		貨物車		特殊車	其他	小計	計	百分比
41 オースチン	自	7	—	—	1	—	—	4	12	13	0.14
	営	1	—	—	—	—	—	—	1		
42 オーバーランド	自	5	—	—	2	—	—	—	7	13	0.14
	営	5	—	—	1	—	—		6		
43 ハント (電)	自	—	—	—	6	—	6	—	12	12	0.13
	営	—	—	—	—	—	—		—		
44 ラファイエット	自	10	—	—	—	—	—	—	10	11	0.12
	営	1	—	—	—	—	—	—	1		
45 グラハム・ブラザース	自	3	—	—	1	—	—	—	4	10	0.11
	営	1	4	—	1	—	—		6		
46 フイアット	自	6	—	—	—	—	—	—	6	10	0.11
	営	3	1	—	—	—	—	—	4		
47 モーリス	自	7	—	—	1	—	—	—	8	10	0.11
	営	2	—	—	—	—	—	—	2		
48 マーケット	自	9	—	—	—	—	—	—	9	9	0.10
	営	—	—	—	—	—	—	—	—		
49 ラ・サール	自	8	—	—	—	—	—	—	8	8	0.09
	営	—	—	—	—	—	—	—	—		
50 チャルマー	自	6	—	—	—	—	—	—	6	8	0.09
	営	2	—	—	—	—	—	—	2		
51 ダット	自	1	—	—	2	—	—	—	3	7	0.08
	営	—	—	1	3	—	—	—	4		
52 アースキン	自	3	—	—	—	—	—	—	3	6	0.07
	営	3	—	—	—	—	—	—	3		
53 ユール (電)	自	—	—	—	3	—	3	—	6	6	0.07
	営	—	—	—	—	—	—	—	—		
54 エル・ウエル・パーカー (電)	自	—	—	—	6	—	—	—	6	6	0.07
	営	—	—	—	—	—	—	—	—		
55 中島 (電)	自	—	—	—	6	—	—	—	6	6	0.07
	営	—	—	—	—	—	—	—	—		
56 鳥羽 (電)	自	—	—	—	2	—	4	—	6	6	0.07
	営	—	—	—	—	—	—	—	—		
57 オペル	自	3	—	—	2	—	—	—	5	6	0.07
	営	1	—	—	—	—	—	—	1		
58 ウオルベーカーセルク (電)	自	—	—	—	—	—	6	—	6	6	0.07
	営	—	—	—	—	—	—	—	—		
59 日立 (電)	自	—	—	—	—	—	6	—	6	6	0.07
	営	—	—	—	—	—	—	—	—		
60 ファーゴ	自	—	—	—	4	—	—	—	4	5	0.05
	営	—	—	—	1	—	—	—	1		

			乗用車	乗合車		貨物車		特殊車	其ノ他	小計	計	百分比
61	テラプレーン	自	3	-	-	-	-	-	-	3	5	0.05
		営	2	-	-	-	-	-	-	2		
62	ファモヨール	自	-	-	1	-	-	-	-	1	4	0.04
		営	1	1	1	-	-	-	-	3		
63	ハプモビル	自	2	-	-	-	-	-	-	2	4	0.04
		営	2	-	-	-	-	-	-	2		
64	ルノー	自	2	-	-	-	-	-	-	2	4	0.04
		営	1	1	-	-	-	-	-	2		
65	レナー	自	2	-	-	-	-	1	-	3	4	0.04
		営	1	-	-	-	-	-	-	1		
66	ベンツ	自	3	-	-	-	-	-	-	3	3	0.03
		営	-	-	-	-	-	-	-	-		
67	ブダ	自	-	-	-	1	-	-	-	1	3	0.03
		営	-	-	-	2	-	-	-	2		
68	ロユモビル	自	3	-	-	-	-	-	-	3	3	0.03
		営	-	-	-	-	-	-	-	-		
69	マギラス	自	-	-	-	1	-	2	-	3	3	0.03
		営	-	-	-	-	-	-	-	-		
70	ロドレー	自	-	-	-	-	-	-	-	-	3	0.03
		営	-	3	-	-	-	-	-	3		
71	ヘンリー (電)	自	-	-	-	-	-	3	-	3	3	0.03
		営	-	-	-	-	-	-	-	-		
72	ベーカー (電)	自	-	-	-	-	-	3	-	3	3	0.03
		営	-	-	-	-	-	-	-	-		
73	ユニオン	自	-	-	-	-	-	3	-	3	3	0.03
		営	-	-	-	-	-	-	-	-		
74	ブロックウエー	自	1	-	-	-	-	-	-	1	2	0.02
		営	-	-	-	1	-	-	-	1		
75	インデアナ	自	-	-	-	2	-	-	-	2	2	0.02
		営	-	-	-	-	-	-	-	-		
76	ラ・フランス	自	-	-	-	-	-	2	-	2	2	0.02
		営	-	-	-	-	-	-	-	-		
77	ルベー	自	1	-	-	1	-	-	-	2	2	0.02
		営	-	-	-	-	-	-	-	-		
78	リバブリック	自	-	-	-	-	-	-	-	-	2	0.02
		営	-	-	-	1	1	-	-	2		
79	ソニークロフト	自	-	-	-	1	1	-	-	2	2	0.02
		営	-	-	-	-	-	-	-	-		
80	スオ	自	-	-	-	-	-	2	-	2	2	0.02
		営	-	-	-	-	-	-	-	-		

		乗用車	乗合車		貨物車		特殊車	其ノ他	小計	計	百分比
81 ヴズレー	自営	-	-	1	1	-	-	-	2	2	0.02
82 熱田	自営	1	-	-	1	-	-	-	2	2	0.02
83 オーイエランド	自営	2	-	-	-	-	-	-	2	2	0.02
84 スター	自営	1	1	-	-	-	-	-	2	2	0.02
85 B. B	自営	-	-	-	1	-	-	-	1	1	0.01
86 ビユッシングナック	自営	-	-	-	1	-	-	-	1	1	0.01
87 カニングハム	自営	1	-	-	-	-	-	-	1	1	0.01
88 カタピラー	自営	-	-	-	-	-	1	-	1	1	0.01
89 クリーブランド	自営	-	-	-	-	-	1	-	1	1	0.01
90 ダゼス	自営	1	-	-	-	-	-	-	1	1	0.01
91 デンニス	自営	-	-	-	-	1	-	-	1	1	0.01
92 フランクリン	自営	-	-	-	-	-	1	-	1	1	0.01
93 ガードナー	自営	1	-	-	-	-	-	-	1	1	0.01
94 ハクスバーナー	自営	-	-	-	-	-	1	-	1	1	0.01
95 ガーフオード	自営	-	-	-	-	-	1	-	1	1	0.01
96 ヒルマン	自営	1	-	-	-	-	-	-	1	1	0.01
97 マクスウエル	自営	-	-	-	-	-	1	-	1	1	0.01
98 ムーン	自営	1	-	-	-	-	-	-	1	1	0.01
99 ミヅホ	自営	1	-	-	-	-	-	-	1	1	0.01
100 モーレランド	自営	-	-	-	1	-	-	-	1	1	0.01

			乘用車	乘合車		貨物車		特殊車	其ノ他	小計	計	百分比
101	太田	自	1	-	-	-	-	-	-	1	1	0.01
		営	-	-	-	-	-	-	-	-		
102	ロールスロイス	自	1	-	-	-	-	-	-	1	1	0.01
		営	-	-	-	-	-	-	-	-		
103	ボウスホール	自	1	-	-	-	-	-	-	1	1	0.01
		営	-	-	-	-	-	-	-	-		
104	N・S・U	自	1	-	-	-	-	-	-	1	1	0.01
		営	-	-	-	-	-	-	-	-		
105	スムロドムカ	自	1	-	-	-	-	-	-	1	1	0.01
		営	-	-	-	-	-	-	-	-		
	其ノ他（不明ノモノヲ含ム）	自	42	-	-	36	-	2	1	81	113	1.22
		営	13	13	-	5	-	-	1	32		
	計	自	2,142	39	30	1,718	63	368	10	4,370	9,154	100.00
		営	1,870	651	613	1,566	63	19	2	4,784		
	合計		4,012	690	643	3,284	126	387	12	9,154	-	-

No.

(五) 容量別分類

乗用車は自家用以外殆んど全部五人乗である。

乗合車貨物車に就き容量別に分類すれば次の如くなる。

一、乗合車

	十五名以下	十六―二〇名	二一―二五名	二六名以上	計
台数	三〇五	三八五	三五六	二八七	一三三三
百分比	二二・九%	二八・九%	二六・七%	二一・五%	

尚要約して新旧別に分類すれば

	定員二〇名以下	定員二一名以上	計
新	九一	三七八	四六九
中古	二六六	一六一	四二七
古	三三三	一〇四	四三七
計	六九〇	六四三	一三三三

新旧別に見れば小型には古車多く大型車には新車が多い。これは乗合車は一般に大型に向ひつゝあることを示し、かゝる大型車を最も良く使用する都市交通事業が整備して来つゝあることを意味して居る。一方地方に於ては道路状態一般に不良なるため小型が用ひられてゐるが、これ等には一般に老朽車が多いことを示して居る。

二．貨物車

貨物車は相当悪路をも通行し得る関係上満洲に於ては最も普遍性を有するものであつて地方にも相当分散して居る。従つて小型車最も多く一噸半積以下が三三％に達し、中型車は三三％

No.

余であるが大型車に至っては四%にも至って居ない。新旧別に見ても小中型の新車多く今後も小中型の発達が最も盛んであると思はれる。

積載量と輛数を百分比にすれば

積載量	一・五噸以下	一・六—二・五噸	二・六—三・五噸	三・六噸以上	計
台数	二、一五一	一、一三三	一〇〇	二六	三四一〇
百分比	六三・〇%	三三・二%	二・九%	〇・八%	

更に新旧別にすれば

	二・五噸以下	二・六噸以上	計
新	一〇三四	四八	一〇八二
中古	一二六二	六二	一三二四
古	九八八	一六	一〇〇四
計	三二八四	一二六	三四一〇

No.

（六）特殊自動車及自動自轉車

一、特殊自動車

牽引車、救急車、消防車、撒水車、靈柩車の分布狀況は次の如くである。

	牽引車（農業）	牽引車（工業）	救急車	消防車	撒水車	靈柩車	合計
關東州	—	一一一	六	四五	一三	九	一八三
吉林省	一	一〇	四	二八	八	三	五四
龍江省	—	—	—	二	二	—	四
黑河省	—	—	—	一	—	—	一
濱江省	一〇	二九	四	二五	五	三	七六
間島省	—	—	—	—	一	—	一
安東省	—	—	一	五	三	—	九
奉天省	—	八	三	二七	一〇	六	五四
熱河省	—	一	—	—	—	—	一
興安省	—	—	—	四	—	—	四
計	一一	一五九	一八	一三七	四一	二一	三八七

其の他の省に於ては特殊車は存在しない。

No.

二　自動自轉車

自動自轉車は六九種、一四〇三台に及ぶが之を單車、側車、三輪車に分類すれば

	台数	百分比
單車	五五五	三九・六
側車	四〇八	二九・一
三輪車	四四〇	三一・三
計	一四〇三	

次に車種別台數よりすればパール・ダビッドソンが最多數であつて四一・二%を占め、ニユー・エラ以下一〇%に満たぬ状況である。

自動自轉車界に於ける國産車の發展は目醒しきものがあり特に三輪車に於て著しく、ニユー・エラ、マツダ、ダイハツ

ウヱルビー・イワサキ・ツバサ・日新・M.S.A・H.M.C等總
数三八〇台（三〇%）に達して居る。
燃料の高價なる満洲に於ては小型自動車と同様に三輪車方面
の需要は益々増加するものと思はれる。

No.

ヨ－0022　B列5　28字×10　南滿洲鐵道株式會社

No.　タイプライター原稿用紙

年次発達状況

民族或は國家の文明はその交通機関の発達程度に依って測定し得ると云はれる程近世期に於ける交通機関の役割は偉大なるものがある。かゝる交通機関中近年出現せる自動車並航空機は時代の寵児として益々その効用を増しつゝあるが自動車に至っては完全に大衆化し近距離に於ては在来の馬車或は軌道を駆逐し、長距離に於ても鉄道の域を侵さんとする状態に迄発達し、加ふるに近代戦に於ける軍機として必要欠くべからざる要具となるに及んで世界各國その自給自足に専念し殊に欧洲大戦の戦禍

南滿洲鐵道株式會社

ヨ-0024　B5　32×15　●分割打字ヲ要スル原稿ハ五、六頁乃至一〇頁ニテ區切ルコト　(14. 1. 5,000冊 共和號納)

を被つた諸國に於ては長足の進歩を遂げてゐる。

今世界に於ける自動車の發達を見るに、一九二六年度は總自動車數二四、五八九、二四九輌にして世界人口に對する比率は六六人に一輌となつて居り、又一九三六年一月一日現在は總車輌數三七、二七五、二七四輌世界人口に對する比率は約五〇人に一輌の割と増加して居るが、五大洲別に見ればアメリカ洲一七五%、ヨーロッパ洲一一九、五%、大洋洲一二、三%、アフリカ洲一一、二%でアジヤ洲一、六%に過ぎぬ現狀にある。

知名各國別の自動車に對する人口割合を一九二六年、一九三六年と対比して見るに、

	一九二六年		一九三六年	
	自動車数	一輛當り人口	自動車数	一輛當り人口
北米合衆國		五	二六、一六七、一〇七	四六、六
佛蘭西		四六	二、一八二、一三八	一九、三
英吉利		四三	一、九九〇、六五〇	二一、五
加奈陀		一一	一、一六一、〇〇二	八、七
独逸		一九六	一、一〇四、〇〇〇	五九、六
濠洲		一七	六三一、八五四	一〇、四
伊太利		二九四	三九一、七〇九	一〇五四
ソ聯			二四五、六〇〇	六七五、〇
スペイン		一三八	一七九、五〇〇	八八、〇

No.　タイプライター原稿用紙

白耳義			一六二、四五〇	四八、六
日本（内地）		一、三九八	一三七、四七八	四九二、〇
滿洲		八、五〇〇	九、一五四	三六、〇五、〇
世界自動車總數	二四、五八九、二四九	六六	三七、二七五、三七四	約五〇、〇

此の表に依っても明なる如く日本はその自動車數のみならず人口比に於ても世界列强に對しては勿論、弱小國に對しても甚だ遜色があるが、翻つて滿洲の狀況を見ると、一九三二年の建國以來五箇年諸機關の整備は年々共に異常なる發展を期しつゝあるが、然も猶その程度は甚だ幼稚であり、自動車數の如き自動自轉車を入れて一〇、五五七輛にして、日本

南滿洲鐵道株式會社

ヨ-0024　B列5　32×15　●分割打字ヲ要スル原稿ハ五、六頁乃至一〇頁ニテ區切ルコト　(14. 1. 5,000冊 共和謄寫)

No.　　タイプライター原稿用紙

内地の十五分の一に過ぎず遠く及ばない現狀である。

一方過去に於ける滿洲の自動車に関しては、支那官憲が管下の自動車に関する調査を一切明にせず、為に詳細な数量は判明しないが舊政權永年の弊政は滿洲に於ける自動車の發達を阻止して居り、事一朝一夕にその發達を望めないの否定し難いのである。

そもそも滿洲に自動車が輸入せられたのは古くは一八八〇年頃哈爾濱の建設に伴ひロシヤ人より持ち込まれたと傳へられ、相當以前より哈爾濱には自動車が出現してゐた様であるし、又関東州に於ては明治四十一年

南滿洲鐵道株式會社

ヨ-0024　B5　32×15　●分割打字ヲ要スル原稿ハ五、六頁乃至一〇頁ニテ區切ルコト

No.　タイプライター原稿用紙

に満鉄に輸入されたのを契機として翌四十二年に二台となり、大正二年には六台、翌三年には営業用現はれ、同六年には三十七台、同七年には八十台、同八年には一八〇台となり之より益々増加数を高めてゐる。

これに依つて満洲に於ける交通発達の將来を考へるに、建設に莫大な費用と時日を要する鐵道はその分野に於ける大半の使命を果し、経済性より云へば遥かに容易な道路交通、就中自動車交通にこそ、其の領分を讓渡すべき情勢となりつゝある。

南滿洲鐵道株式會社

ヨ-0024　B列5　32×15　●分割打字ヲ要スル原稿ハ五、六頁乃至一〇頁ニテ區切ルコト　(14. 1. 5.000冊 共和謄納)

	1918年 大正7年			1919年 大正8年			1920年 大正9年		
	自家用	営業用	計	自家用	営業用	計	自家用	営業用	計
旅順	1	1	2	1	2	3	5	3	8
大連	45	28	73	66	106	172	126	51	177
金州	—	—	—	—	—	—	—	—	—
普蘭店	—	2	2	—	3	3	—	1	1
貔子窩	—	3	3	—	2	2	—	2	2
計	46	34	80	67	113	180	131	57	188
瓦房店	—	—	—	—	—	—	—	—	—
大石橋	—	—	—	—	—	—	—	—	—
營口	—	—	—	—	—	—	—	—	—
鞍山	—	—	—	2	1	3	1	3	4
遼陽	—	—	—	—	—	—	—	2	2
蘇家屯	—	—	—	—	—	—	—	—	—
奉天	—	1	1	1	18	19	6	7	13
本溪湖	—	—	—	—	—	—	—	—	—
鳳凰城	—	—	—	—	—	—	—	—	—
安東	—	—	—	1	—	1	3	—	3
撫順	—	—	—	2	—	2	4	2	6
鐵嶺	1	—	1	—	—	—	—	—	—
開原	—	—	—	1	—	1	1	2	3
四平街	—	—	—	—	—	—	—	—	—
公主嶺	—	—	—	—	—	—	—	—	—
范家屯	—	—	—	—	—	—	—	—	—
新京	1	1	2	2	5	7	4	7	11
計	2	2	4	9	24	33	19		
總計	48	36	84	76	137	213	150	80	230

	1921年 大正10年			1922年 大正11年			1923年 大正12年		
	自家用	営業用	計	自家用	営業用	計	自家用	営業用	計
旅順	4	9	13	6	7	13	17	—	17
大連	167	52	219	191	47	238	166	44	210
金州	—	—	—	—	—	—	—	—	—
普蘭店	—	—	—	—	—	—	—	2	2
貔子窩	—	1	1	—	5	5	—	—	—
計	171	62	233	197	59	256	183	46	229
瓦房店	—	—	—	—	—	—	—	—	—
大石橋	—	—	—	—	—	—	—	—	—
營口	—	—	—	—	—	—	1	—	1
鞍山	2	2	4	3	—	3	4	—	4
遼陽	—	—	—	—	—	—	—	—	—
蘇家屯	—	—	—	—	—	—	—	—	—
奉天	8	15	23	15	1	16	20	10	30
本溪湖	—	—	—	—	—	—	—	—	—
鳳凰城	—	—	—	—	—	—	—	—	—
安東	1	—	1	2	—	2	3	1	4
撫順	6	1	7	7	1	8	9	1	10
鐵嶺	—	1	1	—	—	—	—	—	—
開原	1	—	1	1	—	1	1	—	1
四平街	—	—	—	—	—	—	—	2	2
公主嶺	—	—	—	—	—	—	—	—	—
范家屯	—	—	—	—	—	—	—	—	—
新京	8	4	12	6	8	14	10	14	24
計	26	23	49	34	10	44	48	28	76
總計	197	85	282	231	69	300	231	74	305

	1924年 大正13年			1925年 大正14年			1926年 昭和元年		
	自	営	計	自	営	計	自	営	計
旅順	17	6	23	21	19	40	30	12	42
大連	151	41	192	215	51	266	254	133	387
金州	—	—	—	—	—	—	3	2	5
普蘭店	1	4	5	1	6	7	3	9	12
貔子窩	5	—	5	7	—	7	11	—	11
計	174	51	225	244	76	320	301	156	457
瓦房店	—	—	—	—	1	1	2	2	4
大石橋	—	—	—	—	—	—	2	—	2
營口	—	—	—	2	—	2	4	—	4
鞍山	5	—	5	6	—	6	5	1	6
遼陽	—	—	—	—	—	—	2	—	2
蘇家屯	—	—	—	—	—	—	—	—	—
奉天	32	20	52	33	39	72	40	54	94
本溪湖	—	—	—	—	—	—	1	—	1
鳳凰城	—	—	—	—	—	—	—	—	—
安東	2	—	2	8	—	8	13	2	15
撫順	5	6	11	14	2	16	18	6	24
鐵嶺	—	—	—	—	—	—	—	—	—
開原	1	—	1	2	—	2	5	—	5
四平街	—	2	2	2	3	5	5	2	7
公主嶺	—	—	—	4	2	6	2	1	3
范家屯	—	—	—	—	—	—	—	—	—
新京	9	14	23	11	4	15	10	12	22
計	54	42	96	82	51	133	109	80	189
總計	228	93	321	326	127	453	410	236	646

	1927年 昭和2年			1928年 昭和3年			1929年 昭和4年			1930年 昭和5年			1931年 昭和6年			1932年 昭和7年			1933年 昭和8年			1934年 昭和9年			1935年 昭和10年		
	自家用	營業用	計	自	營	計	自	營	計	自	營	計	自	營	計	自	營	計	自	營	計	自	營	計	自	營	計
旅順	31	23	54	45	35	80	36	41	77	38	41	79	48	57	105	42	73	115	54	70	124	68	73	141	83	83	166
大連	306	158	464	355	283	638	435	424	859	434	523	957	423	425	848	430	472	902	592	586	1.178	744	698	1.442	815	839	1.654
金州	4	2	6	3	7	10	6	29	35	7	28	35	9	18	27	10	24	34	13	19	32	10	32	42	23	35	58
普蘭店	2	6	8	1	6	7	5	11	16	9	13	22	11	15	26	9	18	24	5	19	24	11	24	35	14	31	45
貔子窩	3	6	9	3	8	11	4	5	9	13	6	19	10	9	19	6	9	15	9	8	17	5	13	18	16	9	25
計	346	195	541	407	339	746	486	510	996	501	611	1.112	501	524	1.025	497	596	1.093	673	702	1.375	838	840	1.678	951	997	1.948
瓦房店	2	2	4	2	2	4	2	2	4	2	2	4	3	2	5	3	—	3	5	—	5	4	3	7	5	3	8
大石橋	1	—	1	—	—	—	1	1	2	2	—	2	2	3	5	1	1	2	1	2	3	1	54	55	—	3	3
營口	4	—	4	6	—	6	7	—	7	6	—	6	7	1	8	13	10	23	5	4	9	11	6	17	10	3	13
鞍山	7	2	9	10	4	14	11	8	19	12	11	23	15	9	24	9	12	21	10	19	29	26	17	43	33	17	50
遼陽	—	—	—	2	2	4	1	3	4	4	4	8	11	2	13	4	2	6	2	1	3	7	—	7	6	—	6
蘇家屯	—	—	—	—	—	—	—	—	—	—	—	—	—	—	—	—	—	—	—	—	—	—	1	1	—	1	1
奉天	39	51	90	52	81	133	54	107	161	60	93	153	81	93	174	64	80	144	87	129	216	206	183	389	196	234	430
本溪湖	1	—	1	1	1	2	1	—	1	1	—	1	3	—	3	—	—	—	2	1	3	5	—	5	7	1	8
鳳凰城	—	—	—	—	—	—	—	—	—	—	—	—	—	—	—	1	—	1	—	—	—	2	—	2	3	2	5
安東	15	9	24	16	11	27	18	10	28	17	9	26	16	11	27	11	14	25	17	12	29	20	21	41	39	37	76
撫順	23	15	38	32	25	57	32	27	59	33	33	66	39	29	68	36	33	69	37	35	72	55	45	100	94	44	138
鐵嶺	2	—	2	2	—	2	2	—	2	2	—	2	2	—	2	4	2	6	1	5	6	6	—	6	4	—	4
開原	4	—	4	2	2	4	—	3	3	3	5	8	4	5	9	4	6	10	7	2	9	10	12	22	7	18	25
四平街	4	2	6	3	4	7	3	3	6	4	1	5	9	3	12	8	5	13	8	2	10	10	3	13	35	4	39
公主嶺	3	1	4	2	1	3	1	6	7	2	2	4	6	—	6	10	2	12	2	2	4	9	7	16	6	4	10
范家屯	—	—	—	—	—	—	—	—	—	—	—	—	—	—	—	—	—	—	1	—	1	2	—	2	—	2	2
新京	14	8	22	16	8	24	31	23	54	30	19	49	22	8	30	58	61	119	66	107	173	68	118	186	97	187	284
計	119	90	209	146	141	287	164	[illegible]	[illegible]	178	179	357	220	166	386	226	228	454	251	321	572	442	470	912	542	560	1.102
總計	465	285	750	553	480	1.033	650	703	1.353	679	790	1.469	523	690	1.411	723	824	1.547	924	1.023	1.548	1.280	1.310	2.590	1.493	1.557	3.050

	1936年 昭和11年			1937年 昭和12年			1938年 昭和13年			1939年 昭和14年			1940年 昭和15年		
	自家用	営業用	計	自	営	計	自	営	計	自	営	計	自	営	計
旅順															
大連															
金州															
普蘭店															
貔子窩															
計															
瓦房店															
大石橋															
営口															
鞍山															
遼陽															
蘇家屯															
奉天															
本溪湖															
鳳凰城															
安東															
撫順															
鉄嶺															
開原															
四平街															
公主嶺															
范家屯															
新京															
計															
総計															

No.

註、◎関東州は関東廳統計に依り正確なる数なるも他は正確を欠く所もある。「○」印のつけてある所は輸入統計より算出せるものなり。

總轄一表

年度＼省別	奉天省	吉林省	黒龍江省	其ノ他	関東州	合計
明治 41					1	
〃 42					2	
〃 43						
〃 44						
大正 元						
〃 2					6	
〃 3			5		9	
〃 4			7		9	
〃 5					11	
〃 6					37	
〃 7					80	
〃 8					180	
〃 9	12	240			188	
〃 10		280	88		233	
〃 11	122				256	
〃 12	194	329	75		229	827
〃 13	219	438	113		225	995
〃 14	376	446	128		320	1.270
昭和 元	392	628	249		457	1.726
〃 2	437	897	335		541	2.210
〃 3	1.075	1.415	383		746	3.614
〃 4	1.288	1.653	670		996	4.607
〃 5	○ 1.354	○ 1.715	435		1.112	4.616
〃 6	○ 1.416	○ 1.773	○ 440	94	1.025	4.748
〃 7	○ 1.277	○ 1.783	450	94	1.093	4.697
〃 8	1.070	1.720	335	[illegible]	1.375	4.665
〃 9	○ 1.501	○ 2.273	○ 500	○ 210	1.678	6.162
〃 10	○ 1.722	○ 3.523	○ 630	○ 280	1.948	8.103
〃 11	2.115	4.229	710	326	1.774	9.154

九　諸車現在数　（関東州及満鉄附属地）

		人力車			自轉車			自動車			乘用馬車			荷車		
		自家用	營業用	計	自家用	營業用	計	自家用	營業用	計	自家用	營業用	計	牛馬車	手挽車	計
明治40年	1907															
〃 41年	1908															
〃 42年	1909															
〃 43年	1910	6	921	928							65	452	517	12.430	882	
〃 44年	1911	69	721	790							90	369	459	14.256	920	
大正 元年	1912	74	375	449							52	315	367	13,913	1.169	
〃 2年	1913	71	740	811							88	300	388	13.767	1.693	
〃 3年	1914	75	754	829							80	316	396	13.676	1.410	
〃 4年	1915	101	991	1.092							86	408	494	14.398	1.401	
〃 5年	1916	105	995	1.100							117	392	509	14.176	1.556	
〃 6年	1917	117	1.298	1.415							94	472	566	14.316	2.403	
〃 7年	1918	198	1.288	1.486				48	36	84	72	455	527	15.066	2.181	17.247
〃 8年	1919	419	1.895	2.314				76	137	213	83	688	771	15.602	2.889	18.490
〃 9年	1920	449 ~~[illegible]~~	2.267 ~~[illegible]~~	~~3.506~~				~~[illegible]~~	~~86~~	~~239~~	~~[illegible]~~	~~[illegible]~~	~~[illegible]~~	~~[illegible]~~	~~6.189~~	~~21.966~~
〃 10年	1921	343 ~~[illegible]~~	2.319 ~~[illegible]~~	~~3.251~~				~~202~~	~~93~~	~~298~~	~~123~~	~~[illegible]~~	~~[illegible]~~	~~16.808~~	~~3.909~~	~~20.717~~
〃 11年	1922	487 ~~692~~	2.239 ~~3.003~~	~~[illegible]~~				~~[illegible]~~	~~93~~	~~309~~	~~162~~	~~[illegible]~~	~~1.478~~	~~[illegible]~~	~~[illegible]~~	~~22.870~~
〃 12年	1923	431 ~~489~~	3.093 ~~3.149~~	~~3.639~~				~~285~~	~~28~~	~~313~~	~~127~~	~~[illegible]~~	~~1.599~~	~~17.769~~	~~6.139~~	~~23.908~~
〃 13年	1924	474 ~~577~~	3.269 ~~3.312~~	3.843	~~8.985~~	~~1.048~~	~~10.033~~	~~233~~	~~94~~	~~327~~	~~117~~	1.399 ~~1.399~~	~~1.516~~	~~17.267~~	~~5.646~~	~~22.913~~
〃 14年	1925	448 ~~506~~	3.273 ~~3.284~~	~~3.759~~	~~10.062~~	~~668~~	~~10.730~~	~~336~~	~~131~~	~~467~~	~~129~~	1.485	~~1.614~~	~~18.638~~	~~5.250~~	~~23.888~~
昭和 元年	1926	460	3.245	3.705	11.699	564	12.263	410	236	646	121	1.430	1.551	18.897	5.984	24.881
〃 2年	1927	455	3.118	3.573	13.863	1.351	15.214	465	285	750	141	1.430	1.571	19.421	7.177	26.598
〃 3年	1928	423	3.422	3.845	21.220	1.530	22.750	553	480	1.033	128	1.681	1.809	18.981	9.174	28.155
〃 4年	1929	453	3.256	3.709			25.269	650	703	1.353	93	1.796	1.889	19.964	9.978	29.942
〃 5年	1930	358	3.731	4.069	26.355	594	26.949	679	790	1.469	88	2.024	2.112	20.853	7.922	28.775
〃 6年	1931	274	3.174	3.421	29.968	958	30.926	721	690	1.411	89	2.171	2.260	20825	7.604	28.429
〃 7年	1932	288	3.238	3.526	34.297	644	34.941	723	824	1.547	94	2.242	2.336	20519	9.112	29.631
〃 8年	1933	324	3.361	3.685	41.966	925	42.891	924	1.023	1.947	66	2.562	2.628	20614	8.729	29.143
〃 9年	1934	473	3.743	4.216	52.478	2.729	55.207	1.280	1.310	2.590	72	3.006	3.078	21.103	10.848	31.951
〃 10年	1935	313	3.803	4.116	60.877	2.556	63.433	1.493	1.557	3.050	44	3.281	3.325	21418	9.900	31.318
〃 11年	1936															
〃 12年	1937															
〃 13年	1938															
〃 14年	1939															
〃 15年	1940															
〃 16年	1941															

省别	地名	昭和2年 自家用	昭和2年 営業用	昭和2年 計
奉天省	瓦房店		2	3
	大石橋	—	2	2
	営口	—	2	2
	鞍山	—	8	8
	遼陽	1	4	5
	奉天(日)	139	42	181
	(支)	56	79	135
	鉄嶺	2	2	4
	開原	—	5	5
	四平街	8	5	13
	公主嶺	7	5	12
	撫順	—	2	2
	本渓湖	—	2	2
	安東	10	18	28
	通遼	5	1	6
	遼源	3	—	3
	太平川	6	—	6
	洮南	12	3	15
吉林省	長春	22	17	39
	范家屯	8	—	8
	下九台	2	—	2
	吉林	16	21	37
	図门	17	—	17
	陶頼昭	24	—	24
	哈尔浜	?	?	567
	烏吉密	?	?	3
	海林	?	?	3
	石頭城子	?	?	4
黒龍江省	泰来	5	—	5
	昂々渓	15	—	15
	斉々哈尔	?	?	53
	海拉尔	?	?	14
	満洲里	?	?	50
	安達	?	?	95
	満溝	?	?	48
	黒河	?	?	5
				285
總計				1421

満洲ニ於ケル自動車数（昭和10年十月現在）

地名	乗用自動車 自家用	乗用自動車 営業用	乗用自動車 計	貨物自動車 自家用	貨物自動車 営業用	貨物自動車 計	合計
旅順	35	28	58	9	9	18	76
大連	199	364	563	93	69	162	725
金州	4	15	19	1	6	6	25
普蘭店	2	10	12	–	1	1	13
城子疃	–	8	8	–	–	–	8
貔子窩	1	–	1	–	–	–	1
小計	241	425	661	103	84	187	843
瓦房店	–	8	8	–	–	–	8
熊岳城	–	1	1	–	–	–	1
営口	27	4	31	2	–	2	33
鞍山	4	8	12	6	1	7	19
遼陽	3	3	6	–	1	1	7
奉天	516	205	721	125	22	147	868
	43	104	147	11	7	18	165
撫順	11	24	35	13	3	16	51
本溪湖	–	–	–	–	1	1	1
安東	9	10	19	6	–	6	25
沙河鎮	2	25	27	2	2	4	31
鉄嶺	1	–	1	–	–	–	1
開原	1	–	1	1	2	3	4
四平街	2	1	3	2	–	2	5
公主嶺	–	2	2	5	–	5	7
范家屯	–	8	8	–	–	–	8
長春	38	7	47	13	3	16	63
朝陽鎮	–	5	5	–	–	–	5
吉林	22	23	45	22	2	24	69
敦化	–	13	13	–	2	2	15
烏拉街	–	3	3	–	–	–	3
龍井村	–	5	5	–	–	–	5
下九台	–	3	3	–	–	–	3
[illegible]南	–	2	2	–	1	1	3
九站	–	5	5	–	–	–	5
鄭家屯	1	–	1	1	–	1	2
双山	–	3	3	–	–	–	3
通遼	1	11	12	–	–	–	12
太平川	–	4	4	–	–	–	4
洮南	5	23	28	–	–	–	28
泰来	–	16	16	–	–	–	16
大賚	–	5	5	–	–	–	5
扶余	–	21	21	–	–	–	21
農安	–	10	10	–	–	–	10
[illegible]爾羅斯	–	1	1	–	–	–	1
肇州	–	15	15	–	–	–	15
窰門	–	5	5	–	–	–	5
陶頼昭	–	43	43	–	–	–	43
三岔河	–	20	20	–	–	–	20
徳恵	–	24	24	–	–	–	24
双城堡	–	12	12	–	–	–	12
哈爾濱	247	548	795	21	26	47	842
傅家甸	–	238	238	–	–	–	238
松浦	–	27	27	–	–	–	27
沈家站	–	12	12	–	–	–	12
海倫	–	20	20	–	–	–	20
綏化	–	32	32	–	–	–	32
巴彦	–	3	3	–	–	–	3
一面坡	–	1	1	–	–	–	1
烏吉密河	–	21	21	–	–	–	21
寧古塔	–	19	17	–	8	2	27
牡丹江	–	–	–	–	18	18	18
山西	–	–	–	–	2	2	2
綏芬河	–	2	2	–	–	–	2
[illegible]	–	15	15	–	–	–	15
三姓	–	40	40	–	–	–	40
佳木斯	–	33	33	–	–	–	33
富錦	–	6	6	–	–	–	6
望奎	–	8	8	–	–	–	8
[illegible]	–	40	40	–	–	–	40
[illegible]	–	130	130	–	–	–	130
齊々哈爾	60	163	223	–	4	4	227
[illegible]	–	1	1	–	1	1	2
海拉爾	–	30	30	–	–	–	30
満洲里	24	5	29	11	10	21	50
小蒿子	–	12	12	–	–	–	12
黒河	7	34	41	–	–	–	41
小計	1,024	2,119	3,163	241	114	361	3,505
総計	1,265	2,544	3,809	344	200	544	4,353

關東州及満鐵附屬地自動車ノ年表

年次		旅順	大連	小崗子	沙河口	水上	金州	普蘭店	貔子窩	瓦房店	大石橋	営口	鞍山	遼陽	奉天	本渓湖	安東	撫順	鉄嶺	開原	四平街	公主嶺	長春	計
大正七年	自	一	四五	—	—	—	—	—	—	—	—	—	—	—	—	—	—	一	—	—	—	—	一	四八
	営	一	三〇	—	—	—	—	二	二	—	—	—	—	—	一	—	—	—	—	—	—	—	—	三六
	計	二	七五	—	—	—	—	二	二	—	—	—	—	—	一	—	—	一	—	—	—	—	一	八四
大正八年	自	一	六八	—	—	—	—	—	—	—	—	—	二	—	一	—	一	—	—	一	—	—	二	七六
	営	二	一一八	—	—	—	—	三	二	—	—	—	一	—	六	—	—	—	—	—	—	—	五	一三七
	計	三	一八六	—	—	—	—	三	二	—	—	—	三	—	七	—	一	—	—	一	—	—	七	二一三
大正九年	自	五	一二六	—	—	—	—	—	—	—	—	—	一	—	六	—	三	四	—	一	—	—	四	一五〇
	営	三	五一	—	—	—	—	一	二	—	—	—	三	二	七	—	—	二	—	二	—	—	七	八〇
	計	八	一七七	—	—	—	—	一	二	—	—	—	四	二	一三	—	三	六	—	三	—	—	一一	二三〇
大正十年	自	四	二五	四	二	三六	—	—	—	—	—	—	二	—	八	—	一	六	—	一	—	—	八	九七
	営	九	四八	二	三	—	—	—	一	—	—	—	二	—	五	—	—	一	一	—	—	—	四	八五
	計	一三	七二	六	五	三六	—	—	一	—	—	—	四	—	一三	—	一	七	一	一	—	—	一二	一八二
大正十一年	自	六	四二	二	三	三六	—	—	—	—	—	—	三	—	五	—	二	七	—	一	—	—	六	一一三
	営	七	三八	五	四	—	—	—	五	—	—	—	—	—	—	—	—	一	—	—	—	—	八	六九
	計	一三	八〇	七	七	三六	—	—	五	—	—	—	三	—	五	—	二	八	—	一	—	—	一四	一八二
大正十二年	自	一七	一三六	三	四	三	—	—	—	—	—	一	四	—	一〇	—	三	九	—	一	—	—	一〇	二三二
	営	[illegible]	三七	一	四	—	—	二	—	—	—	—	—	—	一〇	—	一	一	—	—	二	—	四	[illegible]
	計	一七	一七三	三	八	三	—	二	—	—	—	一	四	—	二〇	—	四	一〇	—	一	二	—	一四	[illegible]
大正十三年	自	一七	[illegible]	二	五	三六	—	一	五	—	—	—	五	—	三二	—	二	五	—	—	—	—	九	[illegible]
	営	六	三三	四	四	—	—	四	—	—	—	—	—	—	一〇	—	—	六	—	—	二	—	四	九八
	計	二三	[illegible]	五	九	三六	—	五	五	—	—	—	五	—	五二	—	二	一一	—	一	二	—	一三	[illegible]
大正十四年	自	二	[illegible]	三	四	六五	—	一	七	—	—	二	六	—	三二	—	八	四	—	二	二	四	二	三二六
	営	九	四〇	九	二	—	—	六	—	一	—	—	—	—	二九	—	—	二	—	—	三	二	四	一二七
	計	[illegible]	[illegible]	一二	六	六五	—	七	七	一	—	二	六	—	六一	—	八	六	—	二	五	六	五	四五三
昭和元年	自	四〇	一五三	八	九	八〇	三	三	二	二	二	四	五	二	[illegible]	一	四	八	—	五	五	二	一〇	四五〇
	営	二	一三六	九	八	—	二	九	—	二	—	—	一	—	二四	—	二	六	—	—	二	一	三	二六八
	計	四二	二八九	一七	一七	八〇	五	一二	二	四	二	四	六	二	六四	一	五	一四	—	五	七	三	一三	六八八
昭和二年	自	三	八五	一〇	一三	八〇	四	一	三	二	一	四	七	—	三九	一	一五	三	二	四	四	三	四	三五五
	営	一三	[illegible]	九	九	—	二	六	六	二	一	—	二	—	二五	—	九	五	—	—	二	一	八	二八五
	計	二四	三三五	一九	二二	八〇	六	八	九	四	一	四	九	—	六四	一	二四	八	二	四	六	四	一三	[illegible]
昭和三年	自	四	一〇八	四六	二三	三	五	二	二	二	一	五	一〇	二	二五	一	七	九	二	四	六	五	六	[illegible]
	営	三	一〇七	—	五五	四	[illegible]	一	一	二	—	一	五	二	六	一	五	二	—	二	二	四	一〇	[illegible]
	計	[illegible]	[illegible]	四六	六	四六	四	二	三	三	四	一	六	四	[illegible]	二	[illegible]	[illegible]	二	[illegible]	八	九	[illegible]	[illegible]

備考

一　本表ハ各年末現在ノ關東廳警務局統計ニ依リ自動自轉車ヲ含ミ関東州外警察用ノ外自動自轉車ノ少キ故自動車数ノ趨勢ヲ知ルニ足ル表中自ハ自家用、営ハ営業用ナリ

二　尚本表ハ附屬地外支那側管轄ヲ含マス

No.　タイプライター原稿用紙

奉天市内車輌数　昭和八年四月

車輌別	日本側	商埠地	満洲国側	計
自用自動車	一八	二八	三八五	四三一
営業自動車	一三五	四〇	一一二	二七七
乗合	六三	―	五〇	一一三
荷物	六八	三六	一四二	二四六
自用馬車	一	―	一六	一六
営業用馬車	二〇〇	―	二、〇〇〇	二、二〇〇
自用人力車	三七	―	七〇三	七四〇
営業用〃	一六八	―	一七、〇〇〇	一七、一六八
荷馬車	三八	―	二五二七	二五六五
自転車	八一六四	一六七七	五九〇〇	一五七四一
自動自転車	一一三	二	六七	一八一

注　自動車中日本側ノモノハ満鉄及諸官庁用ヲ含マズ

南滿洲鐵道株式會社

ヨ-0024　B列5　32×15　●分割打字ヲ要スル原稿ハ五、六頁乃至一〇頁ニテ區切ルコト　(14. 1. 5.000冊 共和謄納)

満蒙に於ける自動車数

（一九二九年十月）昭和四年

省名	地方名		乗客用	貨物用	計
関東州			六六一	一八七	八四八
奉天省	奉天	支那側	一四七	一八	一〇三三
		日本側	七二一	一四七	
	撫順		三五	一六	五一
	其ノ他		七二	三二	一〇四
吉林省	長春		四七	一六	六三
	吉林		四五	二四	六九
	洮頼昭		四三	—	四三
	哈爾浜		七九五	四七	八四二
	傅家甸		三三八	—	三三八
	三姓		四〇	—	四〇
	其ノ他		二二一	三一	二五二

南満洲鐵道株式會社

a-0003　B列5　（16.1.10.800冊　光明納）

東三省自動車数

		乗客用	貨物用	計	摘要
遼寧省	奉天	八六八	一六五	一〇三三	貨物用車ニ補隨用車ヲ含ム
	洮南	二八	—	二八	
	其他	八四〇	二三五	一〇七五	
吉林省	長春	四七	一六	六三	
	吉林	四五	二四	六九	
	哈爾濱	一〇三三	四七	一〇八〇	
	其他	三〇四	三一	三三五	
黒龍江省	斉々哈爾	二三三	四	二三七	昂々溪ヲ含ム
	黒河	四一	—	四一	
	満洲里	二九	二一	五〇	
	其他	三五一	一	三五二	
合計		三八〇九	五四四	四三五三	

1547

MT K 103 1

昭和三年

黒龍江省

満溝	四〇	一	四〇
安達	一三〇	一	一三〇
斉々哈爾	三三三	四	三三七
満洲里	二九	二一	五〇
黒河	四一	一	四一
其ノ他	一八一	一	一八二
総計	三八〇九	五四四	四三五三

註　満蒙交通統計ニ據ル　満蒙ノ事情総覧ニ一〇

南満洲鐵道株式會社

ヲ-0003　B列5　(16.1.10.800冊 天地紙)

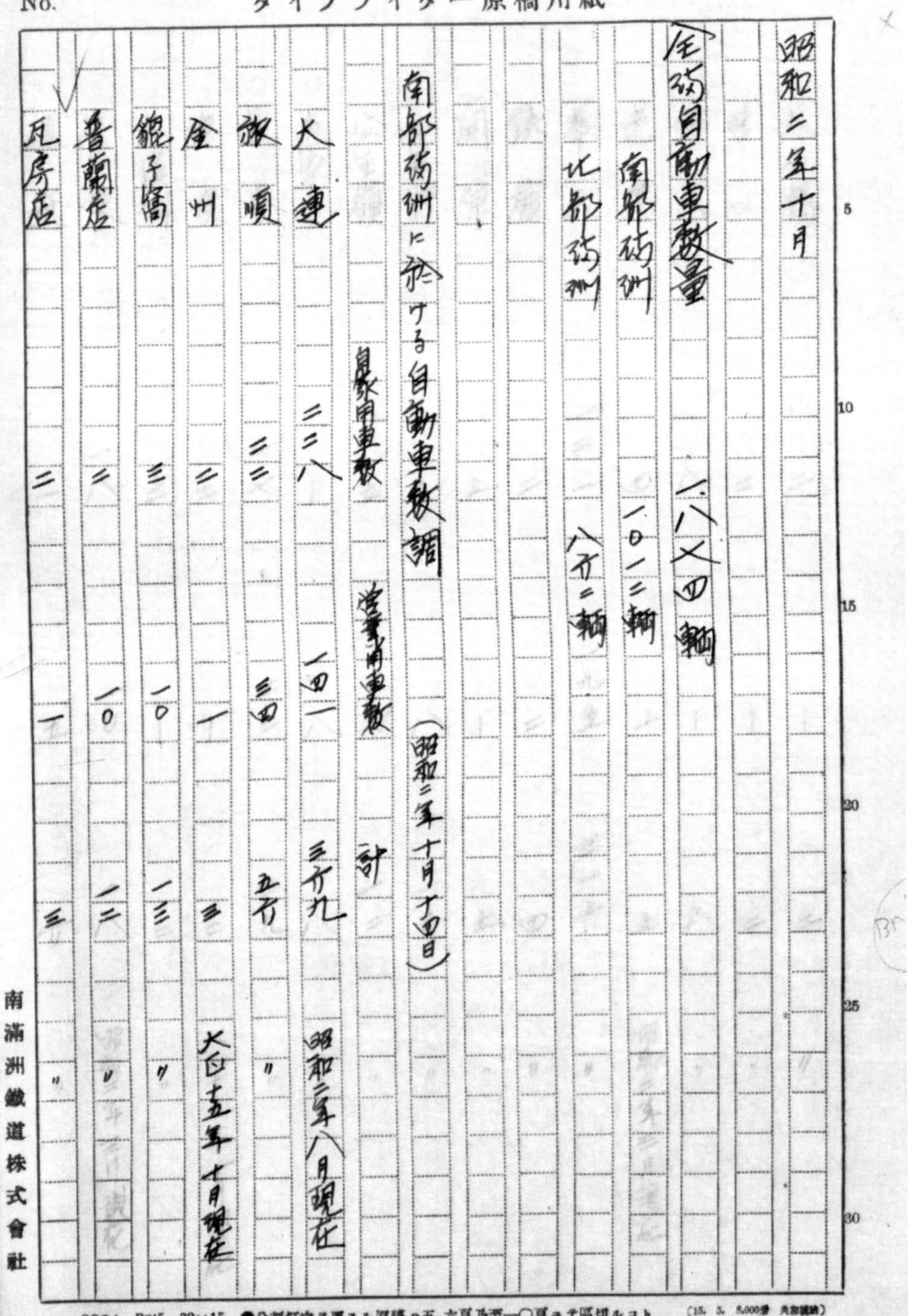
No.　タイプライター原稿用紙

昭和二年十月

全満自動車数量　一、八七四輛

南部満洲　一〇一二輛

北部満洲　八六二輛

南部満洲ニ於ケル自動車数調（昭和二年十月十四日）

	自家用車数	営業用車数	計	
大連	二二八	一四一	三六九	昭和二年八月現在
旅順	二二	三四	五六	〃
金州	二	一	三	大正十五年十月現在
貔子窩	三	一〇	一三	〃
普蘭店	二	一〇	一二	〃
瓦房店	二	一	三	〃

南満洲鐵道株式會社

ヨー0024　B列5　32×15　●分割打字ヲ要スル原稿ハ五、六頁乃至一〇頁ニテ區切ルコト

No.　　タイプライター原稿用紙

大石橋	二	—	二	〃
営口	二	—	二	〃
鞍山	八	—	八	〃
遼陽	四	一	五	昭和二年三月現在
奉天	一二一	一九五	三一六	〃
鉄嶺	二	二	四	〃
開原	五	—	五	〃
四平街	五	八	一三	〃
公主嶺	五	六	一二	〃
范家屯	—	八	八	〃
長春	一六	二二	三九	〃
撫順	二	—	二	大正十五年十一月現在
本渓湖	二	—	二	〃
安東	一八	一〇	二八	昭和二年三月現在
通遼	一	五	六	〃

南滿洲鐵道株式會社

ヨ—0024　B列5　32×15　●分割打字ヲ要スル原稿ハ五、六頁乃至一〇頁ニテ區切ルコト　(15. 5. 5,000冊 大和謄寫)

No.　タイプライター原稿用紙

遼源	一	三	三	〃
大平川	一	六	六	〃
洮南	三	一二	一五	〃
下九台	一	二	二	〃
吉林	二一	一六	三七	〃
営門	一	一七	一七	〃
陶賴昭	一	二四	二四	〃
合計	四七七	五三五	一〇一二輛	

南満洲鐵道株式會社

ヨ—0024　B列5　32×15　●分割打字ヲ要スル原稿ハ五、六頁乃至一〇頁ニテ區切ルコト　(15. 5. 5,000冊 共和謄納)

No.　　タイプライター原稿用紙

北部満洲ニ於ケル自動車数調

地方別	数量	備考
泰来	一五	現在調査ニ依ル実数
昂々渓	一五	〃
斉々哈爾	五三	大正十五年十月現在数
海拉爾	一四	〃
満洲里	五〇	〃
安達	九五	〃
満溝	四八	〃
哈爾濱	五六七	哈事調査時報大正十五年十二月号ニ依ル
烏吉密	三	
海林	三	
黒河	五	
石頭河子	一四	
計	八六二輛	

南満洲鐵道株式會社

ヨー0024　B列5　32×15　●分割打字ヲ要スル原稿ハ五、六頁乃至一〇頁ニテ區切ルコト　（15. 5. 3,000冊 ）

No. タイプライター原稿用紙

参考ノ

北部満洲に輸入せられたる自動車ノ年数量

右に就て急速に正確なる資料を得ず従って其の経路に於ても不詳である然し一九二五年及同二六年に於て哈爾浜に輸入せる数量は僅々七輛であるを見る時は北満に在る多くは満洲里経由輸入せられたるものならんか

(長春経由のもの自動車運賃に於て不可能と思料せらる)

南満洲鐵道株式會社

ヨ—0024 B列5 32×15 ●分割打字ヲ要スル原稿ハ五、六頁乃至一〇頁ニテ區切ルコト (15. 5. 5,000冊 共同印刷)

No.　タイプライター原稿用紙

大正十三年十月現在　奉天　（奉天二十年史ヨリ）

城内ニ籍ヲ有スルモノ

自用自動車　六四九	轎篩馬車　一四九	自用人力車　八五〇
自用馬車　一三三九	自轉車　一九六八	営業用人力車　八四二八
営業用馬車　二八〇台	営業用自動車　三七	荷馬車　一、二一九

新市街ニ籍ヲ有スル者

自動車　三八	自轉車　一二四〇
自用人力車　三〇	営業用馬車　四七

No.　　タイプライター原稿用紙

哈爾濱

大正九年末

乗用馬車

四輪车　合計八二〇台　又自家用七〇台

二輪车　合計九〇〇台

人力车　一〇〇〇台

自動車　営業用　二二〇台

自家用

料金

馬车平均一時間　一元

自動車　一日　40元

人力一時間　50仙

管理汽車規則

管理車輛通行規則　東省特別区警察管理處

取締汽车並搭乗規則　十年十月二日　東省鉄路護警處

南滿洲鐵道株式會社

ヨ—0024　B列5　32×15　●分割打字ヲ要スル原稿ハ五、六頁乃至一〇頁ニテ區切ルコト　(15. 5. 3,000册)

大正十四年二月現在　奉天車輌調

	城内	商埠地	附属地	計	備考
自家用自動車	七五	一三	—	八八	附属地内ニ存スル官廳及満鉄自家用ヲ除ク
営業用自動車	三九	一八	七二	一二九	
乗合自動車	二一	—	—	二一	乗合及貨物自動車ノ区別不詳
貨物自動車	四六	—	—	四六	
自用馬車	一三三	二二	—	一五五	
営業馬車	二八五	一二八	四三	四五六	
自用人力車	一、三五二	三二〇	—	一、六七二	
営業人力車	八、九五五	四、六六五	一七三	一三、七九三	
荷馬車	一、五五五	二、三三八	一〇四	三、九九七	
自轉車	一、九四七	六三二	二、一〇九	四、六八八	

南満洲鐵道株式會社

ヨ-0003　B列5　(15.3.16,000冊 …)

奉天自動車営業者　大正十五年八月現在

会社名	所在地	許可車台数	現在車台数	設立年月日	営業者主
満洲自動車運輸株式会社	千代田通二	二四	二一	大正八、二、二六	千葉蔚
彩雲汽車公司	浪速町五	一	一	〃九、五、五	董世徳
浪速自動車商会	富士町六	五	四	〃一三、五、九	細井松太郎
三ツ和自動車商会	宇治町四	七	五	〃一四、一、二七	長野道雄
山環商会	青葉町四	一	一	一四、三、一一	山沢健蔵
山海公司自動車部	千代田通一七	二	二	一四、四、一〇	坂梨繁雄
瀋陽長途汽車公司	富士町三	五		一四、六、二〇	鄧恩国
奉天タクシー商会	木曽町二二	二〇	八	一四、七、七	西角新三郎
奉天駅構内タクシー	奉天駅構内	二	一	一四、九、五	大塚幸熊
國際奉天支店	千代田通二二	一一	二	一四、一一、三	曽山直登
奉天保華聯合汽车運輸公司	宮島町一八	三	三	一四、一二、一五	王惟賢
千代田自動車商会	琴平町一二	五	三	一四、一二、三〇	田實久次郎
奉天自動車商会	江島町一一	二	二	一五、四、三〇	土持燁三

No.　タイプライター原稿用紙

通達公司	宮島町六一五	三	〃一五、五、一七	小倉松太郎
安全自動車商会	加茂町九	三三	〃一五、六、二九	川田直芳

因に自動車が奉天市街に現はれたのは大正八年頃にして、爾来自家用のみでなく営業用の自動車会社も多数出現するに至つた、又大正十三年には[illegible]自動車運輸株式会社が経営のもとに市内乗合自動車が現れて新市街城内間を往復運行するによるになつた、

南滿洲鐵道株式會社

ヨー0024 B切5 32×15 ●分割打字ヲ要スル原稿ハ五、六頁乃至一〇頁ニテ區切ルコト (15. 5. 5,000冊 [illegible])

関東局 統計書　x13－1　16, 10, 24

大正7年	1918	昭和6年	1931
〃 8年	1919	〃 7年	1932
〃 9年	1920	〃 8年	1933
〃 10年	1921	〃 9年	1934
〃 11年	1922	〃 10年	1935
〃 12年	1923	〃 11年	1936
〃 13年	1924	〃 12年	1937
〃 14年	1925	〃 13年	1938
昭和元年	1926	〃 14年	1939
〃 2年	1927	〃 15年	1940
〃 3年	1928	〃 16年	1941
〃 4年	1929		
〃 5年	1930		

南滿洲鐵道株式會社

ヨ-0003　B列5　(16. 1. 10-800册)

哈爾濱ニ於ケル自動車数（哈爾濱特別市公署）

自家用小型自動車	一三〇
営業用 〃	五〇四
〃 大型自動車	一〇九
貨物自動車	一八九
汚物運搬用自動車	五
諸官廳用自動車	約二〇〇
	一一三七台

南滿洲鐵道株式會社

ヨ-0003 B列5 （16.1.10.800冊 光明納）

大正十三年
〃　十四年　露亜時報ニ依ル

哈市陸上交通機関

私用自動車	一九三
営業用自動車	九五
官庁用自動車	二一
乗合自動車	六三
運搬用自動車	八
計	三九〇
二輪馬車	一六〇〇
四〃	六七一
荷車	二八一七
人力車	二〇〇九
轎車	二二三

市役所ニ登記のもの含まず傳說的のもの を含まず

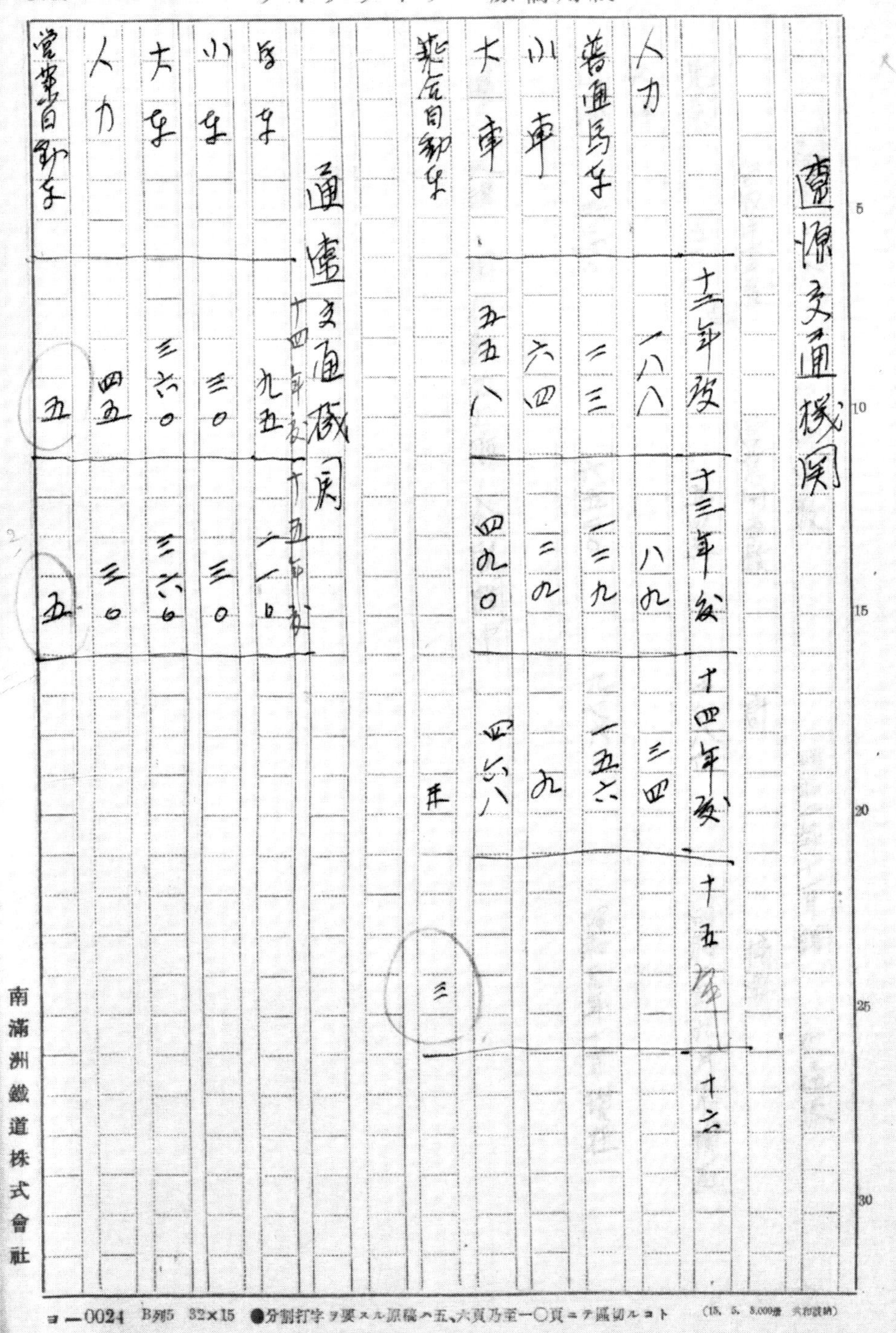

No.　　タイプライター原稿用紙

遼源交通機関

	十二年度	十三年度	十四年度	十五年	十六
人力	一八八	八九	三四		
普通馬车	一二三	一二九	一五六		
小車	六四	二九	九		
大車	五五八	四九〇	四六八		
乘合自動车			卅	三	

通遼交通機関

	十四年度	十五年度
貨车	九五	一一〇
小车	三〇	三〇
大车	三六〇	三六〇
人力	四五	三〇
營業自動车	五	五

南満洲鐵道株式會社

ヨ—0024　B列5　32×15　●分割打字ヲ要スル原稿ハ五、六頁乃至一〇頁ニテ區切ルコト　(15. 5. 3,000冊　共柱謄納)

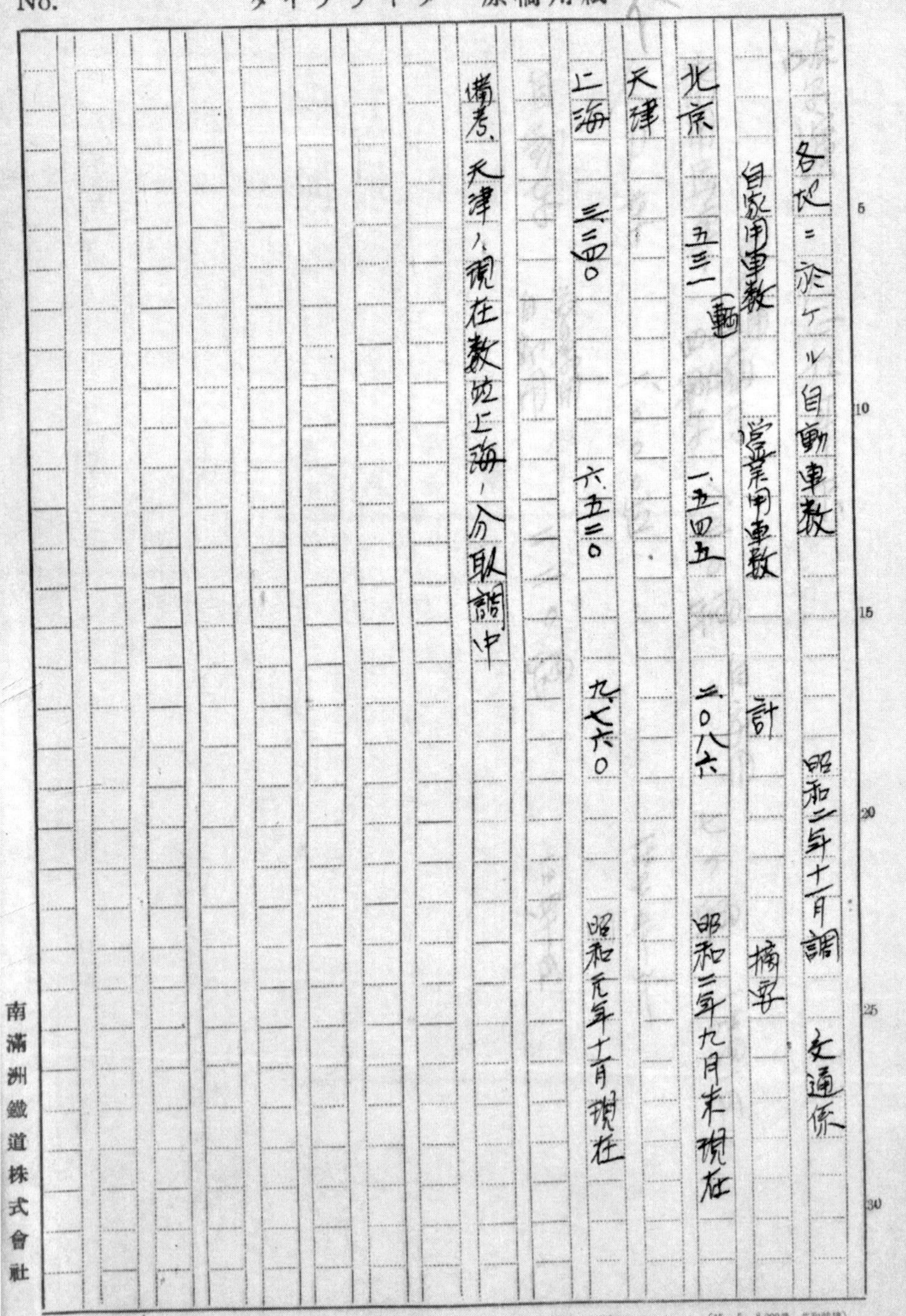
No.　タイプライター原稿用紙

各地ニ於ケル自動車数　昭和二年十月調　交通係

	自家用車数	営業用車数	計	摘要
北京	五三一（輛）	一、五四五	二、〇八六	昭和二年九月末現在
天津				
上海	三、二四〇	六、五二〇	九、七六〇	昭和元年十月現在

備考、天津ハ現在数竝上海ノ分取調中

南満洲鐵道株式會社

ヨ－0024　B列5　32×15　●分割打字ヲ要スル原稿ハ五、六頁乃至一〇頁ニテ區切ルコト　(15. 5. 8,000冊 共和謄写)

No.　タイプライター原稿用紙

唬子濱　大正九年末

乗用馬車　營業用　二輪車　四輪車　八三〇輛　自家用　七〇輛　一輛一円

人力車　八〇〇台　每七五千米

自動車　營業用　自家用　二二〇輛　百四千円

南滿洲鐵道株式會社

ヨ—0024　B列5　32×15　●分割打字ヲ要スル原稿ハ五、六頁乃至一〇頁ニテ區切ルコト　（15. 5. 5,000冊 共和謄寫）

黒龍江省自動車台数

斉々哈爾	一〇四
安達	一三二
海倫	四〇
海拉爾	六
黒河	三三
拝泉	一九
訥河	六〇
泰来	一四
泰安鎮	九
訥謨爾	三
昂々渓	六
克山	九
合計	四三五

昭和十五年五月斉公関

南満洲鐵道株式會社

ヨ-0003　B列5　(10. 1. 10,500冊 光明社)

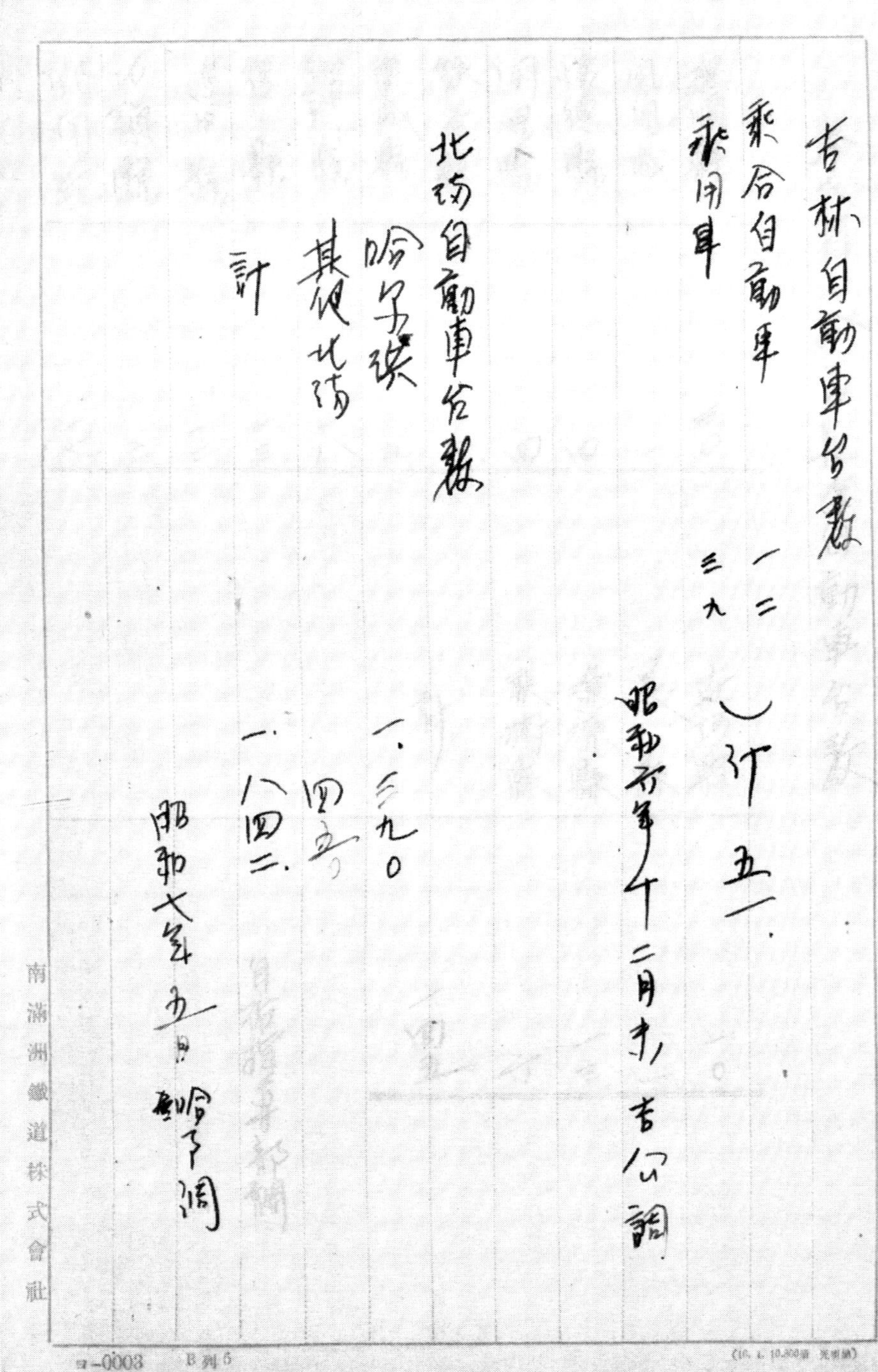
吉林自動車台数
乘合自動車　一二）計五一
乘用車　三九
昭和六年十二月末　吉公調
北満自動車台数
哈爾浜　一、三九〇
其他北満　四五
計　一、八四二
昭和七年五月　哈調
南滿洲鐵道株式會社
ロ-0003　B列5

奉天省ニ於ケル長途自動車台数

縣名	台数
撫順縣	三〇
鳳凰城	一
懷德縣	四
開原縣	四
鉄嶺縣	二
海城縣	九
營口縣	一八
復縣	一三
遼中縣	一三
北鎮縣	五
洮南縣	一七
莊河縣	一〇
義縣	一
遼源縣	一三
梨樹縣	六
計	一四五

自治指導部調

満洲ニ於ケル自動車工業附第集

B1 H 4 5

南満洲鐵道株式會社

ヨ-0003　B列5

No.　タイプライター原稿用紙

民国二〇年東北年鑑ニ依ル民営自動車数量

瀋陽	二八
復縣	三二
安東	三八
檜楡	二
莊河	六
營口	六
蓋平	三
鳳城	四
北鎮	八
洮南	一七
通遼	三
輝南	二
梨樹	一〇
遼陽	五
昌図	二
黒山	三
懐徳	七
西安	六
海龍	一二
海城	二
遼源	四
開通	二
双山	五
鉄岑	四
通化	四
金川	二
撫順	三
西豊	二
計	二二二輛

南満洲鐵道株式會社

ヨ—0024　B列5　32×15　●分割打字ヲ要スル原稿ハ五、六頁乃至一〇頁ニテ區切ルコト　(15. 5. 5,000冊 ...)

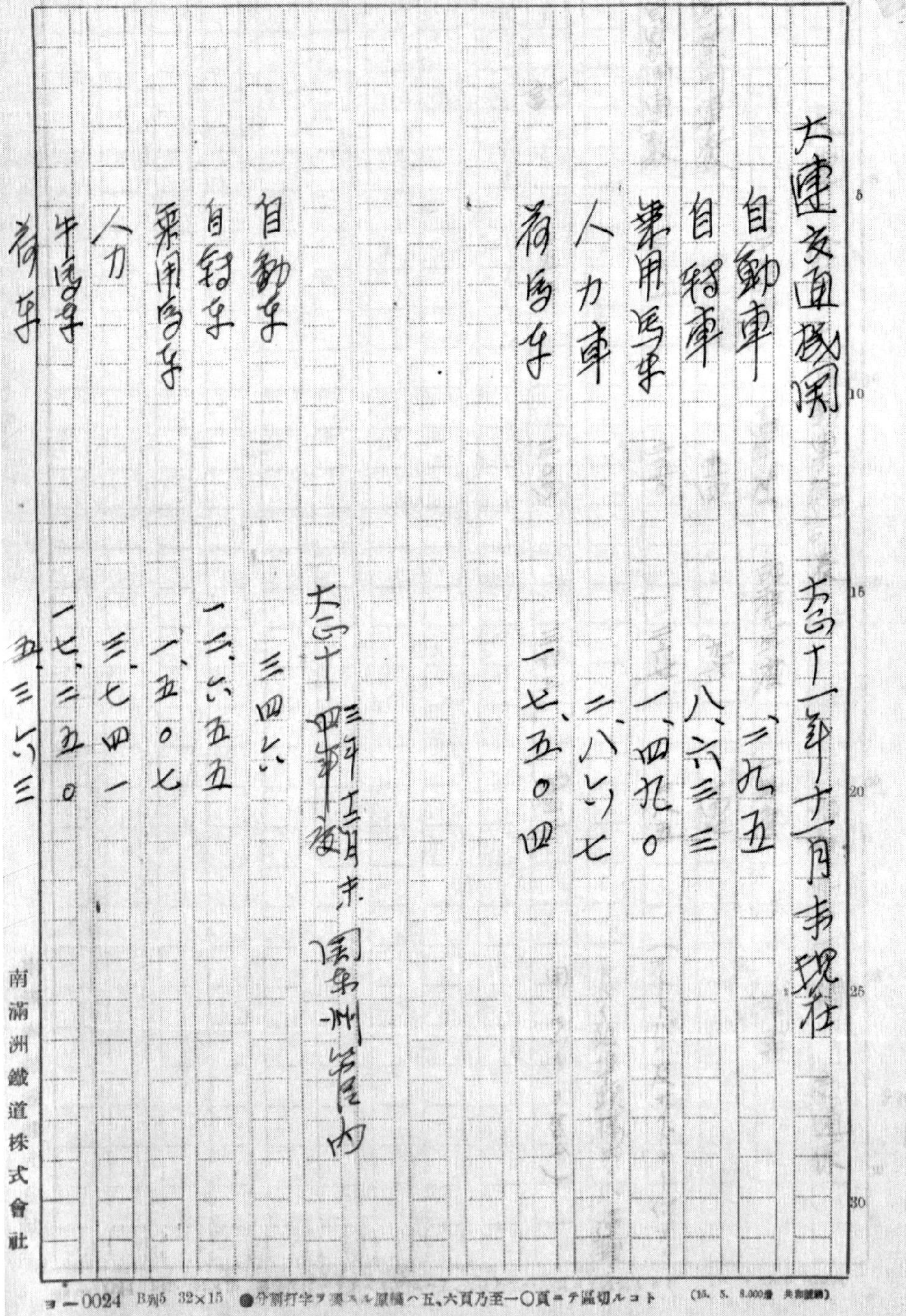

No.　タイプライター原稿用紙

大連交通機関　大正十一年十一月末現在

自動車　二九五

自轉車　八、六三三

乗用馬車　一、四九〇

人力車　二、八六七

荷馬車　一七、五〇四

大正十四年十二月末　関東州管内

自動車　三四六

自轉車　一二、六五五

乗用馬車　一、五〇七

人力　三、七四一

牛馬車　一七、二五〇

荷車　五、三六三

南満洲鐵道株式會社

ヨー0024　B列5　32×15　●分割打字ヲ要スル原稿ハ五、六頁乃至一〇頁ニテ區切ルコト　(15. 5. 8,000冊 [illegible])

No.　タイプライター原稿用紙

大連ニ於ケル自動車統計表

昭和二年十一月調　交通係

	大正十三年度	十四年度	昭和元年度	二年度	摘要
営業用車数	四七(輛)	五四	九六	一四七	
自家用車数	二〇五	二五〇	二六七	二八五	（オートバイ及サイドカー付オートバイ並埠頭構内ノ小運搬用トラックヲ含ム）
計	二五二	三〇四	三六三	四三二	

南滿洲鐵道株式會社

ヨ―0024　B列5　32×15　●分割打字ヲ要スル原稿ハ五、六頁乃至一〇頁ニテ區切ルコト　(15. 5. 8,000冊 共和號納)

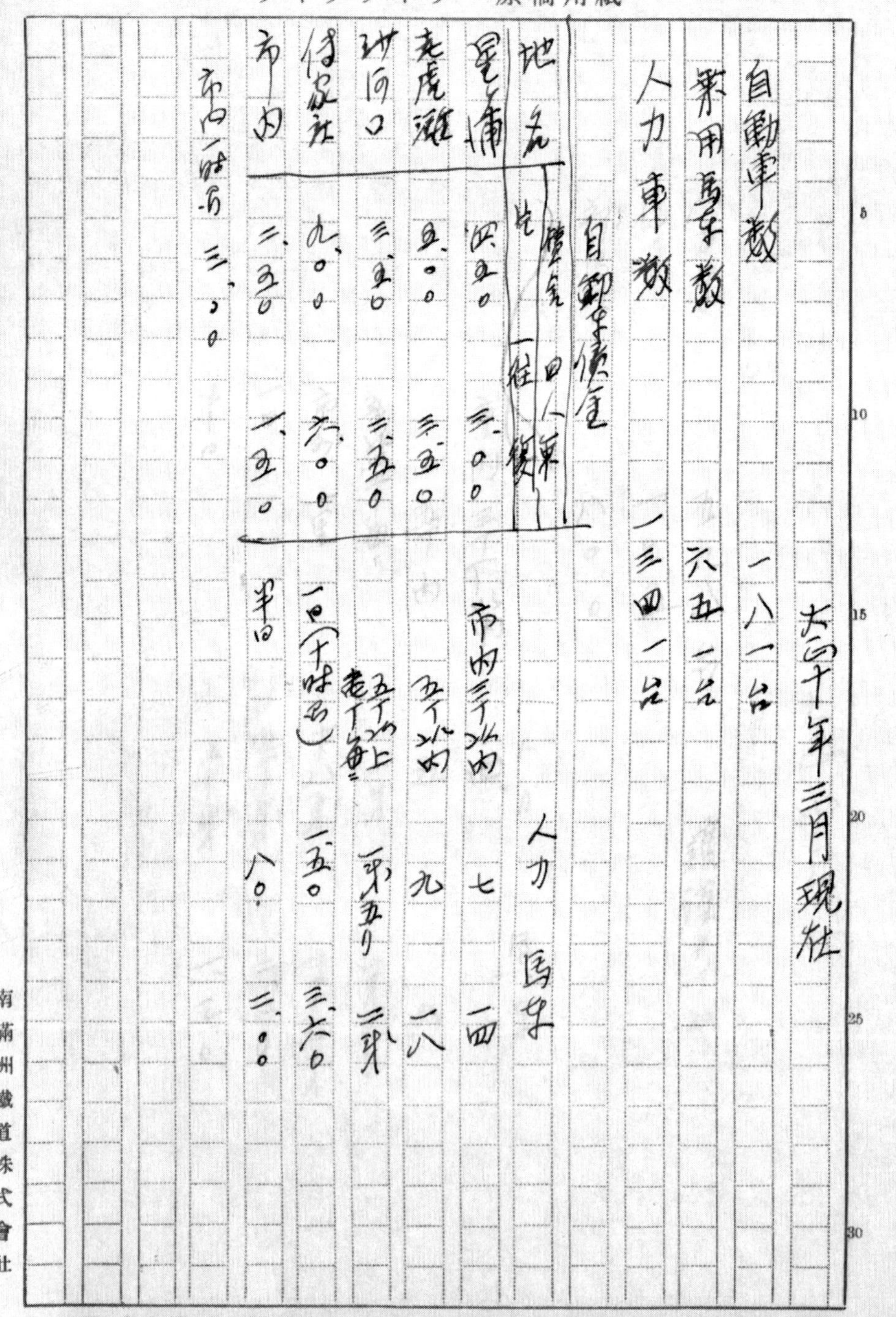

No.　タイプライター原稿用紙

大正十年三月現在

自動車数　一八一台

乗用馬車数　六五一台

人力車数　一三四一台

自動車賃金

地名	賃金（四人乗）片道	賃金（四人乗）一往復
星ヶ浦	四、五〇	三、〇〇
老虎灘	五、〇〇	三、五〇
沙河口	三、五〇	二、五〇
傅家荘	九、〇〇	六、〇〇
市内	二、五〇	一、五〇
市内一時間	三、〇〇	

	人力	馬車
市内三キロ以内	七	一四
五キロ以内	九	一八
五キロ以上 老虎灘毎二	[illegible]	一キロ毎二銭
一日（十時間）	一五〇	三六〇
半日	八〇	二〇〇

南満洲鐵道株式會社

ヨ―0024　B列5　32×15　●分割打字ヲ要スル原稿ハ五、六頁乃至一〇頁ニテ区切ルコト　(15. 5. 3.000冊 大和誠商)

No.　タイプライター原稿用紙

大正四年

人力車　五九八台　護謨タイヤ

馬車　一七五

荷馬車　八〇〇

市内三丁以内　四、人力　馬車

市内　五　八

市外三丁毎に　一銭　一銭五厘

市外　一里　十八銭　三十五銭

一日　九十銭　二、二〇

半日　五十銭　一、二〇

南満洲鐵道株式會社

ヨー0024　B列5　32×15　●分割打字ヲ要スル原稿ハ五、六頁乃至一〇頁ニテ區切ルコト　(15. 5. 5,000冊 [illegible])

関東庁管内交通機関

昭和元年十一月末現在ニ於ケル諸車ノ数量

自動車	六四六
自転車	一二、三二六
馬車	一、五五五
人力車	三、七〇五
荷車	二四、八八一

（関東庁要覧ニ拠ル調査ニ依ル）

南満洲鉄道株式会社

ヨ-0003　B列5　(16.1.10.800冊 光明)

No.　タイプライター原稿用紙

市郊のバス

撫順線　奉　鉄路局自動車部　康德三年

（個人部分）

瀋遼汽車行　奉天—遼中　八三粁　営業七四　車台　一二〇、〇〇〇　七

瀋北汽車公司　〃　法庫　九六　七三、〇〇〇　三

通信汽車行　〃　冷子堡　五七　五、〇〇〇　四

電例

奉天自動車株式会社　七三四〇　経営者　一六五五名　資本十五万円　百収入　九七九九円

昭和自動車商会　ヌノメタク

大同タクシー　ライオンタクシー

ダルマタクシー　彩雲自動車公司

浪速自動車商会　千葉タクシー

広島タクシー

南満洲鐵道株式會社

ヨ—0024　B列5　32×15　●分割打字ヲ要スル原稿ハ五、六頁乃至一〇頁ニテ區切ルコト　（15. 5. 8,000冊 共和謄寫）

No.　タイプライター原稿用紙

安東側

金山汽车行　　东北汽车行

奉天汽车行　　東泰 〃

泰来汽车行　　瀋陽 〃

吉務 〃

華新 〃

勝利 〃

聯發 〃

万全 〃

栄興 〃

双方 〃

大通转運 〃

大鵬 〃

世合 〃

共和 〃

交通 〃

南滿洲鐵道株式會社

ヨー0024　B列5　32×15　●分割打字ヲ要スル原稿ハ五、六頁乃至一〇頁ニテ區切ルコト　(15. 5. 3,000冊 [illegible])

No.　タイプライター原稿用紙

日　トラック　分

井本運送店	高速運輸株式会社	信昌桟運輸公司	三義和
井本公司	協洲運輸公司	錦野公司	大通利記汽車行
快運トラック	丸金洋行	義成運輸公司	川裕公司
急配店	丸信運送店	裕記運輸公司	天裕公司
大丸奈洋運送店	丸盛公司北大子店	裕華轉運公司	天運公司
泰昌運輸公司	丸盛トラック部	翔利車行	天興長轉運貨棧
館田組	丸伊運送店	隆順興運輸局	日升公司運送部
錦盛公司	東タトラック部	万車櫃	王和成
濤陽公司	丸一運送店	万豊昌轉輸公司	永順祥轉運公司
日華運輸公司	富島運送店	祥盛泰轉運公司	永裕号
日協運輸公司	東業公司	德記轉運商行	世合成運輸公司
野信運送店	荷記公司	德源桟運輸公司	世合公轉運貨桟
広泰運送店	瑞盛公東記	德盛興運輸公司	世興隆
平安公司運輸部	周隆文記	広泰來轉運公司	成興轉運貨棧
東大運輸公司	万運運輸株式会社	峻豊汽車行	全盛興轉運公司
		東業運輸公司	東新德順運輸商行公司

ヨー0024　B列5　32×15　●分割打字ヲ要スル原稿ハ五、六頁乃至一〇頁ニテ區切ルコト　(15. 5. 5.000冊 共和謄寫)

No.　タイプライター原稿用紙

	人力	自動車	馬車	荷馬車	騾車	荷車
大連	1641	110	795	1857		706
営口	2000	3	50	500		
安東	615	2	69	188		
奉天	11,950	169	228	3,000	164	
撫順						

南満之要都市俥馬状態（関東庁
大正十三年

南滿洲鐵道株式會社

ヨー0024　B列5　32×15　●分割打字ヲ要スル原稿ハ五、六頁乃至一〇頁ニテ區切ルコト　（15. 5. 3,000冊 共和謄寫）

関東州

年次	人力車	自轉車	自動車	乗用馬車	荷車
明治三十九年	七四七			二九九	三、九五七
四十年	一、三六五			四四〇	四、〇六七
四十一年	一、四九八			四八五	四四四三
四十二年	六四八			四九二	一二、〇九六
四十三年	八〇三			四四六	一二、六六七
四十四年	七五九			四〇九	一四、[illegible]〇九
大正一	四三一			三三五	一四、五五二
二	七六三			三五二	一四、八六九
三	七四六			三一一	一四、五二一
四	九三六			四二〇	一五、一五一
五	一四九四			四二〇	一五、一五六
六	一〇八〇			四四一	一五、八二一

南満洲鐵道株式會社

ヨ-0003　B列5

七	八	九	十	十一	十二	十三	十四	一	二	三	四	五
一、一七二	一、五五一	二、八一〇	一七一五	一七四四	一七六六	一八七五	一八六五	一八八四	二〇七九	一八〇三	一八九五	二二三五六
						四八四一	五〇九九	六四八一	八〇四六	一四、〇五三	一七、〇三〇	一七、一四九
八〇	一八〇	一八八	二二二	二五六	二二九	二二五	三二〇	四五七	五四一	七四六	九九六	一一二二
四〇七	六八一	九五一	一二八七	一二六〇	一三五七	一一五七	一三〇三	一〇八八	一〇四九	一〇八八	一〇八三	一一五一
一、五九七〇	一六、六八九	一九、五九九	一七、九九二	一九、五八二	二〇、七九四	一九、八二三	二一、〇六一	二一、九二四	二三、五〇九	二四、八九七	二六、九一一	二五、七七二

南满洲铁道株式会社

年					
六	一、五九三	一八、九八五	一、〇二五	一、一七四	二五、二一四
七	一、七五〇	二〇、九九七	一、〇九三	一、一九五	二六、三一九
八	一、七七六	二七、九九六	一、三七五	一、三五一	二五、八五二
九	一、八四七	三五、七五〇	一、六七八	一、五四五	二八、五五九
十	一、八四八	三九、一〇九	一、九四八	一、六五四	二七、八二二
十一					
十二					
十三					
十四					
十五					
十六					
十七					

南満洲鉄道株式会社

ヨ-0003 B列5

鉄道附属地

年次	人力車	自転車	自動車	乗用馬車	荷車
明治三十九年					
四十年					
四十一年					
四十二	一二五			六九	三三八
四十三	四五			七一	六四五
四十四	三一			五〇	四六七
一	二八			三二	五三〇
二	四八			三六	四九一
三	八三			八五	五六五
四	一二六			七四	六四八
五	一一六			七九	六七六
六	三三五			一二五	七六一

七	三一四		四	六〇	一二七七
八	七六三		三三	九〇	一八〇一
九	九〇六		四二	一一〇	一七九三
十	九四七		四九	一四四	一九八二
十一	一〇八五		四四	一七四	二六八九
十二	一七四八		七六	二二一	三〇二五
十三	一八六六	四七九四	九六	三五〇	二七九〇
十四	一八五六	五一五一	一二二	四〇三	二七四四
一	一八六一	五七八二	一八九	四六三	二九九七
二	一七九四	七一六八	二〇九	五二二	三〇八九
三	一九六二	八六九八	二八七	七二一	三二五八
四	一八一四	九二三九	二五七	八〇六	三〇三一
五	一八三三	九〇〇	三五七	九六一	三〇〇三

南满洲铁道株式会社

sr-0003　B列5　(16.1.10,000册 ...)

六	七	八	九	十	十一	十二	十三	十四	十五	十六
一、八二八	一、七七六	一、九〇九	二、三六九	二、二六八						
一一、九四一	一三、九四四	一四、八九五	一九、四五七	二四、三二四						
三八六	四五四	五七二	九一二	一、一〇二						
一、〇八六	一、一四一	一、三七七	一、五三三	一、六七一						
三、一一五	三、三一二	三、二九〇	三、三九二	三、四九六						

南滿洲鐵道株式會社

ヨ-0003　B列5

No.

大連警察署管内自動車調査表

昭和七年八月末現在

	乘用車	乘合型車	貨物用車	特種用途車	合計
官廳用	34	2	13	36	85
自家用	119		47	5	171
營業用	225	38	48	3	314
合計	378	40	108	44	570

註　乘合車中官廳用二台中一台ハ苦力人夫運搬用五〇人乘をさすものとす。
　特種用自動車ハ撒水、消防、消毒、汚物、牽引、葬儀用車をさすものとす。

町1/13 14

No.

小崗子警察署管内自動車調査表

昭和七年八月末現在

	乗用車	乗合型車	貨物車	特種用車	合計
官廳用	7		5		12
自家用	10		3		13
営業用	51	3	20		74
合計	68	3	28		99

註　本署管内ニハ特種用車ナシ。

ヨ－0022　B列5　28字×10　南満洲鐵道株式會社　(15.10.7.500冊 …)

No.

沙河口警察署管内自動車調査表

昭和七年八月末現在

	乗用車	乗合車	貨物車	特種用車	合計
官廳用	3		1		4
自家用	15		7		22
営業用	48		8		56
合計	66		16		82

註　本署管内には乗合型車、特種用車ない。

ヨ—0022　B列5　28字×10　南満洲鐵道株式會社

No.

水上警察署管内自動車調査表

	官廳用	自家用	營業用	合計
乗用車	2	3		5
乗合自動車				
貨物車		15		15
特種用途車		105		105
内 ガソリン車	2	51		53
内 電力車		72		72
合計	2	123		125

昭和七年八月末現在

註　特種用途車ハ撒水、消防、ガソリン牽引、電力荷役（プラ）除雪、患者運搬用車ナリ
電力荷役用ハ主トシテ埠頭用トシテ三種アリ　①トラクター　㋺クレントラクター　㋩エレベーチングプラットホーム
本署管内ノ諸種自動車ハ全部日本人所有ナリ。

No.

旅順警察署管内自動車調査表

昭和七年今月末現在

	乗用車	乗合自動車	貨物自動車	特種用途自動車	合計
官廳用	36		4	8	48
自家用	4		1		5
営業用	22	15	17	1	55
合計	62	15	22	9	108

註　特種用途車ハ撒水、消防、汚物、葬儀用車トス

ヨ－0022　B列5　28字×10　南滿洲鐵道株式會社　(15. 10. 7.500冊 一彦福納)

奉天附属地自動車調査表

	乗用車	乗合型車	貨物用車	特種用途車	合計
官廳用	4		4	15	23
自家用	33		11		44
営業用	84	28	19	1	132
合計	121	28	34	16	199

昭和七年八月末現在

註　特種用途車ハ撒水・消防・汚物・葬儀用車數ナリ

ロ—0022　B5　28字×10　南満洲鉄道株式会社

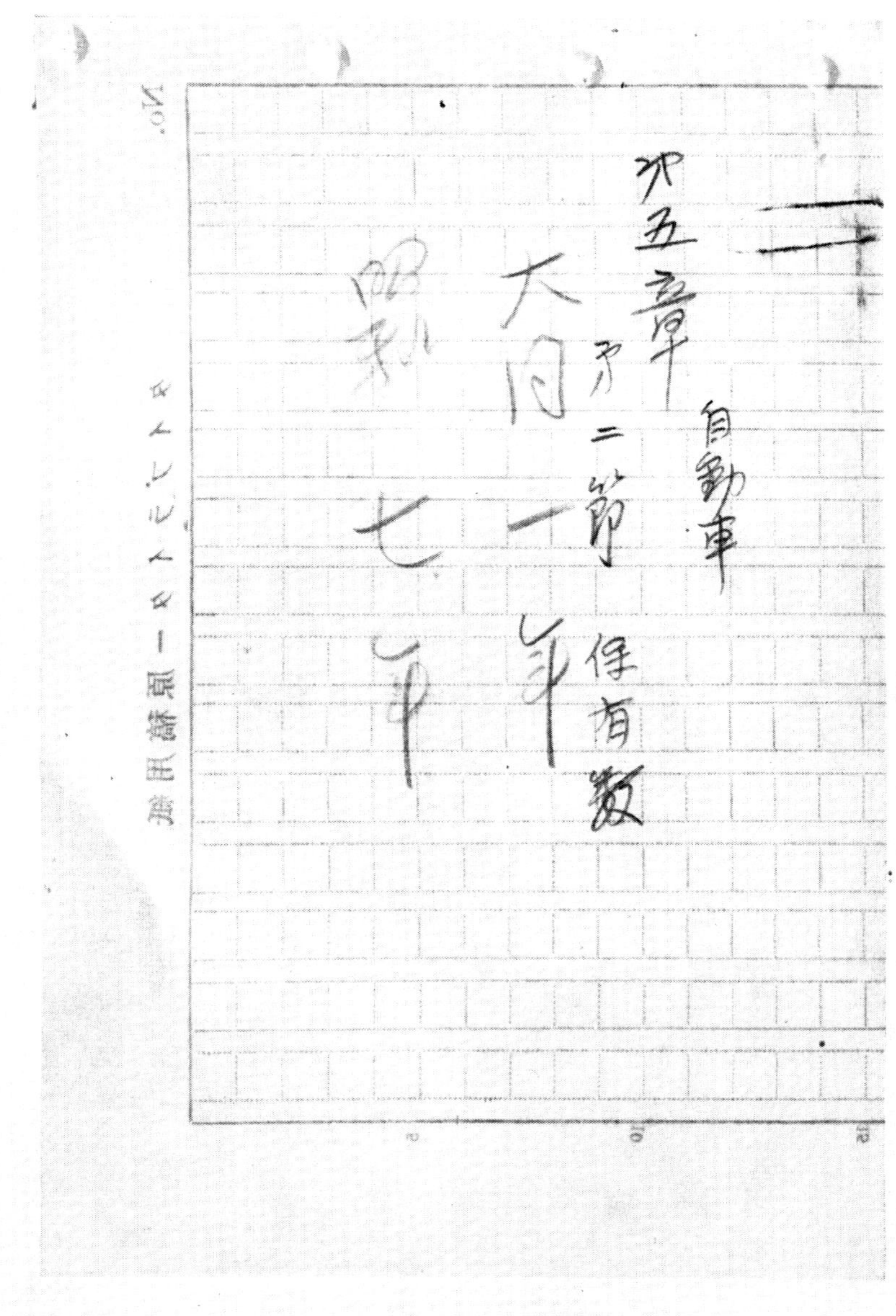
第五章　自動車
第二節　保有数
大同一年
昭和七年

No.

社報原稿用紙

旅順警察署管内自動車調查表

昭和七年八月末現在

區分 \ 用途		官廳用	自家用	營業用	合計	備考
乗用車	小型	14	4	19	37	
	大型	22		3	25	
	計	36	4	22	62	
乗合型車	一〇人乗			7	7	
	一五人乗			8	8	
	計			15	15	
貨物用車	一屯積	1	1		2	
	一屯半積	1		8	9	
	二屯〃積	2		1	3	
	二屯以上積			8	8	
	計	4	1	17	22	
特殊用途車	撒水車	4			4	
	消防車	4			4	
	清掃汽車及其他			1	1	
	計	8		1	9	
合計		48	5	55	108	
附側車二輪車		7	3		10	
總計		55	8	55	118	

南滿洲鐵道株式會社

ヲ-0023 B判5 22字×10=220字詰

(13. 6. 3,000冊 松濱謄版)

No.

旅順警察署管内車種別自動車調査表

昭和七年八月末現在

車種 \ 区分		ビュイック	パッカード	フォード	ナッシュ	ハドソン	キャデラック	オークランド	クライスラーデソート	クライスラープリムス	エセックス
乗用車	小型	1		8	3	1	·	2	4	3	3
	大型	7	5	2	1	5	2				
	計	8	5	10	4	6	2	2	4	3	3
乗合型車	二〇人乗										
	二五人乗										
	計										
貨物用車	一屯積以下			2							
	一屯半〃			4							
	二屯〃			1							
	二屯以上			2							
	計			9							
特殊用途車	撒水用										
	消防用	1		1							
	汚物用										
	其他										
	計	1		1							
合計		9	5	20	4	6	2	2	4	3	3
側車附二輪車											
總計		9	5	20	4	6	2	2	4	3	3
百分比		8.3	4.6	18.5	3.7	5.5	1.8	1.8	3.7	2.8	2.8

No.

社報原稿用紙

クロスレ	ポンテアック	アーキット	スチユードベーカー	ジーエムシー	シボレー	オーバン	グラハムペーヂ	レオー	インターナショナル	ドッヂブラザー	フエーデラル	ダイヤモンド
	1	1	1		6	1	2					
1				1	1							
1	1	1	1	1	7	1	2					
								5	2			
					3			4		1		
					3			9	2	1		
					3							
											1	1
				3	1					1		
				3	4					1	1	1
				1				1				
									2			
				1				1	2			
1	1	1	1	5	14	1	2	10	4	2	1	1
1	1	1	1	5	14	1	2	10	4	2	1	1
.9	.9	.9	.9	4.6	13.0	.9	1.8	9.2	3.7	1.8	.9	.9

南滿洲鐵道株式會社

社報原稿用紙

No.

合計	ハーレーダビットソン	ステワード	フランクリン	ウヰリスナイト	ホイペット	ザンニス
37						
25						
62						
7						
8						
15						
2						
9				1	1	
3						
8						1
22				1	1	1
4		2				
4						
0						
1			1			
9		2	1			
108		2	1	1	1	1
10	10					
118	10	2	1	1	1	1
100	100	1.8	.9	.9	.9	.9

南滿洲鐵道株式會社

ヌ-0023 B判5 22字×10=220字詰 (13.6. 3,000冊 松浦謄錄)

社報原稿用紙

No.

旅順警察署管内製作年次別自動車調査表

年次　製作　区分	乗用車 小型	乗用車 大型	乗用車 計	乗合型車 乗人〇二	乗合型車 乗人五二	乗合型車 計	貨物用車 一屯積以下	貨物用車 一屯半	貨物用車 二屯	貨物用車 二屯以上	貨物用車 計	特殊用車 撒水用	特殊用車 消防用	特殊用車 汚物用	特殊用車 其他用	特殊用車 計	合計	側車附自二輪車	総計	百分比
一九三二	4	6	10		3	5		1		3	4						17	1	18	15.7
一九三一	2	2	4	5		5			1	2	3		1			1	13	3	16	12.
一九三〇	9	1	10	2	1	3		2	1	1	4	1				1	18	2	20	16.6
一九二九	14	6	20		4	4		6			6	1				1	31	1	32	28.0
一九二八	4	3	7				1		1	1	3	1				1	11	2	13	10.
一九二七	3	1	4									1	1			2	6	1	7	5.5
一九二六		3	3							1	1		1			1	5		5	4.6
一九二五		[illegible]	[illegible]				1				1				1	1	2		2	1.8
一九二四		1	1				[illegible]						0			1	2		2	1.8
一九二三																				

昭和七年[illegible]月末現在

南滿洲鐵道株式會社

No.

社報原稿用紙

合計	一九一四	一九一七	一九一八	一九一九	一九二〇	一九二一	一九二二
37	1						
25		2					
62	1	2					
7							
8							
15							
2							
9							
3							
8							
22							
4							
4							
1							
9							
108	1	2					
18							
118	1	2					
100	9	18					

南滿洲鐵道株式會社

ヲ-0023　B列5　22字×10=220字詰　　(13. 6. 3,300冊 鉄道印刷)

大連警察署管内自動車調査表

昭和七年七月末現在

区分	用途	官廳用	自家用	營業用	合計
乗用車	小型	16	80	212	308
	大型	18	39	13	70
	計	34	119	225	378
乗合型車	二〇人乗	1		1	2
	二五人乗	1(イ)		37	38
	計	2		38	40
貨物用車	一屯積以下	2	9	2	13
	〃 一屯半積	4	18	10	32
	〃 二屯積	5	13	21	39
	二屯積以上	2	7	15	24
	計	13	47	48	108
特種用途車	撒水用	20			20
	消防用	14			14
	消毒汚物用	2			2
	其他		5	3	8
	計	36	5	3	44
合計		85	171	314	570
側車附二輪車		8	30		38
総計		93	241	314	608

備考

一 乗合型車中(イ)ヲ附シタル分ハ甚人屋棚用五十人乗トス

二 特種用途車中「其他」ハ牽引用車ト葬儀用車トス

三 以上ハ何レモ「ガソリン」車トス

社報原稿用紙

No.

大連警察署管内所有者團體別調查表

昭和七年八月末

區分		官廳	日人	滿洲人	外國人	合計
乘用車	小型	16	235	34	23	308
	大型	18	44	6	2	70
	計	34	279	40	25	378
乘合型車	十二人乘	1	1			2
	二十五人乘	1 (1)	37			38
	計	2	38			40
貨物用車	一屯積以下	2	11			13
	一屯半積〃	4	27	1		32
	二屯積〃	5	32	2		39
	二屯積以上	2	21	1		24
	計	13	91	4		108
特殊用途車	撒水用	20				20
	消防用	14				14
	消毒及救急車	2				2
	其他		8			8
	計	36	8			44
合計		85	416	44	25	570
側車附二輪車		8	29		1	38
總計		93	445	44	26	608

備考 前表ト同ジ

南滿洲鐵道株式會社

B-0023 B列5 22字×10＝220字詰 (13. 6. 3,000冊 於満洲製)

No.

社報原稿用紙

大連警察署管内車種別自動車調査表

車種 / 区分		ビウイック	スチュードベーカ	フォード	オースチン	ドッヂブラザー	デーラント	ハドソン	ミトロエン	パッカード	クライスラー
乗用車	小型	17	8	49	8	6	12	3	3	1	72
	大型	42	2	2				8	1	5	1
	計	59	10	51	8	6	12	11	4	6	73
乗合型車	人〇二					1					
	人五二		6	5		6					
	計		6	5		7					
貨物	屯			4							
	半屯		1	14							
	屯二		3	11		1					
	屯二			2		1					
	計		4	31		2					
特殊	撒			6							
	消	1				4		2			
	琑										
	其	1		2							
	計	2		8		4		2			
合計		61	20	95	8	19	12	13	4	6	73
附則	手轎二										
総計		61	20	95	8	19	12	13	4	6	73
百分比		10.7	3.5	16.6	1.4	3	2	2	0.7	1	12.8

南滿洲鐵道株式會社

(B列 20字詰)

No.

社報原稿用紙

ウイリスナイト	ナッシュ	エセックス	シボレー	グラハムページ	ポンテアック	ホイペット	ダットサン	ダイヤモンド	インターナショナル
8	5	45	29	8	18	4	1		
	4	2	1	1					
8	9	49	30	9	18	4	1		
			1						
			3					1(5)	8
			4					1	8
			3				3	1	1
			6			2	3		5
1			7				1	1	5
			1					6	6
1			17			2	7	8	17
							5		6
	1		1						
	1		1				5		6
9	10	49	52	9	18	6	13	9	31
9	10	49	52	9	18	6	13	9	31
1.6	1.7	8	9	1.6	3	1	2	16	5

南滿洲鐵道株式會社

B-0023 [illegible] 22字×10=220字詰 [illegible]

社報原稿用紙

No.

レオー	ゼネラルモータース	ステワード	オーバン	オークランド	アースキン	ロースロイス	オーバーランド	オーペル	ファイアリート
			2	1	2	1	1	2	1
								~~2~~	~~0~~
			2	1	2	1	1	2	1
8	1								
8	1								
	1	6							
2	1	3							
2	2	9							
		1							
2	1	1							
2	1	2							
12	4	11	2	1	2	1	1	2	1
~~12~~	~~4~~	~~10~~							
12	4	11	2	1	2	1	1	2	1
2	0.7	2							

南满洲鐵道株式會社

Ⅱ-0023　B列5　22字×10＝220字詰

No.

社報原稿用紙

オールズモビール	チャンドラー	ブロックウエー	ブグッビユー	クエデッキラル	リバブリック	ソーニークロフト	スエダー	ラフランス	独マキシス
1									
	1								
1	1								
		1							
			1						
			1	1					
					1	1			
		1	2	1	1	1			
							2		
								1	1
							2	1	1
1	1	1	2	1	1	1	2	1	1
1	1	1	2	1	1	1	2	1	1

南滿洲鐵道株式會社

ヨ-0023　B列5　22字×10-220字詰　（13.6.3,000冊 [illegible]）

No.

社報原稿用紙

クリーグランド	キャタピラー	エレクトリック	ハーレーダビットソン	インデアン	ビーエスエー	アリエール	エーテーエス	エーヂーエス	ノルトン
1									
	Ø								
	1	4							
1Ø	1	4							
1	1	4							
Ø	Ø		27	2	2	2	1Ø	1	1
1Ø	1	4	27	2	2	2	1	1	1
		07	71	5	5	5			13

南滿洲鐵道株式會社

B列5　22字×10＝220字詰　（13. 6. 3,000冊 …）

No.

社報原稿用紙

トライアンプ	みづほ	合計
		308
		70
		378
		2
		38
		40
		13
		32
		39
		24
		108
		20
		14
		2
		8
		44
		570
1	1	38
1	1	608
		(100)

南満洲鐵道株式會社

9-0023　B列5　22字×10＝220字詰　（13.6-3,000冊 松浦屋納）

社報原稿用紙

No.

大連經濟調查會内製作年次別自動車調查表

昭和七年八月末現在

區分		一九二三	一九二五	一九二六	一九二七	一九二八	一九二九	一九三〇	一九三一	一九三二	一九一二
乗用車	小	2	1	5	24	70	129	55	10	10	1
	大	1	3	17	7	8	16	11	2	5	
	計	3	4	22	31	78	145	66	12	15	1
乗合型車	二〇人						2				
	二五人				3		7	11	11	6	
	計				3		9	11	11	6	
貨物	一屯			2	1		4	4		2	
	一屯半				3	3	13	6	2	5	
	二屯		1	1	2	5	20	6	2	2	
	二屯					2	4	10	5	2	
	計		1	3	6	10	41	26	9	11	
特殊用途車	撒			1	1	3	6	8		1	
	消	4		2		2		2	1		
	消		1			1					
	其他		1				1	3			
	計	4	2	3	1	6	7	13	1	1	
合計		7	7	28	41	94	202	116	33	33	1
個人	二輛車			2	2	8	12	9	4	1	
總計		7	7	30	43	102	214	125	37	34	1
百分比		1	1	4.7	7	16.5	35.4	20.3	5.7	5.9	[illegible]

南滿洲鐵道株式會社

No.

社報原稿用紙

一九二〇	一九二二	一九二四	年次不明	合計
		1		308
				70
		1		378
				2
				38
				40
				13
				32
				39
1				24
1				108
				20
	2	1		14
				2
				8
	2	2	2	44
1	2	3	2	570
				38
1	2	3	2	608

1.5

南満洲鐵道株式會社

タ-0023　B列5　22字×10=220字詰

大連水上警察署管内積載量用途別自動車調査表

昭和七年一月末現在

区分 \ 用途		官廳用	自家用	営業用	計
乗用車	小型	1	1		2
	大型	1	2		3
	計	2	3		5
貨物用車	一屯積以下		1		1
	一屯半〃				
	二屯〃		3		3
	二屯以上		11		11
	計		15		15
特殊用途車	撒水車		4		4
	消防用		6		6
	牽引用		21		21
	電力荷役用		72		72
	其他		2		2
	計		105		105
計	ガソリン車	2	51		53
	電力車		72		72
側車附二輪車		2	123		125
		1	4		5
總計		3	127		130

備考 乗合車ナシ 各種自動車ノ所有者ハ全部日本人ナリ

ヨ－0022 B列5 28字×10 南滿洲鐵道株式會社 (15. 3. 3.000冊)

No.

大連水上警察署管内車種別自動車調査表

昭和七年八月末現在

区分		ハドソン	ナッシュ	ビユーイック	フォード	インターナショナル	ソーテクロフト	アイジョリークロフト	インデアン	ジーエムシー	スチワード
乗用車	小型		1		1						
	大型	1	1	1							
	計	1	2	1	1						
貨物用車	一屯積以下				1						
	一屯半〃										
	二屯〃								1	1	1
	二屯以上					4	5	2			
	計				1	4	5	2	1	1	1
特殊用途車	撒水用					3					1
	消防用	1									
	ガソリン牽引用	2				19					
	電力荷役用										
	其他										
	計	3				22					1
合計	ガソリン車	4	2	1	2	26	5	2	1	1	2
	電力車										
側車附二輪車											
総計		4	2	1	2	26	5	2	1	1	2
合計数ニ対スル百分比		7.6	3.8	1.9	3.8	49.1	9.5	3.8	1.9	1.9	3.4

No.

ドッヂブラザー	ファイアット	チャンドラーモーター	キャデビラー	レカー	不明	以上ガソリン車	アールアンドタウン	ハント	中島製作
2	1	1			1				
							8	4	2
			1	1					
2	1	1	1	1	1		8	4	2
2	1	1	1	1	1				
							8	4	2
2	1	1	1	1	1		8	4	2
3.8	1.9	1.9	1.9	1.9	1.9		11.1	5.6	2.8

ヲ－0022　B列5　28字×10　南滿洲鐵道株式會社　(15.3.3,000冊 納川納)

No.

エルラエール パッカー	ユニオン	日立製作	ウオルカー ベビルリ	エールサンク グランド	ヘンリー	プトロエレクトリ ツクモビルクレーン	トバー	車名不明（クレーントラクター）	〃（エレベサング アラットホーム）
3	1	5	2	2	1	1	1	2	40
3	1	5	2	2	1	1	1	2	40
3	1	5	2	2	1	1	1	2	40
3	1	5	2	2	1	1	1	2	40
4.2	1.4	6.9	2.8	2.8	1.4	1.4	1.4	2.8	55.6

以上電力車

ハーレーダビッドソン	トライアンフ	インディアン	車名不明	合計
				2
				3
				5
				1
				3
				11
				15
				4
				6
				21
				72
				2
				105
				53
				72
2	1	1	1	5
2	1	1	1	130
40	20	20	20	100

No.

大連市水上警察署管内製作年次別調査表

昭和七年八月末現在

区分		年次 製作 一九三二	一九三一	一九三〇	一九二九	一九二八	一九二七	一九二六	一九二五	一九二四	一九二三
乗用車	小型		1	1							
	大型		1	1	1						
	計		2	2	1						
貨物用車	一屯積以下						1				
	一屯半 〃										
	二屯 〃								1		1
	二屯以上		1		1	2		2			1
	計		1		1	2	1	2	1		2
特殊用途車	撒水用		3			1					
	消防用				1	2				1	
	ガソリン牽引用			4	14	3					
	電力荷役用	1	4		9	3	5		42		
	其他		1		1						
	計	1	8	4	25	9	5		42	1	
ガソリン車			7	6	18	8	1	2	1	1	2
電力車		1	4		9	3	5		42		·
合計		1	11	6	27	11	6	2	43	1	2
側車附属車				1	1	1		1			
総計				7	28	12	6	3	43	1	2
百分比			13.2	12.3	34.0	15.1	6.8	3.8	1.8	1.8	3.1

B列5 22字×10=220字詰 13. ...000冊

No.

合计	一九一九	一九二〇	一九二一	一九二二	~~一九二三~~
2					
3					
5					
1					
3	1				
11	2			2	
15	3			2	
4					
6		1	1		
21					
72		7	1		
2					
105		8	2		
53	3	1	1	2	
72		7	1		
125	3	8	2	2	
5			1		
130	3	8	3	2	
100	5.6	[illegible].8	1.8	3.7	

ロ－0022　B列5　28字×10　南滿洲鐵道株式會社　(15.3.3,000枚 [illegible])

社報原稿用紙

No.

奉天市満洲警察署管内自動車調査表

区分 用途		官廳用	自家用	営業用	合計	備考
乗用車	小型	2	7	46	55	特殊用車ナシ
	大型	5	3	5	13	
	計	7	10	51	68	
乗合型車	二〇人乗					
	二五人乗			3	3	
	計			3	3	
貨物用車	一屯積以下		1		1	
	一屯半積 〃	1		7	8	
	二屯積 〃	1	2	5	8	
	二屯積以上	3		8	11	
	計	5	3	20	28	
特殊用途車	撒水用					
	消防用					
	清毒汚物用					
	其他					
	計					
合計		12	13	74	99	
側車附二輪車		6	1		7	
総計		18	14	74	106	

昭和七年八月末現在

南満洲鐵道株式會社

社報原稿用紙

No.

鐵道總局警察署管内所有者国籍別調査表

昭和七年八月末現在

区分		国籍別 官庁	日本人	満洲人	外国人	合計
乗用車	小型	2	17	36		55
	大型	5	2	6		13
	計	7	19	42		68
乗合車	二〇人乗					.
	二五人乗		3			3
	計		3			3
貨物用車	一屯積以下		1			1
	〃一屯半積	1	3	4		8
	〃二屯積	1	3	4		8
	三屯積以上	3	4	4		11
	計	5	11	12		28
特殊用途車	撒水					
	消防					
	消毒及汚物用					
	其他					
	計					
合計		12	33	54	0	99
側車附二輪車		6	1			7
総計		18	34	54	0	106

南満洲鐵道株式會社

a-0023 B判5 22字×10=220字詰 (13. 5. 3,000冊 …)

大連小崗子營業者案内所有者國籍別自動車調查表

昭和七年八月現在

所有者國籍＼區分	乗用車 小型	乗用車 大型	乗用車 計	乗合型車 二〇人乗	乗合型車 二五人乗	乗合型車 計	貨物用車 一屯積以下	貨物用車 一屯半積〃	貨物用車 二屯〃	貨物用車 三屯以上	貨物用車 計	合計	側車附車輛	總計
日本官廳	2	5	7					1	1	3	5	12	6	18
日本人	17	2	19		3	3	1	3	3	4	11	33	1	34
滿洲人	36	6	42					4	4	4	12	54		54
外國人														
合計	55	13	68		3	3	1	8	8	11	28	99	7	106
備考	一表參照													

ヨ－0022　B列5　28字×10　南滿洲鐵道株式會社　(15.3.3.000冊 顯岡納)

No.

大連中嶺子碧窯署管内車種別自動車調査表

昭和七年八月現在

区分 \ 車種		ウイリスナイト	スクリップスブース	エセックス	ナッシュ	ビイユイック	インターナショナル	フォード
乗用車	小型			12	1	3		2
	大型	2	1			6	1	1
	計	2	1	12	1	9	1	3
乗合型車	乗人〇二							
	乗人五二						3	
	計						3	
貨物用車	一瓲積以下							1
	一瓲半〃	1						3
	二瓲〃							2
	二瓲以上						1	1
	計	1					1	7
合計		3	1	12	1	9	5	10
側車付自動二輪車								
總計		3	1	12	1	9	5	10
合計ニ対スル百分比		3	1	12	1	9	5	10

コ－0022　B列5　28字×10　南滿洲鐵道株式會社　(15.3.3.000冊)

No.

摘要	備考	合計	英マケレス	インディアン	ハーリーダビッドソン	ス汎	ジーエムシー	ダイヤモンド	スチュワード	キャデラック
	第一表ニ同ジ	51								
		17								1
		68								1
		3								
		3								
		1								
		8				1			1	
		8					1		2	
		11						1	1	
		28				1	1	1	4	
		99				1	1	1	4	
		7	1	1	5					
		106	1	1	5	1	1	1	4	1
		100	14	14	71	1	1	1	4	1

ヨ－0022　B列5　28字×10　南満洲鐵道株式會社　（15．3．3.000冊 [illegible]）

4

No.

クライスラーデソート	アスキン	クライスラープリムス	シボレー	オールドモビル	ホイペット	ドッヂブラザー	スチュードベーカー	オーベルランド	ポンチアック
3	1	4	12	5	3	2	1	1	1
5									
8	1	4	12	5	3	2	1	1	1
			1		1				
			2			1			
			3			3	1		
			6		1	4	1		
8	1	4	18	5	4	6	2	1	1
8	1	4	18	5	4	6	2	1	1
8	1	4	18	5	4	6	2	1	1

ヨー0022　B列5　28字×10　南满洲鐵道株式會社　(15.3.3.000冊 [illegible])

No.

大連小崗子警察署管内製作年次別自動車調査表

昭和七年一月末現在

区分		一九三二	一九三一	一九三〇	一九二九	一九二八	一九二七	一九二六
乗用車	小型		1	8	18	19	4	1
	大型	1	1	3	3	1		
	計	1	2	11	21	20	4	1
乗合型車	二〇人乗							
	二五人乗				1		2	
	計				1		2	
貨物用車	一屯積					1		
	一屯半〃		1	1	5		1	
	二屯〃		1	3	2	1	1	1
	二屯以上	3	2	4	1			1
	計	3	4	8	8	2	2	2
合計（附車輛ヲ除ク）		4	6	19	30	22	8	1
附車輛		1	1		1	1		81
総計（附車輛ヲ含ム）		5	7	19	31	23	8	3
合計ニ対スル百分比		4	6	19	30	22	8	2

No.

備考	合計	不明	一九一九	一九二三	一九二五
一、前ノ表ト同ジ	55	3			
	13		1	3	1
	68	3	1	3	1
	3				
	3				
	1				
	8				
	8				
	11				
	28				
	99	3	1	3	1
	7			1	1
	106	3	1	4	2
	104	3	1	3	1

ヨ－0022　B列5　28字×10　南満洲鐵道株式會社　(15.3.3.000冊 [illegible])

No.　タイプライター原稿用紙

奉天附屬地積載量及用途別自動車調査表

昭和八年八月末現在

種別		官廳用	自家用	營業用	合計	備考
乘用車	小型	1	23	77	101	特殊車中ノ「其ノ他」トアルハ葬儀用車ナリ
	大型	3	10	7	20	
	計	4	33	84	121	
乘合自動車	二〇人乘			3	3	
	二五人乘			25	25	
	計			28	28	
貨物自動車	一頓積以下		3	2	5	
	〃 一頓半	2	3	8	13	
	〃 二頓	2	4	8	14	
	二頓積以上		1	1	2	
	計	4	11	19	34	
特殊自動車	撒水車	5			5	
	消防車	3			3	
	汚物車	7			7	
	其ノ他			1	1	
	計	15		1	16	
合	計	23	44	132	199	
側車付二輪車		9	9		18	
總	計	32	53	132	217	

南滿洲鐵道株式會社

ヨ—0024　B列5　32×15　●分割打字ヲ要スル原稿ハ五、六頁乃至一〇頁ニテ區切ルコト　(15. 5. 5,000冊 共和謄寫)

No.　タイプライター原稿用紙

奉天附属地所有者国籍別自動車調査表

種別		日本官廳用	日本人	満洲人	外国人	合計	備考
乗用車	小型	1	84	14	2	101	前ト同ジ
	大型	3	14	2	1	20	
	計	4	98	16	3	121	
乗合型車	二〇人乗		3			3	
	二五人乗		25			25	
	計		28			28	
貨物用車	一噸積以下		4		1	5	
	〃 一噸	2	11			13	
	〃 二噸	2	12			14	
	二噸積以上		2			2	
	計	4	29		1	34	
特種用車	撒水用	5				5	
	消防用	3				3	
	汚物用	7				7	
	其ノ他		1			1	
	計	15	1			16	
合計		23	156	16	4	199	
側車付自転車		9	9			18	
總計		32	165	16	4	217	

南満洲鐵道株式會社

ヨ—0024 B列5 32×15 ●分割打字ヲ要スル原稿ハ五、六頁乃至一〇頁ニテ區切ルコト (15. 5. 5,000冊 共和謄納)

No. タイプライター原稿用紙

奉天附属地車種別自動車調査表

車種		シボレー	ハドソン	スチュードベーカ	ビュイック	エセックス	クライスラー・デソート	グラハム・ページ	ドッヂブラザース	レオ	アースキン
乗用車	小型	16		1	5	23	9	10	6		2
	大型	4	3	1	10					1	
	計	20	3	2	15	23	9	10	6	1	2
乗合型車	二〇人乗										
	二五人乗	2								1	
	計	2								1	
貨物用車	一屯積以下	2							1		
	一屯半〃	3		1					3		
	二屯〃	8									
	二屯積以上										
	計	13		1					4		
特殊用車	撒水用										
	消防用								1		
	汚物用										
	其他										
	計								1		
合計		35	3	3	15	23	9	10	11	2	2
側車付二輪車											
總計		35	3	3	15	23	9	10	11	2	2
		17.6	1.5	1.5	7.5	11.5	4.5	5	5.5	1	1

南滿洲鐵道株式會社

ヨ—0024 B列5 32×15 ●分割打字ヲ要スル原稿ハ五、六頁乃至一〇頁ニテ區切ルコト (15. 5. 5,000冊 [illegible])

No.　　タイプライター原稿用紙

ステワード	フエデラル	ゼネラル・モータス	インターナショナル	オールズモビル	チエボー	ハップモビール	シトロエン	ファルマンナイト	ホイペット	クライスラープリムス	フオード	ウイリスナイト	ナッシュ	オーバランド
				1	1	1		1	4	13	3	1	2	2
							1							
				1	1	1	1	1	4	13	3	1	2	2
			3											
			13								9			
			16								9			
	1										1			
		3	1								2			
	1		1								4			
		1	1											
	2	4	3								7			
3											2			
											7			
3											9			
3	2	4	19	1	1	1	1	1	4	13	28	1	2	2
3	2	4	19	1	1	1	1	1	4	13	28	1	2	2
1.5	1.0	2.0	9.5	0.5	0.5	0.5	0.5	0.5	2	6.5	14.0	0.5	1	1

南滿洲鐵道株式會社

ヨー0024　B列5　32×15　●分割打字ヲ要スル原稿ハ五、六頁乃至一〇頁ニテ區切ルコト　(15. 5. 5,000冊 共和謄納)

No. タイプライター原稿用紙

備考	合計	ハーレーダビッドソン	B.S.A	ポブテアフク	ラブランド	ハパプサック
第一表ヲ用ヰ	101					
	20					
	121					
	3					
	25					
	28					
	5					
	13					
	14					
	2					
	34					
	5					
	3				1	1
	7					
	1			1		
	16			1	1	1
	199			1	1	1
	18	17	1			
	217	[illegible]		1	1	1
		9.4	6	0.5	0.5	0.5

南満洲鐵道株式會社

ヨ―0024 B列5 32×15 ●分割打字ヲ要スル原稿ハ五、六頁乃至一〇頁ニテ區切ルコト (15. 5. 5,000冊 共和謄納)

No.　タイプライター原稿用紙

奉天附屬地年次別自動車調査表

		一九二三	一九二四	一九二五	一九二六	一九二七	一九二八	一九二九	一九三〇	一九三一	一九三二
乗用車	小型					13	44	16	19	2	1
	大型	1	1	2	3		8	2		2	
	計	1	1	2	3	13	52	18	19	2	1
乗合型車	二〇人乗								3		
	二五人乗					1	2	9	13		
	計					1	2	9	16		
貨物用車	一屯積以下			1		1	3				
	一屯半 〃					2	5	6			
	二屯 〃						5	5	2		1
	二屯積以上							2			
	計			1		3	13	13	2		1
特殊用車	撒水用	1	1			1	1	1			
	消防用								1		
	汚物用							7			
	其ノ他						1				
	計	1	1			1	2	8	1		
合計		2	2	3	3	18	69	48	38	4	2
側車付二輪車				1	2		4	1	5	3	2
總計		2	2	4	5	18	73	49	43	7	4
百分比		1	1	1.5	1.5	9	34.6	24	19	2	1

南滿洲鐵道株式會社

ヨー0024　B列5　32×15　●分割打字ヲ要スル原稿ハ五、六頁乃至一〇頁ニテ區切ルコト　(15. 5. 5,000冊 共和謄納)

No.　タイプライター原稿用紙

合計		一九一九	一九二〇	一九二一	一九二二
101			5	1	
20		1			
121		1	5	1	
3					
25					
28					
5					
13					
14		1			
2					
34		1			
5					
3		1	1		
7					
1					
16		1	1		
199		3	6	1.	
18					
217		3	6	1	
		15	3	05	

南滿洲鐵道株式會社

ヨ—0024　B列5　32×15　●分割打字ヲ要スル原稿ハ五、六頁乃至一〇頁ニテ區切ルコト　(15. 5. 5,000冊 共和號納)

大正十年九月ニ於ケル大連市内（小崗子及沙河口ヲ含ム）営業用自動車ハ客車四十三台、貨物車二十一台、自家用客車百十二台、貨物車二十台、合計百九十六台デアル

自動車営業者並ニ資本金ハ左ノ如クデアル

満洲自動車株式会社　越後町一区

スミス自動車株式会社　飛弾町二

日の出商会　春日町四九

ライオン自動車商会　小崗子宏濟街

スター自動車商会　沙河口五区

大平自動車株式会社　若狭町一二区

ツバメ自動車株式会社　西通七九

南満洲鐵道株式會社

社報原稿用紙

社報原稿用紙

No.

乗客自動車賃金

地名	賃金（四人乗）片道	往復	記事
星ヶ浦	三〇〇円	四五〇円	市内ヨリ
沙河口	三〇〇	四五〇	〃
市内	一五〇	二五〇	〃

地名	賃金（四人乗）片道	往復	記事
老虎灘	三五〇円	五〇〇	市内ヨリ
傅家荘	八〇〇	一〇〇〇	〃
市内一時間	三円—七円		

貨物自動車賃金

地名	賃金
自市内至星ヶ浦	九、〇〇
自市内至老虎灘	一〇、〇〇
自市内至沙河口	八、〇〇
自沙河口至星ヶ浦	九、〇〇

地名	賃金
自市内至寺児溝	六、〇〇
自伏見台至寺児溝	七、〇〇
自市内至聖徳街	七、〇〇
市内一回	五、〇〇
一日雇切	三〇、〇〇—四五、〇〇

現在貨物営業ニ従ス会社ハ三テアル

南滿洲鐵道株式會社

B-0023 B列5 22字×10＝220字詰

大連ニ於ケル大正十年九月末ノ乗用馬車数ハ営業用七三〇台自家用十九台合計七百四十九台ナリ

賃金　（二人乗一台）

市内　三丁以内　十七銭　　市外　十町以内　四十八銭

五丁以内　二十二銭　　二十丁以内　七十七銭

五丁以上ハ一丁毎ニ　二銭四厘　　二十丁以上一丁毎ニ　二銭四厘

貸切　半日（五時間）　二円四十銭

一日（十時間）　四円三十二銭

No.

社報原稿用紙

大正十年九月末ニ於ケル大連市内ノ人力車数ハ営業用一、三九五台
自家用三五〇台合計一七四五台

賃金

三丁以内　八銭
五丁以内　十二銭
五丁以上ハ一丁毎ニ　一銭八厘
貸切一日　一円八十銭
半日　九十六銭

南満洲鐵道株式會社

B-0023　B列5　22字×10＝220字詰

No.

自動車保有数ノ趨勢

満鉄企画

昭和十五年末現在

地方別	自動車数 営業用	自家用	計
関東州内	一九六	二五七	四五三
瓦房店	一	二	三
大石橋		二	二
営口		二	二
鞍山		八	八
遼陽	一	四	五
奉天	五六	七九	一三五

地方別	自動車数 営業用	自家用	計
奉天附属地	一三九	四二	一八一
鉄嶺	二	二	四
開原		五	五
四平街	八	五	一三
公主嶺	七	五	一二
撫順		二	二
本渓湖		二	二

ヨ—0022　B列5　28字×10　南満洲鐵道株式會社　(13. 9. 5.000束 並川納)

No.

安东	一〇	一八	二八	范家屯	八		八
通辽	五	一	六	下九台	二		二
辽源	三		三	吉林	一六	二一	三七
太平川	六		六	窑门	一七		一七
洮南	一二	三	一五	陶赖昭	二四		二四
哈尔滨			五六七	泰来	五		五
乌吉密			三	昂昂溪	一五		一五
海林			三	齐齐哈尔			五三
石头城子			四	海拉尔			一四
长春	二二	一七	三九	满洲里			五〇

ヨ—0022 B列5 28字×10 南满洲铁道株式会社 (13. 9. 5.000册 [illegible])

No.

安達		九五
當満		四八
黑河		五
		一八七四

ヨ—0022　B列5　28字×10　南滿洲鐵道株式會社　(13. 9. 5.000冊 [illegible])

No. タイプライター原稿用紙 6.15 関東州

		人力	自轉		自動	乗馬车	荷车
	5	2.256	17.149	357	1.112	1.151	25.772
	4	1.895	16.030	357	996	1.083	26.911
	3	1.883	14.052	287	746	1.088	24.897
	2	1.779	8.046	209	541	1.049	23.509
昭	1	1.844	6.481	189	457	1.088	21.~~294~~922
	14	1.885	5.099	133	320	1.203	21.061
	13	1.875	4.841	96	225	1157	19.823
	12	1.776		78	229	1257	20.794
	11	1.744		40	256	1160	19.582
	10	1.715		49	233	1187	17.992
	9	1.810		42	188	951	19.599
	8	1.551		33	180	681	16.689
	7	1.172		4	80	467	15.970
	6	1.080				441	15.831
	5	984				430	15.156
	5						
	4	966				420	15.151
	3	748				311	14.521
	2	763				352	14.869
大	1	421				335	14.552
	~~44~~	~~45 759~~				409	14.709
	~~44~~	~~759~~					
	43	883				446	12.667
	42	648				492	12096
	41	1498				485	4443
	40	1235				440	4067
明	38	747				299	3957

南滿洲鐵道株式會社

日－0024 B切5 32×15 ●分割打字ヲ要スル原稿ハ五、六頁乃至一〇頁毎ニ區切ルコト

No.　タイプライター原稿用紙

附属地船等

	人力	自轉	自動	乘用馬車	荷車
11			2.369		
10	1.848	39.109	1102 1.948	1.654	27.822
9	1.847	35.750	912 1.678	1.545	28.559
8	1.776	27.996	572 1.375	1.351	25.853
7	1.750	20.997	454 1.093	1.195	26.319
6	1.5931	18.985	386 1.025	1.174	25.314

南滿洲鐵道株式會社

ヨ－0024　B切5　32×15　●分割打ヲ要スル原稿ハ五、六頁乃至一〇頁ニテ區切ルコト　(13. 8. 5,000冊 大和號納)

貳拾貳冊

滿洲自動車運輸事業法

其他法規

資料目録

一、交通部令第二十四号
二、勅令
三、治安部令第四十二号
四、保護自動車取扱手續
五、自動車技倆證明書及運轉免許證発行ノ件
六、交通整理規程制定ノ件
七、勅令・第百三十三号
八、自動車運輸事業法発布ニ就テ
九、自動車運輸事業法
十、國産自動車購入使用方ニ関スル件
十一、鐵道總局ノ自動車取締ニ関スル件
十二、自動車取締規則

十三、自動車車体検査及同運轉免許試験其他ノ手数料規則

十四、自動車交通事業ニ関スル打合會決定事項

十五、満洲國郵政管理局郵便物暫定取扱ノ件

十六、熱河発郵便物（小包ヲ含ム）ノ自動車運送ニ関スル協定要綱

十七、自動車取締規則施行細則

十八、奉天省令第三十五号

十九、奉天省公署警務廳訓令

二十、吉林省令第六号

二十一、通化省令第三号

二十二、通化省令第四号

二十三、濱江省公署訓令濱警保第一七二九号

二十四、自動車運輸事業ニ関スル件

二十五、龍江省令第八号
二十六、哈尔浜警察廳令第七号
二十七、哈尔浜警察廳令第三號
二十八、民政部訓令第一號
二十九、交通部訓令第一八〇號
三十、熱河省公署訓令第一一五號
三十一、興安總署訓令第四六六號
三十二、遼寧省租税徴收章程
三十三、東省特別区自動車取締規則
三十四、遠距離自動車運轉手檢定規則
三十五、遼寧省自動車営業種別
三十六、自動車取締規則抜萃
三十七、交通整理の信号方法

国鐵·鐵道總局

No.

交通部令第二十四号（康德八年十月一日公布 同日附政府公報揭載）

茲ニ自動車交通事業法施行規則ヲ左ノ通制定ス

自動車交通事業法施行規則

第一章 旅客自動車運輸事業

第一條 旅客自動車運輸事業經營ノ特許申請書ニハ左ニ掲グル事項ヲ記載スベシ

一 本籍及住所

二 氏名、商號又ハ名稱

9—0022 B列5 20字×10 南滿洲鐵道株式會社

No. ……………

三　事業経営ノ事由

四　路線　路線圖ヲ以テ明示スルノ外左ニ掲グル事項ヲ記載スルコト

イ　起點終點ノ地名地番（通稱アルトキハ之ヲ附記スルコト）

ロ　延長

ハ　主ナル経過地

ニ　專用自動車道ヲ開設スルモノニ在リテハ其ノ区間

五　事業計畫

前項ノ申請書ニハ左ニ掲グル書類ヲ添附スベシ

No.

一　興業費概算書（總額、内譯及資金調達方法ヲ明示スルコト）

二　運輸收支概算書

三　申請者會社ナルトキハ現ニ旅客自動車運輸事業ヲ経営スルモノヲ除クノ外定款及登記簿ノ謄本並ニ最近ノ財産目録及貸借対照表、會社ヲ設立セムトスルモノナルトキハ定款ノ謄本

第二條　事業計畫ニハ左ニ掲グル事項ヲ定ムベシ

一　主タル事務所及営業所ノ名稱及位置

二　車輛

ヨ—0022　B列5　25字×10　南満洲鐵道株式會社

No.

イ　輛数（常用車ト豫備車トニ分チ且旅客定員別（立席及
座席別）ニ記載シ物品積載設備ヲ有スルモノニ在リテハ
其ノ積載定量ヲ附記スルコト
ロ　車臺（車名、年式及動力ノ種類ヲ記載スルコト
ハ　車體（座席ノ配列、幅員、先レ前方ノ餘地、客室ノ高
サ、通路ノ幅員、長サ及後車軸後方ノ車體張出（平面図
ニ依リ明示スルコト）並ニ箱型幌型等ノ別及車體重量ヲ
記載スルコト
三　運轉
イ　運轉系統（系統複雑ナルトキハ系統図ヲ添附シ往路復

ヨ—0022　B列5　28字×10　南満洲鐵道株式會社

No.

路ノ別アルトキハ其ノ区間及方向ヲ記載スルコト）
ロ　各系統ニ於ケル粁程、停留所名、停留所間ノ粁程、待避所及配置常用車輌数
ハ　運行回数又ハ運転時刻　運行回数頻繁ナルモノニ在リテハ始発及終発ノ時刻、運行回数、最小運転時分並ニ運転間隔ノ大要、其ノ他ノモノニ在リテハ主ナル停留所ニ於ケル発著時刻

四　運賃及料金

イ　運賃均一制ニ在リテハ均一運賃、其ノ他ノモノニ在リテハ各区間ノ運賃及粁程（運賃区界ヲ記入シタル図面

No.

ヲ添附スルコト一、物品ヲ運送スルモノニシテ物品ノ種
類ニ依リ其ノ運賃ニ区別ヲ設クルトキハ其ノ別及運賃算
出方法ヲ記載スルコト
ロ料金
五車庫ノ位置及車輛格納力
六一年ヲ通シ継續シテ運輸ヲ為スモノニ非ザルトキハ運輸
ヲ為ス期間
特許申請ノ際前項第二號「ロ」ニ掲グル車輛ノ車名及年式並
ニ「ハ」ニ掲グル事項ヲ記載スルコト能ハザルトキハ之ガ記
載ヲ省略スルコトヲ得此ノ場合ニ於テ特許迄ニ追申セザルト

ヨ—0022　B列5　22字×10　南満洲鐵道株式會社

No.

キハ其ノ事項ニ付別ニ省長又ハ新京特別市長ノ認可ヲ受クベ
シ
路線延長ノ特許ヲ申請スル場合ニ於テ既特許路線ノ事業計畫
ニ変更ヲ生ズルトキハ其ノ関係ヲ明示シ該変更ニ関スル手續
ヲ省略スルコトヲ得
第三條　第一條ノ路線図ハ縮尺十萬分ノ一以上ノ平面図トシ左
ニ掲グル事項ヲ記載シ縮尺方位ヲ示スベシ
一　路線（経過地及停留所間ノ粁程ヲ朱記スルコト）
二　停留所ノ位置、名稱及特ニ待避所ヲ設クルトキハ其ノ位
置

No.

三　車庫ノ位置

四　道路（種類ヲ明示スルコト）、自動車道及一般通行ノ用ニ供スル通路ノ別並ニ其ノ種別毎ノ粁程及有効幅員、往路復路ノ別アルトキハ其ノ区間及方向

五　沿線ニ於ケル学校、工場、名所舊蹟等多数旅客ノ参集スル場所

第四條　省長又ハ新京特別市長特許申請書ヲ受附ケタルトキハ道路（交通部大臣ノ管理スルモノヲ除ク）及一般通行ノ用ニ供スル通路ノ管理者ニ対シ答申ノ期限ヲ指定シテ其ノ管理上ノ意見ヲ徴スベシ

甲—0022　B列5　20字×10　南満洲鐵道株式會社

No.

第五條　省長又ハ新京特別市長ハ特許申請書ニ左ニ掲グル事項ニ関スル調査書ヲ添ヘ特許ノ許否ニ関スル意見ヲ附シ之ヲ進達スベシ

一　申請者ノ資産及信用程度

二　路線粁程ノ正否

三　事業ノ成否及效用

四　道路、自動車道又ハ一般通行ノ用ニ供スル通路ノ適否（前條ノ規定ニ依リ管理者ノ意見ヲ徴シタルトキハ其ノ意見書ノ寫ヲ添附スルコト）

五　他ノ旅客自動車運輸事業、鉄道、索道等ヘノ影響ノモノ

No.

ヲ含ム（一）ニ及ボス影響

六　附近ニ於ケル旅客自動車運輸事業、鉄道、索道等ノ出願

アルトキハ其ノ名稱、区間、申請者、申請書ノ受附年月日

七　申請路線ニ於ケル推定運輸数量（一）該路線ノ経營ニ依リ既

特許路線ノ運輸数量ヲ増加スベキ場合ニ在リテハ尚其ノ推

定増加運輸数量ヲ記載スルコト（一）及其ノ推定方法

八　其ノ他必要ト認ムル事項

第六條　臨時ノ必要ニ因リ三月以内ノ期限ヲ限リ旅客自動車運

輸事業ヲ経營セントスル場合ニ於ケル特許申請書ニハ第一條

第二項ニ掲グル書類ノ添附ヲ省畧スルコトヲ得

ヲ—0022　B列5　20字×10　南滿洲鐵道株式會社

No.

第七條　事業計畫變更ノ認可申請書ニハ變更セントスル事項及事由ヲ記載シ新舊ヲ對照シタル書類及図面ヲ添附スベシ

専用自動車道ノ工事方法變更ノ認可ヲ受ケタル場合ニ於テ事業計畫ノ變更ヲ生ズルモノナルトキハ第一項ノ書類及図面ヲ提出シ該變更ニ關スル手續ヲ省畧スルコトヲ得

第八條　事業計畫ノ變更ニシテ左ニ掲グルモノハ其ノ事由及實施ノ年月日ヲ記載シ新舊ヲ對照シタル書類ヲ添附シ遲滯ナク之ヲ届出ヅベシ

一　停留所、主タル事務所若ハ營業所ノ名稱ヲ變更シ又ハ主タル事務所若ハ營業所ヲ新設シ、廢止シ若ハ移轉スルトキ

No.

二　車輛ノ車名又ハ車體ヲ変更スルトキ

三　往路復路ノ別アル場合ニ於テ其ノ区間及方向ヲ変更スルトキ

四　道路、自動車道又ハ一般通行ノ用ニ供スル通路ノ工事等ニ因リ停留所ノ位置ヲ一時変更スルトキ

五　待避所ヲ新設シ、廃止シ又ハ其ノ位置ヲ変更スルトキ

第九條　旅客自動車運輸事業者ハ左ニ掲グル事項ニ該當スル場合ニ於テ片道運賃又ハ往復運賃ニ付認可ヲ受ケズシテ一年ヲ通ジ六十日ヲ超エザル期間五割以内ノ割引ヲ爲スコトヲ得

一　季節ニ依リ旅客ヲ誘致スルトキ

ヨ―0032　B列5　25字×10　南満洲鐵道株式會社

No.

二　慶祝日、祭日、節祀日、記念日等多数旅客ノ参集スルト
キ
前項ノ規定ニ依リ運賃ノ割引ヲ為シタルトキハ其ノ事由、割
引期間、割引区間及割引率ヲ記載シ遅滞ナク交通部大臣ニ之
ヲ届出ヅベシ

第十條　専用自動車道ノ工事施行ノ認可申請書ニハ左ニ掲グル
書類ヲ添附スベシ
一　工事方法書
二　工事費豫算書（第一號様式）

第十一條　工事方法書ニハ左ニ掲グル事項ヲ記載シ実測図ヲ添

9—0022　B列5　25字×10　南満洲鐵道株式會社

No.

附スベシ

一 工事ヲ施行スル区間ノ起點終點ノ地名地番及延長

二 鋪装及路床ノ構造並ニ路面ノ横断勾配

三 橋梁、溝橋、隧道其ノ他ノ工作物ノ構造（主要ナルモノニ在リテハ耐力計算書ヲ添附スルコト）

四 排水設備

五 道路、自動車道又ハ一般通行ノ用ニ供スル通路トノ連絡若ハ交叉ノ方法並ニ鉄道トノ交叉ノ方法（交叉ニ関スル協定ノ要領ヲ記載スルコト）

前項第二號乃至第五號ノ事項ニ付テハ構造寸法ヲ示ス設計図

No.

ヲ添附スベシ
設計図ノ縮尺ハ一般図ニ在リテハ二百分ノ一以上、詳細図ニ在リテハ五十分ノ一以上（鋼橋ニ在リテハ十五分ノ一以上）トスベシ但シ簡易ナル工作物ニ在リテハ定規図ヲ以テ代フルコトヲ得

第十二條　実測図ハ左ノ三種トス
一　平面図
縮尺ハ二千五百分ノ一以上トシ左ニ掲グル事項ヲ記載シ縮尺方位ヲ示スベシ
イ　起點終点ノ地名地番並ニ経過市街村名（街村制ヲ施行

9—0022 B列5 20字×10　南滿洲鐵道株式會社

No.

セザル地ニ於テハ之ニ準ズベキモノー及其ノ境界線
ロ、中心線ヨリ左右少クトモ各二十米以内ノ区域内ニ於ケ
ル地形地物
ハ、二十米毎ー地形ニ依リ短縮スルコトヲ得ーノ測點及百
米毎ノ遞加距離ヲ示シタル中心線
ニ、曲線ノ起點終點、半径及交角
ホ、總幅員線、敷地境界線及自動車運行ノ為必要ナル沿線
土地ノ境界線
ヘ、橋梁、隧道其ノ他ノ主要ナル工作物ノ位置及名稱
ト、道路、自動車道又ハ一般通行ノ用ニ供スル通路トノ連

ヨ—0022　B列5　28字×14　南滿洲鐵道株式會社

No.

絡又ハ交叉ノ位置及名稱並ニ鉄道トノ交叉ノ位置及名稱

チ　停留所、待避所等ノ位置及名稱

市街地ニ在リテハ縮尺五百分ノ一以上ノ平面図ニ「イ」乃至「チ」ニ掲グル事項ヲ記載シ別ニ之ヲ添附スベシ

二　縱断面図

縮尺ハ横ヲ平面図、縱ヲ横断面図ト同一トシ左ニ掲グル事項ヲ記載スベシ

イ　測點番號、測點間距離及遞加距離

ロ　測點毎ノ中心線ノ地面、施行基面及盛土ノ高サ、切土ノ深サ

No.

ハ　勾配及其ノ延長

ニ　縦断曲線ノ位置及延長

ホ　曲線ノ起點終點、半径及方向

ヘ　橋梁、溝橋、隧道其ノ他ノ工作物ノ位置及名稱（橋梁及溝橋ニ在リテハ其ノ種類及材質、径間ノ長サ及数、隧道ニ在リテハ其ノ長サヲ明示スルコト）

ト　道路、自動車道又ハ一般通行ノ用ニ供スル通路トノ連絡又ハ交叉ノ位置及名稱並ニ鉄道トノ交叉ノ位置及名稱

チ　停留所、待避所等ノ位置及名稱

三　横断面圖

ツ－0022　B列5　22字×10　南滿洲鐵道株式會社

No.

縮尺ハ二百分ノ一以上トシ二十米毎ニ地形ニ依リ伸縮スル
コトヲ得一二専用自動車道ノ敷地境界線ヨリ左右少クトモ
各五米以内ノ区間ノ横断面ヲ示シ左ニ掲グル事項ヲ記載ス
ベシ

イ　測點番號

ロ　施行基面ノ幅

ハ　盛土及切土ノ斜面ノ勾配

ニ　屈曲部ニ於ケル路面ノ片勾配

ホ　敷地ノ境界及自動車運行ノ為必要ナル沿線土地ノ境界

第十三條　専用自動車道ノ全部ニ付工事施行ノ認可ヲ一時ニ申

No.

請スルコト能ハザルトキハ其ノ事由ヲ具シ分割シテ認可ヲ申請スルコトヲ得

第十四條　自動車交通事業法第八條第四項ノ規定ニ依ル期間伸長ノ申請書ニハ伸長ノ期間及事由ヲ記載スベシ

第十五條　専用自動車道ノ工事方法変更ノ認可申請書ニハ変更セントスル事項及事由ヲ記載シ新舊ヲ対照シタル書類及図面ヲ添附スベシ

第十六條　専用自動車道ノ工事方法ノ変更ニシテ左ニ掲グルモノハ其ノ事由ヲ記載シ新舊ヲ対照シタル書類及圖面ヲ添附シ遅滞ナク之ヲ届出ヅベシ

ヲ―0022　B列5　28字×10　南滿洲鐵道株式會社

No.

一　縦断勾配ヲ緩ナラシメ又ハ二十分ノ一迄急ナラシムルトキ

二　縦断曲線ヲ変更スルトキ

三　施行基面高ノ変更ニシテ路端ノ高サヲ増加スルトキ（洪水氾濫区域ヲ除ク）又ハ水流水面ノ最高水位上三十糎迄低下スルトキ

四　視距ヲ長カラシメ又ハ八十米迄短縮スルトキ。

五　盛土及切土ノ斜面ノ勾配ヲ緩ナラシムルトキ

六　路肩ノ幅員ヲ擴張スルトキ。

七　曲線ノ半径ヲ長カラシメ又ハ百米迄短縮スルトキ

No.

八　区曲部ノ両端ニ於ケル緩和区間ヲ長カラシムルトキ

九　路面上ノ有效高ヲ大ナラシメ又ハ四・五米迄短縮スルト

キ

十　橋梁又ハ溝橋ノ桁ノ下端ト最高水位トノ間隔ヲ大ナラシ

ムルトキ

十一　既認可ノ設計ト同一設計ニ依リ橋梁、溝橋又ハ隧道ヲ

新設スルトキ

第十七條　運輸開始ノ認可申請書ニハ特許ヲ受ケタル者會社ヲ

設立セントスルモノナルトキハ當該区間ニ専用自動車道ヲ開

設スル場合ノ外定款及會社ノ登記簿ノ謄本ヲ添附スベシ

當該区間ニ專用自動車道ヲ開設スル場合ニ於テ道路、橋梁、河川、運河等ニ関スル工事竣功セザルトキハ運輸開始ノ認可ヲ申請スルコトヲ得ズ但シ其ノ工事ニ付當該管理官署ノ承認ヲ得タル場合ハ此ノ限ニ在ラズ

運輸ヲ開始シタルトキハ遅滞ナク之ヲ届出ヅベシ

第十八條　旅客自動車運輸事業讓渡ノ許可申請書ニハ左ニ掲グル事項ヲ記載シ當事者之ニ連署スベシ

一　讓渡人及讓受人ノ本籍及住所並ニ氏名、商號又ハ名稱

二　讓渡ノ事由

三　讓渡ノ範圍及讓渡價額

No.

前項ノ申請書ニハ左ニ掲グル書類及図面ヲ添附スベシ
一　路線図（路線並ニ其ノ起点終点及分岐点ノ地名地番ヲ明示スルコト）
二　譲渡契約書ノ謄本及譲渡價額説明書
三　當該路線ノ最近ノ興業費明細表及最近一年間ノ運輸收支表
四　申請者會社ナルトキハ譲渡又ハ譲受ニ關スル株主總會ノ議事及決議ノ要領書又ハ無限責任社員若ハ總社員ノ同意書ノ謄本
五　譲受人會社ナルトキハ現ニ旅客自動車運輸事業ヲ經營ス

No.

ルモノヲ除クノ外定款及登記簿ノ謄本並ニ最近ノ財産目録
及貸借対照表、會社ヲ設立セントスルモノナルトキハ定款
ノ謄本

旅客自動車運輸事業ノ一部ヲ讓渡スル場合ニ於テハ讓受及残
存部分ニ付各別ノ事業計畫書ヲ提出シ事業計畫変更ノ手續ヲ
省略スルコトヲ得

事業ノ全部ヲ讓渡スル場合ニ於テ讓受クル事業ニ付事業計畫
ヲ変更セントスルトキハ其ノ関係ヲ明示シ該変更ニ関スル手
續ヲ省略スルコトヲ得

第二條第三項ノ規定ハ讓受人ガ讓受クル路線ト既特許路線ト

No.

ヲ通ジテ事業計畫ヲ定ムル場合ニ之ヲ準用ス

讓受人事業ヲ承繼シタルトキハ遲滯ナク之ヲ屆出ヅベシ

讓渡ノ許可ヲ受ケタル者會社ヲ設立セントスルモノナルトキハ前項ノ屆書ニハ會社ノ登記簿ノ謄本ヲ添附スベシ

第十九條　會社ノ合併ニ因ル旅客自動車運輸事業承繼ノ許可申請書ニハ左ニ揭グル事項ヲ記載シ當事者之ニ連署スベシ

一　合併スル會社及合併ニ因リ設立スル會社ノ住所及商號

二　合併ノ事由

三　合併ノ方法及條件

前項ノ申請書ニハ左ニ揭グル書類及圖面ヲ添附スベシ

No.

一　前條第二項第一號ニ揭グル路線図
二　合併契約書ノ謄本及合併比率説明書
三　合併スル會社ノ最近ノ財産目録、貸借対照表、興業費明細表及最近年間ノ運輸收支表
四　合併ニ関スル株主總會ノ議事及決議ノ要領書又ハ無限責任社員若ハ總社員ノ同意書ノ謄本
五　合併後存續スル會社ニ在リテハ現ニ旅客自動車運輸事業ヲ経營スルモノヲ除クノ外定款及登記簿ノ謄本、合併ニ因リ設立スル會社ニ在リテハ定款ノ謄本

前條第四項及第五項ノ規定ハ會社ノ合併ニ因ル事業承継ノ場

No.

合ニ之ヲ準用ス
合併ニ因リ事業ヲ承継シタル會社ハ登記簿ノ謄本ヲ添附シ遅滞ナク之ヲ届出ヅベシ
第二十條　旅客自動車運輸事業者死亡シタルニ因リ其ノ事業ヲ承継シタル相續人ハ相續ヲ證スル書類ヲ添附シ遅滞ナク之ヲ届出ヅベシ
第二十一條　旅客自動車運輸事業経営ノ委託ノ許可申請書ニハ左ニ掲グル事項ヲ記載シ當事者之ニ連署スベシ
一　委託者及受託者ノ住所及主タル事務所並ニ氏名商號又ハ名稱

二　委託ノ事由
三　委託ノ区間
四　委託ノ方法及報酬収入金ノ保管及引継並ニ報酬及委託費用ノ支辨方法ヲ記載スルコト
五　委託ノ期間
六　委託ノ開始又ハ終了ニ関スル公告ノ方法
前項ノ申請書ニハ左ニ掲グル書類ヲ添附スベシ
一　委託ノ契約書ノ謄本
二　第十八條第二項第四號ニ準ズル書類
事業経営ノ委託ヲ爲ス場合ニ於テ事業計畫ヲ変更セントスル

No.

トキハ其ノ関係ヲ明示シタル書類及図面ヲ提出シ該変更ニ関スル手續ヲ省略スルコトヲ得

第一項第三號乃至第五號ニ掲グル事項ヲ変更セントスルトキハ第一項及第二項ノ規定ニ準ジ作成シタル書類ヲ提出シ交通部大臣ノ認可ヲ受クベシ此ノ場合ニ於テハ前項ノ規定ヲ準用ス

事業経営ノ委託終了シタルトキハ其ノ事由及年月日ヲ記載シ當事者連署ノ上遅滞ナク之ヲ届出ヅベシ

第二十二條　旅客自動車運輸事業ノ共同経営ノ認可申請書ニハ左ニ掲グル事項ヲ記載シ當事者之ニ連署スベシ

No.

一　當事者ノ住所及主タル事務所並ニ氏名、商號又ハ名稱
二　共同経營ノ事由
三　共同経營ノ区間及方法
四　收入ノ割賦及経費分擔ノ方法
五　共同経營ノ期間
前項ノ申請書ニハ左ニ掲グル書類ヲ添附スベシ
一　共同経營契約書ノ謄本
二　第十八條第二項第四號ニ準ズル書類
共同経營ヲ爲ス場合ニ於テ事業計畫ヲ變更セントスルトキハ
其ノ関係ヲ明示シタル書類及図面ヲ提出シ該変更ニ関スル手

No.

續ヲ省略スルコトヲ得

第一項第三號乃至第五號ニ揭グル事項ヲ変更セントスルトキハ第一項及第二項ノ規定ニ準ジ作成シタル書類ヲ提出シ交通部大臣ノ認可ヲ受クベシ此ノ場合ニ於テハ前項ノ規定ヲ準用ス

共同經営終了シタルトキハ其ノ事由及年月日ヲ記載シ當事者連署ノ上遅滞ナク之ヲ屆出ヅベシ

第二十三條　兼業ノ認可申請書ニハ其ノ事業ノ種別、兼業ヲ必要トスル事由及兼業後ニ於ケル事業ノ大要ヲ記載スベシ

前項ノ申請書ニハ左ニ揭グル書類ヲ添附スベシ

ヨ—0022　B列5　25×10　南滿洲鐵道株式會社

No.

一　興業費概算書（總額、内譯及資金調達方法ヲ明示スルコト）

二　事業收支概算書

兼業ヲ廢止シタルトキハ其ノ事由及年月日ヲ記載シ遅滞ナク之ヲ屆出ヅベシ

第二十四條　旅客自動車運輸事業休止ノ許可申請書ニハ休止セントスル路線（事業ノ一部ヲ休止セントスルトキハ其ノ路線図ヲ添附スルコト）、事由及期間ヲ記載スベシ

許可ヲ受ケタル期間中ニ事業ヲ再開シタルトキハ遅滞ナク之ヲ屆出ヅベシ

No.

第二十五條　旅客自動車運輸事業廢止ノ許可申請書ニハ廢止セントスル路線（事業ノ一部ヲ廢止セントスルトキハ其ノ路線図ヲ添附スルコト）及事由ヲ記載シ第十八條第二項第四號ニ準ズル書類ヲ添附スベシ

第二十六條　旅客自動車運輸事業ヲ營ム會社ノ解散ヲ爲ス總會ノ決議又ハ總社員ノ同意ノ認可申請書ニハ解散ノ事由ヲ記載シ株主總會ノ議事及決議ノ要領書又ハ無限責任社員若ハ總社員ノ同意書ノ謄本ヲ添附スベシ

會社ノ解散ヲ爲ス總會ノ決議若ハ總社員ノ同意ノ認可ヲ受ケ又ハ其ノ他ノ事由ニ因リ會社解散シタルトキハ會社ノ登記簿

No.

ノ謄本ヲ添附シ遅滞ナク之ヲ届出ヅベシ

第二十七條　旅客自動車運輸事業者他ノ運送業者ト連絡運輸ヲ爲サントスルトキハ左ニ掲グル事項ヲ記載シタル書類ヲ提出シ交通部大臣ノ認可ヲ受クベシ

旅客自動車運輸事業者自己ノ經營スル他ノ運送機關ト通シ運送ヲ爲サントスルトキ亦同ジ

一　相手方ノ住所及主タル事務所並ニ氏名、商號又ハ名稱

二　相手方ノ運送機關

三　連絡運輸ノ事由

四　連絡運輸ノ区間及取扱旅客ノ範圍

No.

五　運賃ノ割賦方法

六　連絡運輸ヲ為ス期間

前項ノ申請書ニハ連絡運輸契約書ノ謄本ヲ添附スベシ

第一項第一號、第二號及第四號乃至第六號ニ掲グル事項ヲ変更セントスルトキハ前二項ノ規定ニ準ジ作成シタル書類ヲ提出シ交通部大臣ノ認可ヲ受クベシ

連絡運輸ヲ廃止シタルトキハ其ノ事由及年月日ヲ記載シ遅滞ナク之ヲ届出ヅベシ

第二十八條　旅客自動車運輸事業者ハ左ニ掲グル場合ニ於テハ其ノ事由及年月日ヲ記載シ遅滞ナク交通部大臣ニ之ヲ届出ヅ

ベシ
一　路線ノ起點終點（専用自動車道ノ起點終點ヲ含ム）ノ地名地番又ハ主ナル経過地名ニ変更アリタルトキ
二　主タル事務所又ハ営業所ノ地名地番ニ変更アリタルトキ
三　本籍、住所、氏名、商號又ハ名稱ヲ変更シタルトキ

第二章　旅客自動車運送事業

第二十九條　旅客自動車運送事業経営ノ特許申請書ニハ左ニ掲グル事項ヲ記載スベシ
一　本籍及住所
一　氏名、商號又ハ名稱

No.

三　事業経営ノ事由

四　事業計畫

前項ノ申請書ニハ左ニ掲グル書類ヲ添附スベシ

一　興業費概算書（總額、内譯及資金調達方法ヲ明示スルコト）

二　運送收支概算書

三　申請者會社ナルトキハ現ニ旅客自動車運送事業ヲ経営スルモノヲ除クノ外定款及登記簿ノ謄本並ニ最近ノ財産目録及貸借対照表、會社ヲ設立セントスルモノナルトキハ定款ノ謄本

No.

第三十條　事業計畫ニハ左ニ掲グル事項ヲ定ムベシ

一　主タル事務所及營業所ノ名稱及位置

二　事業ノ種別　路線ヲ定メ定期ニ非ズシテ自動車ヲ使用シテ旅客ノ運送ヲ目的トスル事業（以下路線旅客自動車運送事業ト稱ス）、經營区間ヲ定メ自動車ヲ使用シテ團体旅客ノ運送ヲ目的トスル事業（以下團体旅客自動車運送事業ト稱ス）又ハ其ノ他ノ事業（以下普通旅客自動車運送事業ト稱ス）ノ別ヲ記載スルコト

三　主タル事業区域

イ　路線旅客自動車運送事業ニ在リテハ路線ノ起点終点ノ地名地番、主ナル經過地及延長ヲ記載スルノ外第三條ノ

日—0022　B列5　25字×10　南滿洲鐵道株式會社

No.

規定ニ準ヒ作成シタル路線図ヲ添附スルコト
ロ　團体旅客自動車運送事業ニ在リテハ出発地、目的地及
此等相互間ノ粁程ヲ記載スルノ外此等ヲ示ス略図ヲ添附
スルコト
ハ　普通旅客自動車運送事業ニ在リテハ主トシテ営業ヲ行
フ地域ヲ記載スルコト
四　車輌ノ車名、年式、動力ノ種類及旅客定員別輌数、主タ
ル使用地別ニ記載スルコト
五　路線旅客自動車運送事業ニシテ観光旅客ノ運送ヲ目的ト
スルモノニ在リテハ運轉系統及停留所、特定ノ場所ニ出入

No.

スル旅客ノ運送ヲ目的トスルモノニ在リテハ其ノ場所及停留所、團体旅客自動車運送事業ニ在リテハ車輛ノ運行順路

六 運賃及料金（無償ノモノニ在リテハ其ノ旨ヲ記載スルコト）

七 車庫ノ位置及車輛格納力

路線若ハ経営区間ノ延長又ハ主トシテ営業ヲ行フ地域ノ変更ヲ申請スル場合ニ於テ既特許事業ノ事業計畫ニ変更ヲ生ズルトキハ其ノ関係ヲ明示シ該変更ニ関スル手續ヲ省略スルコトヲ得

第三十一條 旅客自動車運送事業経営ノ特許ヲ受ケタル者其ノ事業ヲ開始シタルトキハ遅滞ナク之ヲ届出ヅベシ

No.

特許ヲ受ケタル者會社ヲ設立セムトスルモノナルトキハ前項ノ届書ニハ會社ノ登記簿ノ謄本ヲ添附スヘシ

第三十二條　事業計畫變更ノ認可申請書ニハ變更セムトスル事項及事由ヲ記載シ新舊ヲ対照シタル書類及圖面ヲ添附スヘシ

第三十三條　事業計畫ノ變更ニシテ左ニ掲グルモノハ其ノ事業ノ種別、事由及実施ノ年月日ヲ記載シ新舊ヲ対照シタル書類ノ添附シ遅滞ナク之ヲ届出ヅベシ

一　主タル事務所若ハ營業所ノ名稱ヲ變更シ又ハ主タル事務所若ハ營業所ヲ新設シ、廃止若ハ移轉スルトキ

二　車輛ノ車名ヲ變更スルトキ

三　路線旅客自動車運送事業ニ於テ運轉系統ヲ新設シ若ハ変更シ又ハ停留所ノ名稱ヲ変更シ、停留所ヲ新設シ、廃止シ若ハ其ノ位置ヲ変更スルトキ

四　團体旅客自動車運送事業ニ於テ車輌ノ運行順路ヲ変更スルトキ

第三十四條　旅客自動車運送事業譲渡ノ許可申請書ニハ左ニ掲グル事項ヲ記載シ當事者之ニ連署スベシ

一　譲渡人及譲受人ノ本籍又住所並ニ氏名、商號又ハ名稱

二　譲渡スル事業ノ種別

三　譲渡ノ事由

No.

四、讓渡ノ範圍及讓渡價額

前項ノ申請書ニハ左ニ掲グル書類及図面ヲ添附スベシ

一、路線旅客自動車運送事業ニ在リテハ第三十條第一項第三號「イ」ニ掲グル路線図ニ準ジ作成シタル図面、團体旅客自動車運送事業ニ在リテハ同號「ロ」ニ掲グル図面

二、讓渡契約書ノ謄本及讓渡價額説明書

三、申請者會社ナルトキハ讓渡又ハ讓受ニ関スル株主總会ノ議事及決議ノ要領書又ハ無限責任社員若ハ總社員ノ同意書ノ謄本

四、讓受人會社ナルトキハ現ニ旅客自動車運送事業ヲ経営ス

ヲ−0022　B列5　20字×10　南滿洲鐵道株式會社

ルモノヲ除クノ外定款及登記簿ノ謄本並ニ最近ノ財産目録
及貸借対照表、會社ヲ設立セムトスルモノナルトキハ定款
ノ謄本

旅客自動車運送事業ノ一部ヲ譲渡スル場合ニ於テハ譲受及残
存部分ニ付各別ノ事業計畫書ヲ提出シ事業計畫変更ノ手續ヲ
省略スルコトヲ得

事業ノ全部ヲ譲渡スル場合ニ於テ譲受クル事業ニ付事業計畫
ヲ変更セムトスルトキハ其ノ関係ヲ明示シ該変更ニ関スル手
續ヲ省略スルコトヲ得

第三十條第二項ノ規定ハ譲受人ガ譲受クル事業ト既特許事業

トヲ通ジテ事業計畫ヲ定ムル場合ニ之ヲ準用ス

讓受人事業ヲ承繼シタルトキハ遲滯ナク之ヲ屆出ヅベシ

讓渡ノ許可ヲ受ケタル者會社ヲ設立セントスルモノナルトキハ前項ノ屆書ニハ會社ノ登記簿ノ謄本ヲ添附スベシ

第三十五條　會社ノ合併ニ因ル旅客自動車運送事業承繼ノ許可申請書ニハ左ニ掲グル事項ヲ記載シ當事者之ニ連署スベシ

一　合併スル會社及合併ニ因リ設立スル會社ノ住所及商號

二　合併ニ因リ承繼スル事業ノ種別

三　合併ノ事由

四　合併ノ方法及條件

No.

前項ノ申請書ニハ左ニ掲グル書類及図面ヲ添附スベシ
一　路線旅客自動車運送事業ニ在リテハ第三十條第一項第三號「イ」ニ掲グル路線図ニ準ジ作成シタル図面、團体旅客自動車運送事業ニ在リテハ同號「ロ」ニ掲グル図面
二　合併契約書ノ謄本及合併比率説明書
三　合併ニ関スル株主総會ノ議事及決議ノ要領書又ハ無限責任社員若ハ總社員ノ同意書ノ謄本
四　合併後存續スル會社ニ在リテハ現ニ旅客自動車運送事業ヲ経営スルモノヲ除クノ外定款及登記簿ノ謄本、合併ニ因リ設立スル會社ニ在リテハ定款ノ謄本

No.

前條第四項及第五項ノ規定ハ會社ノ合併ニ因ル事業承継ノ場合ニ之ヲ準用ス

合併ニ因リ事業ヲ承継シタル會社ハ登記簿ノ謄本ヲ添附シ遅滞ナク之ヲ届出ヅベシ

第三十六條　旅客自動車運送事業者死亡シタルニ因リ其ノ事業ヲ承継シタル相續人ハ相續ヲ證スル書類ヲ添附シ遅滞ナク之ヲ届出ヅベシ

第三十七條　旅客自動車運送事業ノ共同経営ノ認可申請ニハ左ニ掲グル事項ヲ記載シ當事者之ニ連署スベシ

一　當事者ノ住所及主タル事務所並ニ氏名、商號又ハ名稱

No.

二　共同経営ヲ為ス事業ノ種別

三　共同経営ノ事由

四　共同経営ノ区間又ハ区域及方法

五　収入ノ割賦及経費分擔ノ方法

六　共同経営ノ期間

前項ノ申請書ニハ左ニ掲グル書類ヲ添附スベシ

一　共同経営契約書ノ謄本

二　第三十四條第二項第三號ニ準ズル書類

共同経営ヲ為ス場合ニ於テ事業計畫ヲ変更セントスルトキハ其ノ関係ヲ明示シタル書類及図面ヲ提出シ該変更ニ関スル手

續ヲ省略スルコトヲ得

第一項第四號乃至第六號ニ掲グル事項ヲ変更セントスルトキハ第一項及第二項ノ規定ニ準ジ作成シタル書類ヲ提出シ省長又ハ新京特別市長ノ認可ヲ受クベシ此ノ場合ニ於テハ前項ノ規定ヲ準用ス

共同経営終了シタルトキハ其ノ事由及年月日ヲ記載シ當事者連署ノ上遅滞ナク之ヲ届出ヅベシ

第三十八條　旅客自動車運送事業休止ノ許可申請書ニハ休止セントスル事業ノ種別、路線、経営区間又ハ主トシテ営業ヲ行フ区域、期間及事由ヲ記載スベシ

許可ヲ受ケタル期間中ニ事業ヲ再開シタルトキハ遅滞ナク之ヲ届出ヅベシ

第三十九條　旅客自動車運送事業廃止ノ許可申請書ニハ廃止セントスル事業ノ種別、路線、経営区間又ハ主トシテ営業ヲ行フ地域及事由ヲ記載シ第二十四條第二項第三號ニ準ズル書類ヲ添附スベシ

第四十條　旅客自動車運送事業ヲ営ム會社ノ解散ヲ為ス總會ノ決議又ハ總社員ノ同意ノ認可申請書ニハ解散ノ事由ヲ記載シ株主總會ノ議事及決議ノ要領書又ハ無限責任社員若ハ總社員ノ同意書ノ謄本ヲ添附スベシ

No.

會社ノ解散ヲ為ス總會ノ決議若ハ總社員ノ同意ノ認可ヲ受ケ又ハ其ノ他ノ事由ニ因リ會社解散シタルトキハ會社ノ登記簿ノ謄本ヲ添附シ遅滞ナク之ヲ届出ヅベシ

第四十一條　路線旅客自動車運送事業ハ観光旅客又ハ特定ノ場所ニ出入スル旅客ニ非ザル者ノ運送ヲ目的トシテ之ヲ経営スルコトヲ得ズ

團体旅客自動車運送事業又ハ普通旅客自動車運送事業ニ在リテハ省長又ハ新京特別市長ノ許可ヲ受クルニ非ザレバ個別ニ運賃ヲ受ケ其ノ他旅客自動車運輸事業ニ類似スル行為ヲ為スコトヲ得ズ

ヨ—0022　B列5　22字×10　南満洲鐵道株式會社

普通旅客自動車運送事業ハ旅客定員八人以上ノ車輌ヲ使用ニテ之ヲ経営スルコトヲ得ズ

第四十二條　旅客自動車運送事業者ハ左ニ掲グル場合ニ於テハ其ノ事業ノ種別、事由及年月日ヲ記載シ遅滞ナク省長又ハ新京特別市長ニ之ヲ届出ヅベシ

一　主タル事務所又ハ営業所ノ地名地番ニ変更アリタルトキ

二　路線旅客自動車運送事業ニ於テ路線ノ起點終點ノ地名地番又ハ主ナル経過地名ニ、團体旅客自動車運送事業ニ於テ出発地名又ハ目的地名ニ変更アリタルトキ

三　本籍、住所、氏名、商號又ハ名稱ヲ変更シタルトキ

No.

第三章　匹間貨物自動車運送事業

第四十三條　事業匹間ヲ定ムル貨物自動車運送事業ハ以下匹間貨物自動車運送事業ト稱スル經營ノ特許申請書ニハ左ニ揭グル事項ヲ記載スベシ

一　本籍及住所

二　氏名、商號又ハ名稱

三　事業經營ノ事由

四　事業計畫

前項ノ申請書ニハ左ニ揭グル書類ヲ添附スベシ

一　興業費概算書（總額、内譯及資金調達方法ヲ明示スルコ

ヨ―0022　B列5　28字×10　南滿洲鐵道株式會社

ト)

二　運輸收支概算書

三　申請者會社ナルトキハ現ニ区間貨物自動車運送事業ヲ経営スルモノヲ除クノ外定款及登記簿ノ謄本並ニ最近ノ財産目錄及貸借対照表、會社ヲ設立セムトスルモノナルトキハ定款ノ謄本

第四十四條　事業計畫ニハ左ニ掲グル事項ヲ定ムベシ

一　主タル事務所及営業所ノ名稱及位置　車輛ノ主タル運行経路ニ依ル営業所間ノ粁程ヲ附記スルコト

二　事業区間　事業区間ノ両端ノ地及主タル営業地ヲ記載ス

No

ル外事業区間ノ両端ノ地、営業所ノ位置及主タル運行経路ヲ示ス略図ヲ添附スルコト

三　車輛ノ車名、年式、動力ノ種類及最大積載量別輛数（主タル使用地別ニ記載スルコト）

四　運賃及料金（物品ノ集配ヲ為ストキハ其ノ区域ヲ附記スルコト）

五　車庫ノ位置及車輛格納力

六　一月間ノ最少運行回数

事業区間ノ延長ヲ申請スル場合ニ於テ既特許事業ノ事業計画ニ変更ヲ生ズルトキハ其ノ関係ヲ明示シ該変更ニ関スル手續

ヲ省略スルコトヲ得

第四十五條　省長又ハ新京特別市長特許申請書ヲ受附ケタルトキハ申請者ノ資産及信用程度、事業ノ成否及效用、道路ノ適否、他ノ区間貨物自動車運送事業ニ及ボス影響竝ニ特許ノ許否ニ関スル意見書ヲ添ヘ之ヲ進達スベシ

第四十六條　区間貨物自動車運送事業経営ノ特許ヲ受ケタル者其ノ事業ヲ開始シタルトキハ遅滞ナク之ヲ届出ヅベシ

特許ヲ受ケタル者會社ヲ設立セントスルモノナルトキハ前項ノ届書ニハ會社ノ登記簿ノ謄本ヲ添附スベシ

第四十七條　自動車交通事業法第二十八條第二項ノ規定ニ依ル

期間伸長ノ申請書ニハ伸長ノ期間及事由ヲ記載スヘシ

第四十八條　事業計畫変更ノ認可申請書ニハ変更セントスル事項及事由ヲ記載シ新舊ヲ対照シタル書類及図面ヲ添附スヘシ

第四十九條　事業計畫ノ変更ニシテ左ニ掲クルモノハ其ノ事由及実施ノ年月日ヲ記載シ新舊ヲ対照シタル書類ヲ添附シ遅滞ナク之ヲ届出ヅベシ

一　主タル事務所若ハ営業所ノ名稱ヲ変更シ又ハ主タル事務所若ハ営業所ヲ新設シ、廃止若ハ移轉スルトキ

二　車輌ノ車名又ハ年式ヲ変更スルトキ

三　一月間ノ最少運行回数ヲ変更スルトキ

第五十條　専用自動車道ノ工事施行ノ認可申請書ニハ左ニ掲ゲル書類ヲ添附スベシ

一　工事方法書

二　工事費豫算書（第一號様式）

第十一條及第十二條ノ規定ハ前項ノ工事方法書ニ之ヲ準用ス

第十五條及第十六條ノ規定ハ専用自動車道ノ工事方法ノ変更ニ之ヲ準用ス

第五十一條　専用自動道ノ全部ニ付工事施行ノ認可ヲ一時ニ申請スルコト能ハザルトキハ其ノ事由ヲ具シ分割シテ認可ヲ申請スルコトヲ得

No.

第五十二條　自動車交通事業法第二十九條ニ於テ準用スル同法第八條第四項ノ期間伸長ノ申請書ニハ伸長ノ期間及事由ヲ記載スベシ

第五十三條　乙間貨物自動車運送事業讓渡ノ許可申請書ニハ左ニ掲グル事項ヲ記載シ當事者之ニ連署スベシ

一　讓渡人及讓受人ノ本籍及住所並ニ氏名、商號又ハ名稱

二　讓渡ノ事由

三　讓渡ノ範圍及讓渡價額

前項ノ申請書ニハ左ニ掲グル書類ヲ添附スベシ

一　讓渡契約書ノ謄本及讓渡價額説明書

二、當該事業ノ最近ノ興業費明細表及最近一年間ノ運輸收支表

三、申請者會社ナルトキハ讓渡又ハ讓受ニ關スル株主總會ノ議事及決議ノ要領書又ハ無限責任社員若ハ總社員ノ同意書ノ謄本

四、讓受人會社ナルトキハ現ニ乙間貨物自動車運送事業ヲ経營スルモノヲ除クノ外定款及登記簿ノ謄本並ニ最近ノ財産目錄及貸借対照表、會社ヲ設立セムトスルモノナルトキハ定款ノ謄本

乙間貨物自動車運送事業ノ一部ヲ讓渡スル場合ニ於テハ讓受

及残存部分ニ付各別ノ事業計畫書ヲ提出シ事業計畫變更ノ手
續ヲ省略スルコトヲ得
事業ノ全部ヲ讓渡スル場合ニ於テ讓受クル事業ニ付事業計畫
ヲ變更セントスルトキハ其ノ關係ヲ明示シ該變更ニ關スル手
續ヲ省略スルコトヲ得
第四十四條第二項ノ規定ハ讓受人ガ讓受クル事業ト既特
許事業トヲ通ジテ事業計畫ヲ定ムル場合ニ之ヲ準用ス
讓受人事業ヲ承繼シタルトキハ遅滞ナク之ヲ届出ヅベシ
讓渡許可ヲ受ケタル者會社ヲ設立セントスルモノナルトキハ
前項ノ届書ニハ會社ノ登記簿ノ謄本ヲ添附スベシ

第五十四條 會社ノ合併ニ因ル区間貨物自動車運送事業承継ノ許可申請書ニハ左ニ掲グル事項ヲ記載シ當事者之ニ連署スベシ

一 合併スル會社及合併ニ因リ設立スル會社ノ住所及商號

二 合併ノ事由

三 合併ノ方法及條件

前項ノ申請書ニハ左ニ掲グル書類ヲ添附スベシ

一 合併契約書ノ謄本及合併比率説明書

二 合併スル會社ノ最近ノ財産目録、貸借対照表、興業費明細表及最近一年間ノ運輸收支表

No.

三、合併ニ関スル株主總會ノ議事及決議ノ要領書又ハ無限責
任社員若ハ總社員ノ同意書ノ謄本

四、合併後存續スル會社ニ在リテハ現ニ民間貨物自動車運送
事業ヲ経營スルモノヲ除クノ外定款及登記簿ノ謄本、合併
ニ因リ設立スル會社ニ在リテハ定款ノ謄本

前條第四項及第五項ノ規定ハ會社ノ合併ニ因ル事業承継ノ場
合ニ之ヲ準用ス

合併ニ因リ事業ヲ承継シタル會社ハ登記簿ノ謄本ヲ添附シ遅
滞ナク之ヲ届出ヅベシ

第五十五條　民間貨物自動車運送事業者死亡シタルニ因リ其ノ

No.

事業ヲ承継シタル相續人ハ相續ヲ證スル書類ヲ添附シ遅滞ナク之ヲ届出ヅベシ

第五十六條 区間貨物自動車運送事業経営ノ委託ノ許可申請書ニハ左ニ掲グル事項ヲ記載シ當事者之ニ連署スベシ

一 委託者及受託者ノ住所及主タル事務所並ニ氏名、商號又ハ名稱

二 委託ノ事由

三 委託ノ範圍

四 委託ノ方法及報酬 収入金ノ保管及引継並ニ報酬及委託費用ノ支辨方法ヲ記載スルコト

No.

五　委託ノ期間

六　委託ノ開始又ハ終了ニ關スル公告ノ方法

前項ノ申請書ニハ左ニ掲グル書類ヲ添附スベシ

一　委託ノ契約書ノ謄本

二　第五十三條第二項第三號ニ準ズル書類

事業經營ノ委託ヲ爲ス場合ニ於テ事業計畫ヲ變更セントスル

トキハ其ノ關係ヲ明示シタル書類及圖面ヲ提出シ該變更ニ關

スル手續ヲ省略スルコトヲ得

第一項第三號乃至第五號ニ掲グル事項ヲ變更セントスルトキ

ハ第一項及第二項ノ規定ニ準ジ作成シタル書類ヲ提出シ交通

ヨ—0022　B列5　28字×10　南滿洲鐵道株式會社

No.

部大臣ノ認可ヲ受クベシ此ノ場合ニ於テハ前項ノ規定ヲ準用
ス。

事業経営ノ委託終了シタルトキハ其ノ事由及年月日ヲ記載シ
當事者連署ノ上遅滞ナク之ヲ届出ヅベシ

第五十七條　区間貨物自動車運送事業ノ共同経営ノ認可申請書
ニハ左ニ掲グル事項ヲ記載シ當事者之ニ連署スベシ

一　當事者ノ住所及主タル事務所並ニ氏名、商號又ハ名稱
二　共同経営ノ事由
三　共同経営ノ範圍及方法
四　收入ノ割賦及経費分擔ノ方法

No.

五　共同経営ノ期間
前項ノ申請書ニハ左ニ掲グル書類ヲ添附スベシ
一　共同経営契約書ノ謄本
二　第五十二條第二項第四號ニ準ズル書類
第一項第三號乃至第五號ニ掲グル事項ヲ変更セントスルトキハ前二項ニ準ジ作成シタル書類ヲ提出シ交通部大臣ノ認可ヲ受クベシ
前條第三項ノ規定ハ第一項及前項ノ場合ニ之ヲ準用ス
共同経営終了シタルトキハ其ノ事由及年月日ヲ記載シ當事者連署ノ上遅滞ナク之ヲ届出ヅベシ

ヲ—0022　B列5　28字×10　南滿洲鐵道株式會社

No.

第五十八條　区間貨物自動車運送事業休止ノ許可申請書ニハ休止セントスル事業区間、期間及事由ヲ記載スベシ

許可ヲ受ケタル期間中ニ事業ヲ再開シタルトキハ遅滞ナク之ヲ届出ヅベシ

第五十九條　区間貨物自動車運送事業廃止ノ許可申請書ニハ廃止セントスル事業区間及事由ヲ記載シ第五十三條第二項第三號ニ準ズル書類ヲ添附スベシ

第六十條　区間貨物自動車運送事業ヲ営ム會社ノ解散ヲ為ス總會ノ決議又ハ總社員ノ同意ノ認可申請書ニハ解散ノ事由ヲ記載シ株主總會ノ議事及決議ノ要領書又ハ無限責任社員若ハ總

No.

社員ノ同意書ノ謄本ヲ添附スベシ
會社ノ解散ヲ爲ス總會ノ決議若ハ總社員ノ同意ノ認可ヲ受ケ
又ハ其ノ他ノ事由ニ因リ會社解散シタルトキハ會社ノ登記簿
ノ謄本ヲ添附シ遲滯ナク之ヲ屆出ヅベシ
第六十一條　区間貨物自動車運送事業者他ノ運送業者ト連絡運
輸ヲ爲サントスルトキハ左ニ掲グル事項ヲ記載シタル書類ヲ
提出シ交通部大臣ノ認可ヲ受クベシ
一　相手方ノ住所及主タル事務所竝ニ氏名、商號又ハ名稱
二　相手方ノ運送機関
三　連絡運輸ノ事由

No.

四　連絡運輸ノ範圍及取扱物品ノ種類
五　運賃ノ割賦方法
六　連絡運輸ヲ為ス期間
前項ノ申請書ニハ連絡運輸契約書ノ謄本ヲ添附スベシ
第一項第一號、第二號又ハ第四號乃至第六號ニ掲グル事項ヲ變更セムトスルトキハ前二項ノ規定ニ準シ作成シタル書類ヲ提出シ交通部大臣ノ認可ヲ受クベシ
連絡運輸ヲ廃止シタルトキハ其ノ事由及年月日ヲ記載シ遅滞ナク之ヲ届出ヅベシ
第六十二條　已閒貨物自動車運送事業者ハ左ニ掲グル場合ニ於

ヨ－0022　B列5　28字×10　南滿洲鐵道株式會社

No.

テハ其ノ事由及年月日ヲ記載シ遅滞ナク交通部大臣ニ之ヲ届
出ヅベシ
一　主タル事務所又ハ営業所ノ地名地番ニ変更アリタルトキ
二　事業区間ノ主ナル営業地ノ地名又ハ専用自動車道ノ起點
終點ノ地名地番ニ変更アリタルトキ
三　本籍、住所、氏名、商號又ハ名稱ヲ変更シタルトキ

第四章　区域貨物自動車運送事業

第六十三條　主タル事業区域ヲ定ムル貨物自動車運送事業（以
下区域貨物自動車運送事業ト稱ス）経営ノ特許申請書ニハ左
ニ掲グル事項ヲ記載スベシ

ヲ－0022　B列5　28字×10　南滿洲鐵道株式會社

No.

一　本籍及住所

二　氏名、商號又ハ名稱

三　事業經營ノ事由

四　事業計畫

前項ノ申請書ニハ左ニ掲ゲル書類ヲ添附スベシ

一　興業費概算書（總額、内譯及資金調達方法ヲ明示スルコ

ト）

二　運輸收支概算書

三　申請者會社ナルトキハ現ニ區域貨物自動車運送事業ヲ経

營スルモノヲ除クノ外定款及登記簿ノ謄本並ニ最近ノ財産

ヨ—0022　B列5　28字×10　南滿洲鐵道株式會社

目録及貸借対照表、會社ヲ設立セントスルモノナルトキハ

定款ノ謄本

第六十四條　事業計畫ニハ左ニ掲グル事項ヲ定ムベシ

一　主タル事務所及営業所ノ名稱及位置

二　主タル事業区域

三　車輌ノ車名、年式、動力ノ種類及最大積載量別輌数主タル使用地別ニ記載スルコト

四　運賃及料金

五　車庫ノ位置及車輌格納力

主タル事業区域ノ変更ヲ申請スル場合ニ於テ既特許事業ノ事

No.

ヨ－0022　B列5　28字×10　南滿洲鐵道株式會社

No.

業計畫ニ変更ヲ生ズルトキハ其ノ関係ヲ明示シ該変更ニ関スル手續ヲ省略スルコトヲ得

第六十五條 区域貨物自動車運送事業経営ノ特許ヲ受ケタル者其ノ事業ヲ開始シタルトキハ遅滞ナク之ヲ届出ヅベシ

特許ヲ受ケタル者會社ヲ設立セムトスルモノナルトキハ前項ノ届書ニハ會社ノ登記簿ノ謄本ヲ添附スベシ

第六十六條 自動車交通事業法第三十一條ニ於テ準用スル同法第二十八條第二項ノ規定ニ依ル期間伸長ノ申請書ニハ伸長ノ期間及事由ヲ記載スベシ

第六十七條 事業計畫変更ノ認可申請書ニハ変更セムトスル事

ヨ—0022 B列5 20字×10 南満洲鉄道株式会社

No.

項及事由ヲ記載シ新舊ヲ對照シタル書類ヲ添附スベシ

第六十八條　事業計畫ノ變更ニシテ左ニ掲グルモノハ其ノ事由及實施ノ年月日ヲ記載シ新舊ヲ対照シタル書類ヲ添附シ遲滯ナク之ヲ届出ヅベシ

一　主タル事務所若ハ營業所ノ名稱ヲ變更シ又ハ主タル事務所若ハ營業所ヲ新設シ、廃止シ若ハ移轉スルトキ

二　車輛ノ車名又ハ年式ヲ變更スルトキ

第六十九條　区域貨物自動車運送事業讓渡ノ許可申請書ニハ左ニ掲グル事項ヲ記載シ當事者之ニ連署スベシ

一　讓渡人及讓受人ノ本籍及住所竝ニ氏名、商號又ハ名稱

ヨ－0022　B列5　25字×10　南滿洲鐵道株式會社

No.

二　讓渡ノ事由

三　讓渡ノ範圍及讓渡價額

前項ノ申請書ニハ左ニ揭グル書類ヲ添附スベシ

一　讓渡契約書ノ謄本及讓渡價額說明書

二　當該事業ノ最近ノ興業費明細表及最近一年間ノ運輸收支表

三　申請者會社ナルトキハ讓渡又ハ讓受ニ関スル株主總會ノ議事及決議ノ要領書又ハ無限責任社員若ハ總社員ノ同意書ノ謄本

四　讓受人會社ナルトキハ現ニ區域貨物自動車運送事業ヲ経

ヨ－0022　B列5　28字×10　南滿洲鐵道株式會社

No.

屬スルモノヲ除クノ外定款及登記簿ノ謄本並ニ最近ノ財産目録及貸借対照表、會社ヲ設立セントスルモノナルトキハ定款ノ謄本

区域貨物自動車運送事業ノ一部ヲ譲渡スル場合ニ於テハ譲受及残存部分ニ付各別ノ事業計畫書ヲ提出シ事業計畫変更ノ手續ヲ省略スルコトヲ得

事業ノ全部ヲ譲渡スル場合ニ於テ譲受クル事業ニ付事業計畫ヲ変更セントスルトキハ其ノ関係ヲ明示シ該変更ニ関スル手續ヲ省略スルコトヲ得

第六十四條第三項ノ規定ハ譲受人ガ譲受クル事業ト既特許事

No.

業トヲ通ジテ事業計畫ヲ定ムル場合ニ之ヲ準用ス

讓受人事業ヲ承繼シタルトキハ遅滯ナク之ヲ届出ヅベシ

讓渡許可ヲ受ケタルモ會社ヲ設立セムトスルモノナルトキハ

前項ノ届書ニハ會社ノ登記簿ノ謄本ヲ添附スベシ

第七十條　會社ノ合併ニ因ル區域貨物自動車運送事業承繼ノ許可申請書ニハ左ニ掲グル事項ヲ記載シ當事者之ニ連署スベシ

一　合併スル會社及合併ニ因リ設立スル會社ノ住所及商號

二　合併ノ事由

三　合併ノ方法及條件

前項ノ申請書ニハ左ニ掲グル書類ヲ添附スベシ

No.

一　合併契約書ノ謄本及合併比率説明書

二　合併スル會社ノ最近ノ財産目録、貸借対照表、興業費明細表及最近一年間ノ運輸収支表

三　合併ニ関スル株主總會ノ議事及決議ノ要領書又ハ無限責任社員若ハ總社員ノ同意書ノ謄本

四　合併後存續スル會社ニ在リテハ現ニ區域貨物自動車運送事業ヲ經營スルモノヲ除クノ外定款及登記簿ノ謄本、合併ニ因リ設立スル會社ニ在リテハ定款ノ謄本

前條第四項及第五項ノ規定ハ會社ノ合併ニ因ル事業承継ノ場合ニ之ヲ準用ス

ヨ—0022　B列5　25字×10　南満洲鐵道株式會社

合併ニ因リ事業ヲ承継シタル會社ハ登記簿ノ謄本ヲ添附シ遅
滞ナク之ヲ届出ヅベシ
第七十一條　已成貨物自動車運送事業者死亡シタルニ因リ其ノ
事業ヲ承継シタル相續人ハ相續ヲ證スル書類ヲ添附シ遅滞ナ
ク之ヲ届出ヅベシ
第七十二條　已成貨物自動車運送事業經營ノ委託ノ許可申請書
ニハ左ニ掲グル事項ヲ記載シ當事者之ニ連署スベシ
一　委託者及受託者ノ住所及主タル事務所竝ニ氏名、商號又
ハ名稱
二　委託ノ事由

No.

三　委託ノ範圍

四　委託ノ方法及報酬　收入金ノ保管及引継並ニ報酬及委託費用ノ支辨方法ヲ記載スルコト

五　委託ノ期間

六　委託ノ開始又ハ終了ニ關スル公告ノ方法

前項ノ申請書ニハ左ニ掲ゲル書類ヲ添附スベシ

一　委託ノ契約書ノ謄本

二　第六十九條第二項第三號ニ準ズル書類

事業經營ノ委託ヲ爲ス場合ニ於テ事業計畫ヲ變更セントスルトキハ其ノ關係ヲ明示シタル書類ヲ提出シ該變更ニ關スル件

No.

續ヲ省略スルコトヲ得

第一項第三號乃至第五號ニ掲ゲル事項ヲ変更セムトスルトキハ第一項及第二項ノ規定ニ準シ作成シタル書類ヲ提出シ省長又ハ新京特別市長ノ認可ヲ受クベシ此ノ場合ニ於テハ前項ノ規定ヲ準用ス

事業経営ノ委託終了シタルトキハ其ノ事由及年月日ヲ記載シ當事者連署ノ上遅滞ナクヲ届出ヅベシ

第七十三條　区域貨物自動車運送事業ノ共同経営ノ認可申請書ニハ左ニ掲ゲル事項ヲ記載シ當事者之ニ連署スベシ

一　當事者ノ住所及主タル事務所並ニ氏名、商號又ハ名稱

No.

二　共同経営ノ事由

三　共同経営ノ範囲及方法

四　收入ノ割賦及経費分擔ノ方法

五　共同経営ノ期間

前項ノ申請書ニハ左ニ掲グル書類ヲ添附スベシ

一　共同経営契約書ノ謄本

二　第六十九條第二項第三號ニ準ズル書類

第一項第三號乃至第五號ニ掲グル事項ヲ変更セントスルトキハ前二項ニ準ジ作成シタル書類ヲ提出シ省長又ハ新京特別市長ノ認可ヲ受クベシ

No.

前條第三項ノ規定ハ第一項及前項ノ場合ニ之ヲ準用ス
共同經營終了シタルトキハ其ノ事由及年月日ヲ記載シ當事者連署ノ上遲滯ナク之ヲ届出ヅベシ

第七十四條　區域貨物自動車運送事業休止ノ許可申請書ニハ休止セントスル主タル事業區域、期間及事由ヲ記載スベシ
許可ヲ受ケタル期間中ニ事業ヲ再開シタルトキハ遲滯ナク之ヲ届出ヅベシ

第七十五條　區域貨物自動車運送事業廢止ノ許可申請書ニハ廢止セントスル主タル事業區域及事由ヲ記載シ第六十九條第二項第三號ニ準ズル書類ヲ添附スベシ

No.

第七十六條　区域貨物自動車運送事業ヲ営ム會社ノ解散ヲ為ス總會ノ決議又ハ總社員ノ同意ノ認可申請書ニハ解散ノ事由ヲ記載シ株主總會ノ議事及決議ノ要領書又ハ無限責任社員若ハ總社員ノ同意書ノ謄本ヲ添附スベシ

會社ノ解散ヲ為ス總會ノ決議若ハ總社員ノ同意ノ認可ヲ受ケ又ハ其ノ他ノ事由ニ因リ會社解散シタルトキハ會社ノ登記簿ノ謄本ヲ添附シ遅滞ナクヲ届出ヅベシ

第七十七條　区域貨物自動車運送事業者ハ左ニ掲グル場合ニ於テハ其ノ事由及年月日ヲ記載シ遅滞ナク省長又ハ新京特別市長ニ之ヲ届出ヅベシ

No.

一　主タル事務所又ハ営業所ノ地名地番ニ変更アリタルトキ

二　本籍、住所、氏名、商號又ハ名稱ヲ変更シタルトキ

第五章　自動車運送事業組合

第七十八條　自動車運送事業組合（以下組合ト稱ス）ノ設立ヲ命ズル場合ニ於テハ交通部大臣ハ左ニ掲グル事項ヲ指定シ之ヲ告示ス

一　組合ノ地区

二　組合員タル資格

三　設立ノ認可ヲ申請スベキ期限

前項ノ場合ニ於テ交通部大臣ハ組合員タル資格ヲ有スル者ノ

No.

中ヨリ設立委員ヲ命シ其ノ氏名又ハ名稱及住所ヲ告示ス

設立委員ハ遅滞ナク設立總會ヲ招集スベシ

第七十九條　設立委員設立總會ヲ招集スルニハ組合員タル資格ヲ有スル者ニ対シ會日ヨリ少クトモ二週間前ニ會議ノ目的タル事項、日時及場所ヲ通知スベシ

第八十條　組合ノ設立總會ニ於ケル議決及組合長、副組合長、理事及監事ノ選任ハ組合員タル資格ヲ有スル者半数以上出席シ其ノ議決權ノ三分ノ二以上ヲ以テ之ヲ為スコトヲ要ス

設立總會ニ於テハ代理人ヲ以テ議決權ヲ行フコトヲ得但シ組合ノ組合員タル資格ヲ有スル者ニ非ザレバ代理人タルコトヲ

ヨ—0022　B列5　22字×10　南滿洲鐵道株式會社　(18,1,5200番　箱角線)

No.

得ズ

代理人ハ代理權ヲ證スル書類ヲ提出スベシ

第八十一條　組合ノ負擔ニ歸スベキ設立費及其ノ償却方法ハ設立總會ノ承認ヲ經ベシ

第八十二條　設立總會終了シタルトキハ發起人ハ組合ノ設立認可申請書ヲ遲滯ナク交通部大臣ニ提出スベシ

前項ノ認可申請書ニハ定款及設立總會ノ議事錄ノ謄本、組合長、副組合長、理事及監事ノ履歷書及左ニ掲グル事項ヲ記載シタル書類ヲ添附スベシ

一　事業計書ノ概要

No.

二　組合ノ負擔ニ歸スベキ設立費及其ノ償却方法
三　組合長、副組合長、理事及監事ノ氏名及住所
四　初年度ニ於ケル收支豫算、經費ノ公賦及收入方法
第八十三條　自動車交通事業法第三十四條ノ規定ニ依リ交通部大臣組合ノ定款ヲ作成シタルトキハ組合ノ組合長、副組合長、理事及監事ヲ任命ス
前項ノ組合長ハ遲滯ナク總會ヲ招集スベシ
前項ノ總會ニ於テハ收支豫算、經費ノ分賦及收入方法ヲ議決スベシ
第八十四條　組合成立シタルトキハ交通部大臣ハ左ニ掲グル事

ヨ－0022　B列5　　南滿洲鐵道株式會社

No.

項ヲ告示ス

一　組合ノ名稱、地区及事務所ノ所在地

二　組合長、副組合長、理事及監事ノ氏名及住所

三　成立ノ年月日

第八十五條　組合ノ定款ニハ左ニ掲グル事項ヲ記載スベシ

一　目的

二　名稱

三　地区

四　事務所ノ所在地

五　組合員ノ加入及脱退ニ関スル規定

ヨ－0022　B列5　28字×10　南滿洲鐵道株式會社

No.

六　組合員ノ權利義務ニ關スル規定
七　事業及其ノ執行ニ關スル規定
八　組合長、副組合長、理事及監事ニ關スル規定
九　代議員ヲ設クル場合ニ在リテハ代議員ニ關スル規定
十　總會其ノ他會議ニ關スル規定
十一　經費ノ徵收ニ關スル規定
十二　庶務及會計ニ關スル規定
第八十六條　自動車交通事業法第三十八條第一項ノ規定ニ依リ組合ニ対シ其ノ地区ヲ擴張スベキコトヲ命ズル場合ニ於テハ交通部大臣ハ左ニ揭グル事項ヲ指定シ之ヲ告示ス

ヨ－0022　B列5　23字×10　南滿洲鐵道株式會社

No.

一　地区ヲ擴張スベキ組合ノ名稱

二　擴張スベキ地区

三　組合員タル資格

第八十七條　組合自動車交通事業法第三十八條第二項ノ規定ニ依ル認可ヲ受ケントスルトキハ申請書ニ定款及總會ノ議事錄ノ謄本並ニ組合ニ加入セシムベキ者ニ付左ニ揭グル事項ヲ記載シタル書類ヲ添附スベシ

一　組合員タル資格

二　加入ニ関シ條件ヲ附スルトキハ其ノ條件

第八十八條　組合ノ地区ノ擴張ヲ認可シタルトキハ交通部大臣

No.

ハ左ニ掲グル事項ヲ告示ス
一　地区ヲ擴張シタル組合ノ名稱、地区及事務所ノ所在地
二　地区擴張ノ事由及其ノ年月日
第八十九條　自動車交通事業法第三十八條第一項ノ規定ニ依リ組合ノ合併ヲ命ズル場合ニ於テハ交通部大臣ハ左ニ掲グル事項ヲ指定シ之ヲ告示ス
一　合併スベキ組合ノ名稱
二　合併ノ方法及條件
第九十條　組合自動車交通事業法第三十九條第二項ノ規定ニ依ル認可ヲ受ケントスルトキハ申請書ニハ總會ノ議事録ノ謄本

ｺ—0022　B列5　28字×10　南滿洲鐵道株式會社

No.

、財産目録、合併後存續スル組合又ハ合併ニ因リテ設立スル組合ノ定款及左ニ掲ゲル事項ヲ記載シタル合併契約書ノ謄本ヲ添附スベシ

一 合併ノ方法、條件及豫定期日

二 合併ニ因リ引継グベキ財産

第九十一條 第八十條乃至第八十二條及第八十五條ノ規定ハ合併ニ因リテ設立スル組合ニ之ヲ準用ス

第九十二條 合併ニ因リテ組合ヲ設立スル場合ニ於テハ定款ノ作成其ノ他設立ニ關スル一切ノ事務ハ各組合長共同シテ之ヲ處理スベシ

コ－0022 B列5 28字×10 南満洲鉄道株式會社

No.

第九十三條　組合ノ合併ヲ認可シタルトキハ交通部大臣ハ合併ニ因リテ解散スル組合ニ付テハ其ノ組合ノ名稱、解散ノ事由及其ノ年月日、合併後存續スル組合ニ付テハ其ノ組合ノ名稱、地区及事務所ノ所在地並ニ組合長、副組合長、理事及監事ノ氏名及住所、合併ニ因リテ設立スル組合ニ付テハ其ノ組合ノ名稱、地区及事務所ノ所在地、組合長、副組合長、理事及監事ノ氏名及住所並ニ成立ノ年月日ヲ告示ス

第九十四條　組合長ハ組合ヲ代表シ其ノ業務ヲ總理ス

副組合長ハ組合長ヲ輔佐シ組合長事故アルトキハ其ノ職務ヲ代理ス

No.

理事ハ組合長及副組合長ヲ輔佐シ組合ノ業務ヲ掌理シ組合長及副組合長共ニ事故アルトキハ定款ノ定ムル所ニ依リ理事ノ一人組合長ノ職務ヲ代理ス

監事ハ組合ノ財産及業務執行ノ状況ヲ監査ス

組合ト組合長、副組合長又ハ理事トノ間ニ於ケル契約又ハ訴訟ニ付テハ定款ノ定ムル所ニ依リ監事ノ一人組合ヲ代表ス

監事ハ組合長、副組合長又ハ理事ヲ兼ヌルコトヲ得ズ

第九十五條　組合長、副組合長及理事ノ任期ハ三年、監事ノ任期ハ二年トス

第九十六條　組合長、副組合長、理事及監事ハ組合員又ハ組合

No.

員タル法人ノ業務ヲ執行スル職員又ハ監事ノ中ヨリ之ヲ選任スヘシ但シ設立當時ノ組合長、副組合長、理事及監事ハ第八十三條第一項ノ場合ヲ除クノ外組合員タル資格ヲ有スル者又ハ組合員タル資格ヲ有スル法人ノ業務ヲ執行スル職員又ハ監事ノ中ヨリ之ヲ選任スヘシ時別ノ事由アルトキハ組合長、副組合長、理事及監事ハ前項ノ規定ニ該當セザル者ヨリ之ヲ選任スルコトヲ得

第九十七條　總會ハ定款ノ定ムル所ニ依リ組合員ヲ以テ組織ス但シ組合員ヨリ選任シタル代議員ヲ以テ之ヲ組織スルコトヲ得

ヨ－0022　B列5　28字×10　南滿洲鐵道株式會社

第九十八條 組合員ハ總組合員ノ四分ノ一以上ノ同意ヲ得テ會議ノ目的タル事項及其ノ招集ノ事由ヲ記載シタル書類ヲ組合長ニ提出シテ總會ノ招集ヲ請求スルコトヲ得

組合長正當ノ事由ナクシテ前項ノ規定ニ依ル請求アリタル後二週間以内ニ總會招集ノ手續ヲ爲サザルトキハ請求者ハ省長又ハ新京特別市長ノ認可ヲ受ケ之ヲ招集スルコトヲ得

第九十九條 總會ノ議事ハ本令又ハ定款ニ別段ノ定アル場合ヲ除クノ外出席シタル組合員ノ議決權ノ過半數ヲ以テ之ヲ決ス

組合員代理人ヲ以テ議決權ヲ行フ場合ハ代理人ハ代理權ヲ證スル書類ヲ組合ニ提出スベシ

No.

第百條　自動車交通事業法第四十二條第一項第一號、第三號、第六號及第七號ニ掲グル事項ノ議決ハ總組合員ノ半數以上出席シ其ノ議決權ノ三分ノ二以上ヲ以テ之ヲ爲スコトヲ要ス

第百一條　組合員ハ左ノ事由ニ因リテ脱退ス

一　組合員タル資格ノ喪失

二　死亡

第百二條　組合ハ組合員ニシテ自動車交通事業法第二十五條、第二十九條及第三十一條ニ於テ準用スル同法第二十一條各號ニ該當スル者アリト認ムルトキハ其ノ處分ニ關シ當該行政官署ニ意見ヲ具申スルコトヲ得

No.

第百三條　自動車交通事業法第四十三條ノ規定ノ制定又ハ變更ノ決議ノ認可申請書ニハ其ノ事由ヲ記載シ總會ノ議事錄ノ謄本ヲ添附スベシ

第百四條　組合自動車交通事業法第四十三條ノ規程ニ基キ運賃又ハ料金ニ付決定ヲ爲シタルトキハ決定ノ事情及算出ノ基礎ヲ明ニスル書類ヲ添附シ区間貨物自動車運送事業ノ運賃及料金ニ在リテハ交通部大臣、其ノ他ノ運賃及料金ニ在リテハ省長又ハ新京特別市長ノ認可ヲ受クベシ

前項ノ認可アリタルトキハ其ノ組合ノ組合員ハ運賃又ハ料金ノ變更ニ付前項ノ決定ノ額ニ變更ノ認可ヲ受ケタルモノト看

ヨ－0022　B列5　28字×10　南滿洲鐵道株式會社

No.

做ス

第百五條　自動車交通事業法第四十八條ノ規定ニ依リ組合解散シタルトキハ交通部大臣ハ左ニ掲グル事項ヲ告示ス

一　解散シタル組合ノ名稱

二　解散ノ事由及其ノ年月日

第百六條　組合ニ於テ清算人就職シタルトキハ交通部大臣ニ其ノ旨届出ヅベシ

第百七條　清算人就職シタルトキハ交通部大臣ハ左ニ掲グル事項ヲ告示ス

一　清算ヲ爲スベキ組合ノ名稱

ヨ－0022　B列5　25字×10　南滿洲鐵道株式會社

No.

二 清算人ノ氏名及住所

第百八條 清算結了シタルトキハ交通部大臣ハ左ニ掲グル事項ヲ告示ス

一 清算結了シタル組合ノ名稱

二 清算結了ノ年月日

第百九條 組合ノ定款変更ノ決議ノ認可申請書ニハ其ノ事由ヲ記載シ總會ノ議事錄ノ謄本ヲ添附スベシ

第百十條 組合ノ組合長、副組合長、理事及監事ノ選任ノ決議ノ認可申請書ニハ組合長、副組合長、理事及監事ノ履歷書及總會ノ議事錄ノ謄本ヲ添附スベシ

第九十六條第二項ノ規定ニ依ル組合長、副組合長、理事及監事ノ選任ノ場合ニ在リテハ其ノ認可申請書ニハ前項ニ掲グル書類ノ外其ノ事由ヲ記載シタル書類ヲ添附スベシ

第百十一條　組合ノ組合長、副組合長、理事及監事ノ解任ノ決議ノ認可申請書ニハ其ノ事由ヲ記載シ總會ノ議事録ノ謄本ヲ添附スベシ

第百十二條　組合ノ組合長、副組合長、理事、監事又ハ清算人ノ受クベキ給與ハ定款又ハ總會若ハ設立總會ノ決議ニ依リ之ヲ定ムベシ

第百十三條　自動車交通事業法第四十六條ノ規定ニ依リ組合員

No.

ニ対シ其ノ組合ノ統制ニ従フベキコトヲ命ズル場合ニ於テハ交通部大臣ハ組合、其ノ従フベキ事項及組合ノ統制ニ従フベキ者ノ資格ヲ指定シ之ヲ告示ス

前項ノ規定ニ依リ指定セラレタル資格ヲ有スル者ハ其ノ指定ニ従ヒ組合ノ統制ニ従フベシ但シ特別ノ事由ニ因リ交通部大臣ノ認可ヲ受ケタル者ハ此ノ限ニ在ラズ

第一項ノ指定アリタル後組合ニ於テ指定セラレタル事項ニ関スル定款ノ施行規程ヲ制定シ又ハ変更セントスルトキハ省長又ハ新京特別市長ノ認可ヲ受クベシ

第百十四條 左ニ掲グル場合ニ於テハ組合ハ遅滞ナク省長又ハ

ヨ—0022 B列5 28字×10 南満洲鐵道株式會社

No.

新京特別市長ニ之ヲ届出ヅベシ

一　交通部大臣、省長又ハ新京特別市長ノ認可ヲ受ケタル場合ヲ除クノ外定款ノ施行規程ヲ制定又ハ変更シタルトキ

二　自動車交通事業法第四十三条ノ規程ニ基キ運賃又ハ料金以外ノ事項ニ付決定ヲ為シタルトキ

第六章　雑　則

第百十五条　旅客自動車運輸事業、旅客自動車運送事業、区間貨物自動車運送事業又ハ区域貨物自動車運送事業ノ特許失効シタルトキハ遅滞ナク特許状ヲ返納スベシ

第百十六条　旅客自動車運輸事業者ハ第二号様式及第三号様式

ヨ—0022　B列5　20字×10　南満洲鐵道株式會社

No.

ニ依ル営業報告書及統計報告書ヲ、旅客自動車運送業者及貨物自動車運送事業者ハ第四號様式及第五號様式ニ依ル事業概況報告書ヲ調製シ毎営業年度ノ経過後二月以内ニ交通部大臣及省長又ハ新京特別市長ニ之ヲ提出スベシ

第百十七條　自動車交通事業法又ハ本令ノ規定ニ依リ交通部大臣ニ提出スベキ申請書其ノ他ノ書類ハ當該事件ノ関スル土地ヲ管轄スル省長又ハ新京特別市長ヲ経由スベシ但シ事件ガ二以上ノ省又ハ省及新京特別市ニ跨ル場合ニ在リテハ其ノ事件ノ主トシテ関スル土地ヲ管轄スル省長又ハ新京特別市長ヲ経由スベシ

No.

省長又ハ新京特別市長前項但書ノ書類ヲ受附ケタルトキハ申請書ニ在リテハ関係省長又ハ新京特別市長ニ協議シ其ノ他ノ書類ニ在リテハ関係省長又ハ新京特別市長ニ通知スベシ

第百十八條　自動車交通事業法又ハ本令ノ規定ニ依リ省長又ハ新京特別市長ニ提出スベキ申請書其ノ他ノ書類ハ當該事件ノ關スル土地ヲ管轄スル省長又ハ新京特別市長ニ之ヲ提出スベシ但シ事件ガ二以上ノ省又ハ省及新京特別市ニ跨ル場合ニ在リテハ其ノ事件ノ主トシテ關スル土地ヲ管轄スル省長又ハ新京特別市長ニ之ヲ提出スベシ

省長又ハ新京特別市長前項但書ノ書類ヲ受附ケタル場合ニ於

a－0022　B列5　23字×10　南滿洲鐵道株式會社

No.

テ當該事件ガ處分ヲ要スルモノナルトキハ関係省長又ハ新京
時別市長ニ協議ノ上連名ニテ之ヲ爲シ其ノ他ノモノナルトキ
ハ関係省長又ハ新京時別市長ニ之ヲ通知スベシ

附　則

第百十九條　本令ハ自動車運輸事業法改正ノ件施行ノ日ヨリ之
ヲ施行ス

第百二十條　自動車交通事業法第六十五條第二項ノ規定ニ依ル
届出書ニハ左ニ掲ガル事項ヲ記載スベシ
一　本籍及住所
二　氏名、商號又ハ名稱

ヲ—0022　B列5　28字×10　南滿洲鐵道株式會社

No.

三　事業開始ノ年月日

四　主タル事務所及営業所ノ名稱及位置

五　運賃及料金

六　車輛ノ車名、年式及旅客定員別（立席及座席ノ別）又ハ
物品最大積載量別輛数

前項ノ届書ニハ左ニ掲グル書類ヲ添附スベシ

一　會社ニ在リテハ定款及登記簿ノ謄本並ニ最近ノ財産目録
及貸借対照表

二　イ　旅客自動車運輸事業ヲ経営スルモノニ在リテハ其ノ
路線圖

No.

ロ、旅客自動車運送事業ニシテ路線ヲ定メザルモノニ在リテハ主タル事業区域、路線ヲ定ムルモノニ在リテハ其ノ路線図

ハ貨物自動車運送事業ニシテ事業区間ヲ定ムルモノニ在リテハ其ノ事業区間及運行経路ヲ示ス略図、主タル事業区域ヲ定ムルモノニ在リテハ其ノ主タル事業区域

第百二十一條　前條ノ規定ニ依ル届出ハ旅客自動車運輸事業又ハ区間貨物自動車運送事業ヲ経営スルモノニ在リテハ交通部大臣、旅客自動車運送事業又ハ区域貨物自動車運送事業ヲ経営スルモノニ在リテハ省長又ハ新京特別市長ニ之ヲ為スベシ

No.

第百二十二条　自動車交通事業法第六十七条ノ規定ニ依ル特許申請書ハ第一条乃至第三条、第二十九条、第三十条、第四十三条、第四十四条、第六十三条及第六十四条ニ規定スル事項ノ外開業ノ年月日ヲ記載スベシ

（以下様式省略）

No.

交通部令第二十五號（康德八年十月一日公布 同日附政府公報掲載）

茲ニ自動車交通事業法第五十五條ノ規定ニ依ル職權委任ニ關スル件ヲ左ノ通制定ス

自動車交通事業法第五十五條ノ規定ニ依ル職權委任ニ關スル件

第一條ー第七條並附則省略

日—0022 B列5 25字×10 南滿洲鐵道株式會社

No.

交通部令第二十六號（康徳八年十月一日公布 同日附政府公報掲載）

茲ニ旅客自動車運輸事業運輸規程ヲ左ノ通制定ス

旅客自動車運輸事業運輸規程

第一條　旅客自動車運輸事業ノ運輸ニ関シテハ本令ノ定ムル所ニ依ルベシ但シ特別ノ事由アル場合ニ於テハ省長又ハ新京特別市長ノ許可ヲ受ケ本令ニ依ラザルコトヲ得

省長又ハ新京特別市長前項ノ規定ニ依リ許可ヲ為シタルトキハ遅滞ナク交通部大臣ニ之ヲ報告スベシ

ヨ－0022　B列5　23字×10　南満洲鐵道株式會社

No.

交通部大臣ハ旅客自動車運輸事業ノ状況ニ依リ本令ニ依ラザル運輸ヲ命ズルコトヲ得

第二條　運賃、料金其ノ他ノ運送條件ハ公告ヲ為シタル後ニ非ザレバ之ヲ実施スルコトヲ得ズ

運賃又ハ料金ヲ増加セントスルトキハ前項ノ公告ハ二週間以上之ヲ為スベシ

第三條　車輌ノ運行ヲ休止シ又ハ変更セントスルトキハ実施前之ヲ公告スベシ

第四條　旅客自動車運輸事業者旅客及物品ノ運送條件其ノ他運送ニ関スル事項ニ付規則ヲ定メタルトキハ実施前交通部大臣

ヨ－0022　B列5　28字×10　南滿洲鐵道株式會社

No.

及省長又ハ新京特別市長ニ之ヲ屆出ヅベシ之ヲ変更シタルトキ亦同ジ

第五條　運輸ニ従事スル係員ハ運輸上ノ安全便益ヲ旨トシ旅客ニ対シ公平懇切ニ其ノ職務ヲ行フベシ

第六條　運轉者、車掌其ノ他旅客及公衆ニ應接スル係員ハ一定ノ制服ヲ着用スベシ

旅客ノ案内又ハ乗降ノ整理等旅客ノ指導ニ従事スル係員ハ腕章又ハ徽章ニ依リ其ノ係員タルコトヲ明示スベシ

第七條　旅客ヲ運送スル車輛ニハ車掌ヲ乗務セシムベシ

第八條　旅客自動車運輸事業者係員ノ採用、服務、給與又ハ懲

No.

戒ニ関スル規則ヲ定メタルトキハ交通部大臣又ハ省長又ハ新京特別市長ニ之ヲ届出ヅベシ之ヲ変更シタルトキ亦同ジ

第九條　旅客及荷送人ハ係員ノ職務上ノ指図ニ従フベシ

第十條　車輌ノ外側ニハ見易キ箇所ニ行先及旅客自動車運輸事業者ノ名稱又ハ徽章ヲ表示スベシ

第十一條　車輌ニハ豫備タイヤ及應急修理ニ必要ナル器具ヲ備フベシ但シ急速ニ之ヲ供給スベキ施設アルトキ又ハ他ノ車輌ニ依リ容易ニ運送ヲ継續シ得ルトキハ此ノ限ニ在ラズ

第十二條　車輌ハ毎日運行開始前其ノ要部ヲ點検スベシ

第十三條　車輌ハ使用ノ状況ニ依リ六月ヲ超エザル期間毎又ハ

ヨ－0022　B列5　28字×10　南滿洲鐵道株式會社

No.

走行二萬粁ニ達セザル毎ニ機関、操向装置、制動装置、照明装置、車輪、車軸其ノ他ノ要部ヲ細密ニ検査スベシ

第十四條　車輛ハ一年ヲ超エザル期間毎又ハ走行四萬粁ニ達セザル毎（新造車輛ノ第一回解體検査ニ在リテハ一年六月ヲ超エザル期間毎又ハ走行六萬粁ニ達セザル毎）ニ解體検査ヲ爲シタル後ニ非ザレバ之ヲ使用スルコトヲ得ズ

第十五條　旅客自動車運輸事業者ハ各車輛毎ニ車歴表ヲ備ヘ前二條ノ規定ニ依リ検査ヲ爲シタルトキハ検査ノ概要、費用、年月日其ノ他必要ナル事項ヲ之ニ記入スベシ重要ナル修繕若ハ改造ヲ爲シタルトキ亦同ジ

ヨ－0022　B列5　25字×10　南滿洲鐵道株式會社

No.

第十六條　專用自動車道ハ常ニ車輛ヲ安全且正確ニ運轉スルコトヲ得ベキ狀態ニ之ヲ保持スベシ

第十七條　車輛ノ墜落、顚覆、衝突、火災等重大事故発生シタルトキハ遅滞ナク別紙様式ニ依リ交通部大臣及省長又ハ新京特別市長ニ之ヲ届出ヅベシ

第十八條　停留所ニハ見易キ箇所ニ停留所名及旅客自動自動車運輸事業者ノ名稱又ハ徽章ヲ表示シ且主要停留所ニハ車輛ノ主ナル行先、運賃及発着時刻ヲ掲示スベシ

運行頻繁ナル路線ニ在リテハ始発及終発ノ時刻並ニ運轉間隔ノ大要ヲ以テ前項ノ発著時刻ニ代フルコトヲ得

ヨ－0022　B列5　28字×10　南満洲鐵道株式會社

No.

第十九條　主要停留所ニシテ旅客ノ取扱上必要アルトキハ係員ヲ駐在セシメ又ハ旅客待合所ヲ設クベシ

旅客待合所ニハ各種運賃表、運轉時刻表、路線圖、運轉系統図其ノ他運輸上必要ナル事項ヲ掲出スベシ此ノ場合ニ於テハ停留所ニハ前條ニ掲グル事項ノ停留所名及事業者ノ名稱又ハ徽章ヲ除クノ外ノ掲示ヲ省略スルコトヲ得

第二十條　旅客ノ同伴スル六年未満ノ小児ハ二人ヲ限リ無賃ヲ以テ之ヲ運送スベシ

第二十一條　旅客自動車運輸事業者ハ一定ノ様式ニ依ル乗車券ヲ発行スベシ

ヨ－0022　B列5　28字×10　南滿洲鐵道株式會社

No.

乗車券ニハ運賃、通用ノ区間其ノ他必要ナル事項ヲ記載スベシ。
回数乗車券ニ在リテハ其ノ綴ノ表紙ニ回数券ハ表紙ト共ニスルニ非ザレバ之ヲ行使スルコトヲ得ザル旨記載スベシ
乗車券ノ様式ヲ定メ又ハ変更シタルトキハ省長又ハ新京特別市長ニ之ヲ届出ヅベシ

第二十二條　天災事変其ノ他已ムヲ得ザル事由ニ因リ車輌ノ運轉ヲ中継シタルトキハ旅客ニ対シ相當ノ便宜ヲ與ヘ保護ヲ為スベシ

第二十三條　旅客自動車運輸事業者ハ特別ノ事由アル場合ニ於

No.

テハ旅客ニ対シ乗車スベキ日時及車輌ヲ指定スルコトヲ得

第二十四條　左ニ掲グル者ノ乗車ハ之ヲ拒絶スルコトヲ得

一　附添人ナキ重病者及精神病者

二　泥酔者又ハ不潔ナル服装ヲ爲ス者

三　其ノ他他ノ旅客ニ迷惑ヲ及ボス虞アル者

傳染病患者ハ他ノ旅客ト之ヲ同乗セシムルコトヲ得ズ

第二十五條　旅客ハ左ニ掲グル行爲ヲ爲スベカラズ

一　機械装置ニ手ヲ觸ルルコト

二　進行中乗降スルコト

三　進行中運轉者ニ話シ掛ケ乗降口ノ扉ヲ開キ又ハ肢體ヲ車

ヨ－0022　B列5　28字×10　南滿洲鐵道株式會社

No.

外ニ出スコト

四　物品ヲ車外ニ投棄スルコト

五　他ノ乗客ノ迷惑ト為ルコト

前項ニ掲グル行為ヲ為ス者係員ノ制止ヲ肯ゼザルトキハ之ヲ降車セシムルコトヲ得

第二十六條　旅客ハ検査ノ為乗車券ノ呈示又ハ取集ノ為其ノ交付ヲ求メラレタルトキハ之ヲ拒ムコトヲ得ズ

前項ノ規定ニ違反シ乗車券ノ呈示又ハ交付ヲ拒ミタル旅客ニ対シテハ普通運賃ノ外之ト同額ノ割増運賃ヲ請求スルコトヲ得無效ノ乗車券ヲ以テ乗車シタル旅客ニ対シ亦同じ

J－0022　B列5　25字×10

No.

第二十七條　旅客ハ左ニ掲グル物品ヲ車内ニ持込ムコトヲ得ズ

一　犬其ノ他ノ動物ニシテ他ノ旅客ノ迷惑トナル虞アルモノ

二　品質、容積等ニ因リ他ノ旅客ノ迷惑トナル虞アルモノ

三　火薬類、少量ノ銃用火薬類又ハ緩燃導火線ヲ除ク、其ノ他危害ヲ他ニ及ボス虞アルモノ

第二十八條　自動車交通事業法第四條ノ規定ニ依リ旅客ノ運送ニ附随シテ運送シ得ル物品ハ郵便物、新聞紙、雑誌其ノ他旅客ノ運送ヲ目的トスル車輌ニ積載シ得ルモノニ限ル但シ火薬類及危害ヲ他ニ及ボス虞アル物品ハ之ヲ運送スルコトヲ得ズ

臭気ヲ発シ又ハ不潔ナル物品ハ旅客ト同一ノ車室ニ之ヲ積載

ヨ－0022　B列5　23字×10　南満洲鉄道株式会社

No.

スルコトヲ得ズ

第二十九條　左ニ掲グル場合ニ於テハ物品ノ運送ヲ拒絶スルコトヲ得

一　運送ニ適スル設備ナキトキ

二　直ニ運送ヲ為スコトヲ得ザルトキ

三　旅客ノ運送ニ支障ヲ及ボス虞アルトキ

運送物品中ニ火薬類又ハ危害ヲ他ニ及ボス虞アル物品ヲ收納セル疑アルトキハ係員ハ其ノ内容ニ付説明ヲ求メ又ハ荷送人立會ノ上之ヲ點検スルコトヲ得

第三十條　物品運送ノ引受ヲ為シタルトキハ之ニ対シ荷物切符

No.

ヲ發行シ荷送人ニ之ヲ交附スヘシ但シ物品ノ種類ニ依リ其ノ
必要ナシト認メラルルトキハ此ノ限ニ在ラズ
荷物切符ニハ引換番號、運賃其ノ他必要ナル事項ヲ記載スヘ
シ

第三十一條　第四條、第八條、第十七條及第二十一條第四項ノ
規定ハ國ニ於テ又ハ國有鉄道ノ附屬事業トシテ經營スル旅客
自動車運輸事業ニハ適用セズ

第三十二條　左ノ各號ノ一ニ該當スル者ハ拘留又ハ科料ニ處ス
一　係員ノ許諾ヲ受ケズシテ專用自動車道内ニ立入リタル者
二　車輛ニ瓦石類ヲ投擲シタルモノ

ヨ－0022　B列5　25字×10　南滿洲鐵道株式會社

No.

三　係員ノ職務ノ執行ヲ妨害シタル者

附　則

本令ハ自動車運輸事業法改正ノ件施行ノ日ヨリ之ヲ施行ス
本令施行ノ際第六條、第七條、第二十一條第一項乃至第三項及第三十條ノ規定ニ適合セザルモノアルトキハ本令施行ノ日ヨリ六月以内ニ之ヲ適合セシムベシ
旅客自動車運輸事業者ニシテ本令施行前第四條又ハ第八條ノ規定ニ依ル規則ヲ定メタルモノハ交通部大臣及省長又ハ新京特別市長ニ夫夫本令施行ノ日ヨリ一月以内ニ之ヲ届出ヅベシ
別紙様式

No.

年　月　日

住所

事業者名　㊞

交通部鉄路司長　宛

省長又ハ新京特別市長　宛

事故届

事故ノ種類	原因	発生日時分	場所

ヨ－0022　B列5　28字×10　南滿洲鐵道株式會社

No.

當該車輛	
現場ノ狀況及當時ノ處置	
損害ノ程度	
當務者處分ノ顚末	

備考

一　當該車輛ハ車名、年式、座席形式、旅客定員及動力ノ種類ヲ記載スヘシ

二　現場ノ狀況及當時ノ處置ハ詳細ニ説明シ必要ニ依リ図面ヲ添附スヘシ

三　當務者處分未了ノ場合ハ其ノ旨ヲ附記シ處分結了ト同

No.

時ニ之ヲ追報スベシ

No.

交通部令第二十七號（康徳八年十月一日公布同日附政府公報掲載）

茲ニ旅客自動車運輸事業會計規程ヲ左ノ通制定ス

旅客自動車運輸事業會計規程

第一條ノ第九條附則省略

ヨ—0022　B列5　20字×10　南滿洲鐵道株式會社

No.

交通部令第二十八號（康徳八年十月一日公布 同月附政府公報掲載）

貨物自動車運送事業運輸設備会計規程

茲ニ貨物自動車運送事業運輸設備会計規程ヲ左ノ通制定ス

第一條　貨物自動車運送事業ノ運輸、設備及会計（会社ニ非ザルモノノ経営スル貨物自動車運送事業ニ付テハ会計ヲ除ク）ニ関シテハ別段ノ定アルモノヲ除クノ外本令ノ定ムル所ニ依ルベシ但シ特別ノ事由アル場合ニ於テハ省長又ハ新京特別市長ノ許可ヲ受ケ本令ニ依ラザルコトヲ得省長又ハ新京特別市長前

No.

項ノ規定ニ依リ許可ヲ為シタルトキハ遅滞ナク交通部大臣ニ之ヲ報告スベシ

交通部大臣ハ必要アリト認ムルトキハ本令ニ依ラザル運輸、設備又ハ会計ヲ命ズルコトヲ得

第二條　運賃及料金ハ公告ヲ為シタル後ニ非ザレバ之ヲ実施スルコトヲ得ズ

第三條　営業所ハ事業区内又ハ主タル営業区域内ニ之ヲ設置スベシ

第四條　営業所ニハ左ノ事項ヲ公示スベシ

一　運賃及料金

二　区間貨物自動車運送事業ニ在リテハ其ノ事業区間及物品

ヨ—0022　B列5　28字×10　南満洲鐵道株式會社

No.

ノ集配ヲ為ス区域、区域貨物自動車運送事業ニ在リテハ其ノ主タル事業区域

第五條　貨物自動車運送事業者ハ其ノ事業ノ休止又ハ廃止ノ許可ヲ受ケタルトキハ休止又ハ廃止ノ範囲及期日並ニ休止ノ場合ニハ其ノ期間ヲ営業所ノ見易キ箇所ニ公示スベシ

第六條　貨物自動車運送事業者ハ物品運送ノ受託簿ヲ各営業所ニ備附ケ運送引受ノ年月日、荷主並ニ運送品ノ種類、数量、発着地、運賃及料金ヲ記入スベシ

第七條　区間貨物自動車運送事業者ハ其ノ営業所ニ運送品ノ寸法又ハ重量ノ測定ニ必要ナル器具ヲ備附クベシ

No.

第八條　運送品ハ運送引受ノ順序ニ依リ之ヲ運送スベシ但シ公益上ノ必要アルトキハ此ノ限ニ在ラズ

交通部大臣ハ公益上必要アリト認ムルトキハ運送品ノ運送順序ヲ指定シ之ニ依ルベキコトヲ命ズルコトヲ得

第九條　貨物自動車運送事業者ハ左ノ場合ノ外運送ヲ拒絶スルコトヲ得ズ

一　運送ガ法令ノ規定又ハ公ノ秩序若ハ善良ノ風俗ニ反スルトキ

二　運送ニ付特別ナル責務ノ條件ヲ荷主ヨリ求メタルトキ

三　天災事變其ノ他已ムヲ得ザル事由ニ因ル運送上ノ支障ア

No.

ルトキ

四　運送ニ適スル設備ナキトキ

五　荷送人ノ要求スル期日迄ニ運送ヲ爲シ得ザルトキ

第十條　區域貨物自動車運送事業ハ多數ノ荷主ノ物品ヲ混載シテ運送スルコトヲ目的トシテ之ヲ經營スルコトヲ得ズ但シ停車場、市場、倉庫其ノ他物品ノ多數集散スル場所ニ搬入又ハ搬出スルモノハ此ノ限ニ在ラズ

第十一條　車輛ニハ運送品ノ看守又ハ積卸ニ必要ナル者ノ外乘車セシムルコトヲ得ズ

第十二條　車輛ニハ應急修理ニ必要ナル器具ヲ備フベシ

ヨ－－0022　B列5　22字×10　南満洲鐵道株式會社

No.

第十三條　車輛ハ毎日其ノ運行開始前其ノ要部ヲ點檢スベシ

第十四條　營業年度ハ一年又ハ六月トス

第十五條　貨物自動車運送事業ノ開始ニ必要ナル自動車、專用自動車道、車庫等ノ取得又ハ建設ノ爲支出シタル金額ハ之ヲ興業費トス

事業開始後增備增設其ノ他ノ改良ヲ加ヘタル場合ニ於ケル費用ハ之ヲ興業費トス但シ新工事ニ因リ撤去セラレタル部分ノ舊工事費ハ新工事費ニ相當スル額ヲ限度トシ興業費ヨリ之ヲ控除スベシ

借入金ノ利子ハ事業開始前ニ屬スルモノニ限リ之ヲ興業費ニ

No.

決算スルコトヲ得

第十六條　自動車、專用自動車道其ノ他興業費ニ決算シタルモノノ補修維持ノ費用、前條第二項ノ場合ニ於テ興業費ヨリ控除スベキ金額、第十八條第一項ノ規定ニ依ル自動車ノ價額償却金及之ニ類似スル償却金、諸税其ノ他運輸營業上ノ諸費用ハ之ヲ營業費トス

支拂利子、雜損及第十八條第二項ノ規定ニ依ル償却金ハ雜支出トシ營業費及雜支出ハ營業支出トス

第十七條　貨物收入其ノ他運輸營業上ノ諸收入（運輸雜收）ハ之ヲ運輸收入トシ運輸收入及雜收入ハ之ヲ營業收入トス

No.

第十八條 自動車ノ價額ハ使用ノ狀況ニ應ジ一定ノ計畫ニ依リ毎營業年度ニ之ヲ償却スベシ

興業費ニ決算シタル借入金ノ利子、他ノ自動車運送事業承継ノ爲支出シタル金額等ニシテ之ニ對應スル有形財産ヲ有セザルモノハ一定ノ計畫ニ依リ之ヲ償却スベシ

第十九條 興業及營業ニ關聯スル費用ハ當該營業年度ニ於ケル興業費及營業費ノ決算額ノ割合ニ依リ百分率ヲ以テ之ヲ分割スベシ但シ全部ヲ營業費ニ算入スルコトヲ妨ゲズ

第二十條 貨物自動車運送事業者ガ他ノ事業ヲ營ム場合ニ於テ貨物自動車運送事業及他ノ事業ニ關聯スル興業費、營業費又

No.

ハ營業收入ハ當該營業年度ニ於ケル關係各事業ノ興業費、營業費又ハ營業收入ノ決算額ノ割合ニ依リ百分率ヲ以テ之ヲ分割スベシ

第二十一條　區間ヲ分チテ興業費ヲ整理スル場合ニ於テハ區間以上ニ關聯スル興業費ハ當該營業年度ニ於ケル關係各區間ノ興業費ノ決算額ノ割合ニ依リ百分率ヲ以テ之ヲ分割スベシ

附　則

本令ハ自動車運輸事業法改正ノ件施行ノ日ヨリ之ヲ施行ス但シ第十四條乃至第二十一條ノ規定ニ付テハ同法施行ノ日ノ屬スル營業年末ニ至ル迄ハ本令ニ依ラザルコトヲ得

No.

交通部令第二十九號（康德八年十月一日公布）（同日附政府公報掲載）

玆ニ特定旅客自動車運送業規則ヲ左ノ通制定ス

特定旅客自動車運送業規則

第一條　旅客自動車運輸事業又ハ旅客自動車運送事業ニ非ズシテ自動車ヲ使用シテ旅客ヲ運送スル事業（以下時定旅客自動車運送事業ト稱ス）ヲ經營セントスル者ハ省長又ハ新京特別市長ノ許可ヲ受クベシ

第二條　特定旅客自動車運送業ニシテ路線ヲ定ムルモノハ時定

No.

ノ学校、其ノ工場等ニ往復スル其ノ学生、職工其ノ他ノ特定人ヲ
運送スルモノノ外之ヲ経営スルコトヲ得ズ

第三条　特定旅客自動車運送業経営ノ許可申請書ニハ左ニ掲ゲ
ル事項ヲ記載スベシ

一　申請者ノ本籍、住所及主タル事務所並ニ氏名、商号又ハ
名称

二　路線又ハ事業区域、路線ヲ定ムルモノニ在リテハ起点終
点ノ地名地番、延長及停留所ヲ記載シ尚路線図ヲ添附スル
コト

三　取扱旅客ノ範囲、有償無償ノ別及有償ノモノニ在リテハ

ヨ—0022　B列5　25字×10　南満洲鐵道株式會社　(15.1.1200冊)

No.

運賃其ノ他ノ料金

四　車輛ノ車名、年式、動力ノ種類及旅客定員別輛数、

五　車庫ノ位置及車輛格納力

第四條　特定旅客自動車運送業者路線、事業区域、取扱旅客ノ範圍、運賃其ノ他ノ料金、車輛ノ年式、動力ノ種類、旅客定員別輛数、停留所又ハ車庫ノ位置ヲ変更セントスルトキハ其ノ事由及新舊ノ事項ヲ明示シ省長又ハ新京特別市長ノ許可ヲ受クベシ

第五條　特定旅客自動車運送業者ニ対スル許可ハ條件ヲ附スルコトヲ得

No.

前項ノ條件ハ公益上必要アルトキハ之ヲ変更スルコトヲ得

第六條　左ニ揭グル場合ニ於テハ其ノ事由及年月日ヲ記載シ省長又ハ新京特別市長ニ之ヲ届出ヅベシ

一　事業ヲ開始シタルトキ

二　路線ノ起点終点ノ地名地番ニ変更アリタルトキ

三　車輛ノ車名ヲ変更シタルトキ

四　事業ヲ休止シ又ハ廃止シタルトキ

五　事業ヲ営ム會社解散シタルトキ

六　本籍、住所、主タル事務所、氏名、商號又ハ名稱ヲ変更シタルトキ

ヨ－0022　B列5　28字×10　南満洲鐵道株式會社

No.

第七條 省長又ハ新京特別市長ハ監督上必要アリト認ムルトキハ事業者ヲシテ事業上ノ報告ヲ爲サシメ若ハ帳簿其ノ他ノ書類ヲ提出セシメ又ハ所属ノ官吏ヲシテ事業ノ状況ヲ検査セシムルコトヲ得

省長又ハ新京特別市長ハ公益上必要アリト認ムルトキハ運賃ノ変更其ノ他事業ノ改善ヲ命ズルコトヲ得

第八條 左ニ掲グル場合ニ於テハ省長又ハ新京特別市長ハ第一條ノ許可ヲ取消シ又ハ事業ヲ停止セシムルコトヲ得

一 本令又ハ本令ニ基キテ爲ス命令ニ違反シ又ハ許可ニ附シタル條件ニ違反シタルトキ

No.

ニ公益ヲ害スル行為ヲ為シタルトキ
第九條　特定旅客自動車運送業経営ノ許可ヲ受ケタル者省長又ハ新京特別市長ノ指定スル期間内ニ其ノ事業ヲ開始セザルトキハ許可ハ其ノ效力ヲ失フ
第十條　本令ノ規定ニ依ル申請書其ノ他ノ書類ハ其ノ事件ノ関スル土地ヲ管轄スル省長又ハ新京特別市長ニ提出スベシ但シ其ノ事件ガ二以上ノ省又ハ省及新京特別市ニ跨ル場合ニ在リテハ其ノ事件ノ主タル部分ノ関スル土地ヲ管轄スル省長又ハ新京特別市長ニ提出スベシ
省長又ハ新京特別市長前項但書ノ書類ヲ受附ケタル場合ニ於

ヨ—0022　B列5　25字×10　南満洲鐵道株式會社

No.

テ當該事件ガ處分ヲ要スルモノナルトキハ関係省長又ハ新京特別市長ニ商議ノ上之ヲ爲シ其ノ他ノモノナルトキハ関係省長又ハ新京特別市長ニ之ヲ通知スベシ

第十一條　本令ニ定ムルモノノ外特定旅客自動車運送業ニ関シ必要ナル事項ハ省長又ハ新京特別市長之ヲ定ム

附　則

本令ハ自動車運輸事業法改正ノ件施行ノ日ヨリ之ヲ施行ス

本令施行ノ際現ニ本令ニ依リ新ニ許可ヲ受クベキモノトナリタル事業ヲ営ム者ハ本令施行後三月以内ニ限リ其ノ事業ヲ営ムコトヲ得此ノ期間内ニ事業経営ノ許可申請ヲ為ストキハ許可又ハ

ヨ—0022　B列5　23字×10　南滿洲鐵道株式會社

No.

許可ノ拒否ノ日迄亦同ジ

ヨ—0022　B列5　23字×10　南満洲鐵道株式會社

No.

交通部令第三十號（康德八年十月一日公布 同日附政府公報掲載）

茲ニ特定貨物自動車運送業規則ヲ左ノ通制定ス

特定貨物自動車運送業規則

第一條　貨物自動車運送事業ニ非ズシテ自動車ヲ使用シテ物品ヲ運送スル事業（以下特定貨物自動車運送業ト稱ス）ヲ經營セントスル者ハ省長又ハ新京特別市長ノ許可ヲ受クベシ

第二條　特定貨物自動車運送業經營ノ許可申請書ニハ左ニ掲グル事項ヲ記載スベシ

No.

一　申請者ノ本籍、住所及主タル事務所並ニ氏名、商號又ハ
　　名稱
二　事業區間又ハ事業區域
三　特定荷主ノ住所及氏名、商號又ハ名稱
四　運賃其ノ他特定荷主トノ運送ニ関スル契約ノ要領
五　車輛ノ車名、年式、動力ノ種類及最大積載量別輛数
六　車庫ノ位置及車輛格納力

第三條　特定貨物自動車運送業者車輛ノ年式、動力ノ種類及積載量別輛数、車庫ノ位置又ハ特定荷主ヲ變更セントスルトキハ其ノ事由及新舊ノ事項ヲ明示シ省長又ハ新京特別市長ノ許

No.

三、事業ヲ休止シ又ハ廃止シタルトキ

四、事業ヲ營ム會社解散シタルトキ

五、本籍、住所、主タル事務所、氏名、商號又ハ名稱ヲ變更シタルトキ

六、特定荷主ノ住所、氏名、商號又ハ名稱ヲ變更シタルトキ

七、運賃其ノ他特定荷主トノ運送契約ノ重要ナル部分ヲ變更シタルトキ

第六條　省長又ハ新京特別市長ハ監督上必要アリト認ムルトキハ事業者ヲシテ事業上ノ報告ヲ爲サシメ若ハ帳簿其ノ他ノ書類ヲ提出セシメ又ハ所屬ノ官吏ヲシテ事業ノ状況ヲ檢査セシ

ヨ—0022　B列5　25字×10　南滿洲鐵道株式會社

可ヲ受クベシ
前項ノ規定ニ依ル特定荷主變更ノ許可申請書ニハ運賃其ノ他特定荷主トノ運送ニ關スル契約ノ要領ヲ記載スベシ
第十四條　特定貨物自動車運送業者ニ對スル許可ニハ條件ヲ附スルコトヲ得
前項ノ條件ハ公益上必要アルトキハ之ヲ變更スルコトヲ得
第十五條　左ニ掲グル場合ニ於テハ其ノ事由及年月日ヲ記載シ省長又ハ新京特別市長ニ之ヲ届出ヅベシ
一　事業ヲ開始シタルトキ
二　車輌ノ車名ヲ變更シタルトキ

ヨ－0022　B列5　25字×10　南滿洲鐵道株式會社

No.

ムルコトヲ得

省長又ハ新京特別市長ハ公益上必要アリト認ムルトキハ事業ノ改善ヲ命ズルコトヲ得

第七條　左ニ掲グル場合ニ於テハ省長又ハ新京特別市長ハ第一條ノ許可ヲ取消シ又ハ事業ヲ停止セシムルコトヲ得

一　本令又ハ本令ニ基キテ為ス命令ニ違反シ又ハ許可シタル條件ニ違反シタルトキ

二　公益ヲ害スル行為ヲ為シタルトキ

第八條　特定貨物自動車運送業經營ノ許可ヲ受ケタル者省長又ハ新京特別市長ノ指定スル期間内ニ其ノ事業ヲ開始セザルト

ヨ—0022　B列5　20字×10　南滿洲鐵道株式會社

No.

キハ許可ハ其ノ効力ヲ失フ
第九條　本令ノ規定ニ依ル申請書其ノ他ノ書類ハ其ノ事件ノ関スル土地ヲ管轄スル省長又ハ新京特別市長ニ提出スベシ但シ其ノ事件ガ二以上ノ省又ハ省及新京特別市ニ跨ル場合ニ在リテハ其ノ事件ノ主タル部分ニ関スル土地ヲ管轄スル省長又ハ新京特別市長ニ提出スベシ
省長又ハ新京特別市長前項但書ノ書類ヲ受附ケタル場合ニ於テ當該事件ガ處分ヲ要スルモノナルトキハ関係省長又ハ新京特別市長ニ商議ノ上之ヲ為シ其ノ他ノモノナルトキハ関係省長又ハ新京特別市長ニ之ヲ通知スベシ

ヨ—0022　B列5　25字×10　南滿洲鐵道株式會社　(18.1.5200…)

No.

第十條　本令ニ定ムルモノノ外特定貨物自動車運送業ニ関シ必要ナル事項ハ省長又ハ新京特別市長之ヲ定ム

附則

本令ハ自動車運輸事業法改正ノ件施行ノ日ヨリ之ヲ施行ス

本令施行ノ際現ニ本令ニ依リ新ニ許可ヲ受クベキモノトナリタル事業ヲ営ム者ハ本令ノ施行後三月以内ニ限リ其ノ事業ヲ営ムコトヲ得此ノ期間内ニ事業経営ノ許可ノ申請ヲ為ストキハ許可又ハ許可ノ拒否ノ日迄亦同ジ

一　細則及説明中第一號及第十七號（申請書、報告書ノ職員ＡＢＣノ區別ヲ含ム）
二　規程第十二條報告作成方ハ昭和十六年七月鐵總人調〇一第一號四五ノ三ニ依ル　（三月社報三七一頁參照）

法令抄錄

◎交通部令第二十四號（康德八年十月一日公布同日附政府公報掲載）

茲ニ自動車交通事業法施行規則ヲ左ノ通制定ス

自動車交通事業法施行規則

第一章　旅客自動車運輸事業

第一條　旅客自動車運輸事業經營ノ特許申請書ニハ左ニ掲グル事項ヲ記載スベシ
一　本籍及住所
二　氏名、商號又ハ名稱
三　事業經營ノ事由
四　路線　路線圖ヲ以テ明示スルノ外左ニ掲グル事項ヲ記載スルコト
イ　起點終點ノ地名地番（通稱アルトキハ之ヲ附記スルコト）
ロ　延長
ハ　主ナル經過地
ニ　專用自動車道ヲ開設スルモノニ在リテハ其ノ區間
五　事業計畫
前項ノ申請書ニハ左ニ掲グル書類ヲ添附スベシ
一　興業費概算書（總額、內譯及資金調達方法ヲ明示スルコト）
二　運輸收支概算書
三　申請者會社ナルトキハ現ニ旅客自動車運輸事業ヲ經營スルモノヲ除クノ外定款及登記簿ノ謄本竝ニ最近ノ財產目錄及貸借對照表、會社ヲ設立セントスルモノナルトキハ定款ノ謄本

第二條　事業計畫ニハ左ニ掲グル事項ヲ定ムベシ
一　主タル事務所及營業所ノ名稱及位置
二　車輛
イ　輛數　常用車ト豫備車トニ分チ且旅客定員別（立席及座席別）ニ記載シ物品積載設備ヲ有スルモノニ在リテハ其ノ積載定量ヲ附記スルコト
ロ　車臺　車名、年式及動力ノ種類ヲ記載スルコト
ハ　車體　座席ノ配列ノ幅員、凭レ前方ノ餘地、客室ノ高サ、通路ノ幅員、長サ及後車軸後方ノ車體張出（平面圖ニ依リ明示スルコト）竝ニ箱型幌型等ノ別及車體重量ヲ記載スルコト
三　運轉
イ　運轉系統（系統複雜ナルトキハ系統圖ヲ添附シ往路復路ノ別アルトキハ其ノ區間及方向ヲ記載スルコト）
ロ　各系統ニ於ケル粁程、停留所名、停留所間ノ粁程、待避所及配置常用車輛數
ハ　運行回數又ハ運轉時刻　運行回數頻繁ナルモノニ在リテハ始發及終發ノ時刻、運行回數、最小運轉時分竝ニ運轉間隔ノ大要、其ノ他ノモノニ在リテハ主ナル停留所ニ於ケル發著時刻
四　運賃及料金
イ　運賃　均一制ニ在リテハ均一運賃、其ノ他ノモノニ在リテハ各區間ノ運賃及粁程（運賃區界ヲ記入シタル圖面ヲ添附スルコト）、物品ヲ運送スルモノニシテ物品ノ種類ニ依リ其ノ運賃ニ區別ヲ設クルトキハ其ノ別及運賃算出方法ヲ記載スルコト
ロ　料金
五　車庫ノ位置及車輛格納力
六　一年ヲ通ジ繼續シテ運輸ヲ爲スモノニ非ザルトキハ運輸ヲ爲ス期間
特許申請ノ際前項第二號「ロ」ニ掲グル車輛ノ車名及年式竝ニ「ハ」ニ掲グル事項ヲ記載スルコト能ハザルトキハ之ガ記載ヲ省略スルコトヲ得此ノ場合ニ於テ特許迄ニ追申セザルトキハ其ノ事項ニ付別ニ省長又ハ新京特別市長ノ認可ヲ受クベシ
路線延長ノ特許ヲ申請スル場合ニ於テ既特許路線ノ事業計畫ニ變更ヲ生ズルトキハ其ノ關係ヲ明示シ該變更ニ關スル手續ヲ省略スルコトヲ得

第三條　第一條ノ路線圖ハ縮尺十萬分ノ一以上ノ平面圖トシ左ニ掲グル事項ヲ記載シ縮尺方位ヲ示スベシ
一　路線（經過地及停留所間ノ粁程ヲ朱記スルコト）
二　停留所ノ位置、名稱及特ニ待避所ヲ設クルトキハ其ノ位置

三　車庫ノ位置

四　道路（種類ヲ明示スルコト）、自動車道及一般通行ノ用ニ供スル通路ノ別竝ニ其ノ種別毎ノ粁程及有效幅員、往路復路ノ別アルトキハ其ノ區間及方向

五　沿線ニ於ケル學校、工場、名所舊蹟等多數旅客ノ參集スル場所

第四條　省長又ハ新京特別市長特許申請書ヲ受附ケタルトキハ道路（交通部大臣ノ管理スルモノヲ除ク）及一般通行ノ用ニ供スル通路ノ管理者ニ對シ答申ノ期限ヲ指定シテ其ノ管理上ノ意見ヲ徵スベシ

第五條　省長又ハ新京特別市長ハ特許申請書ニ左ニ掲グル事項ニ關スル調査書ヲ添ヘ特許ノ許否ニ關スル意見ヲ附シ之ヲ進達スベシ

一　申請者ノ資產及信用程度

二　路線粁程ノ正否

三　事業ノ成否及效用

四　道路、自動車道又ハ一般通行ノ用ニ供スル通路ノ適否（前條ノ規定ニ依リ管理者ノ意見ヲ徵シタルトキハ其ノ意見書ノ寫ヲ添附スルコト）

五　他ノ旅客自動車運輸事業、鐵道、索道等（未開業ノモノヲ含ム）ニ及ボス影響

六　附近ニ於ケル旅客自動車運輸事業、鐵道、索道等ノ出願アルトキハ其ノ名稱、區間、申請者、申請書ノ受附年月日

七　申請路線ニ於ケル推定運輸數量（該路線ノ經營ニ依リ既特許路線ノ運輸數量ヲ增加スベキ場合ニ在リテハ尙其ノ推定增加運輸數量ヲ記載スルコト）及其ノ推定方法

八　其ノ他必要ト認ムル事項

第六條　臨時ノ必要ニ因リ三月以內ノ期限ヲ限リ旅客自動車運輸事業ヲ經營セントスル場合ニ於ケル特許申請書ニハ第一條第二項ニ掲グル書類ノ添附ヲ省略スルコトヲ得

第七條　事業計畫變更ノ認可申請書ニハ變更セントスル事項及事由ヲ記載シ新舊ヲ對照シタル書類及圖面ヲ添附スベシ

專用自動車道ノ工事方法變更ノ認可ヲ受ケタル場合ニ於テ事業計畫ノ變更ヲ生ズルモノナルトキハ第一項ノ書類及圖面ヲ提出シ該變更ニ關スル手續ヲ省略スルコトヲ得

第八條　事業計畫ノ變更ニシテ左ニ掲グルモノハ其ノ事由及實施ノ年月日ヲ記載シ新舊ヲ對照シタル書類ヲ添附シ遲滯ナク之ヲ屆出ヅベシ

一　停留所、主タル事務所若ハ營業所ノ名稱ヲ變更シ又ハ主タル事務所若ハ營業所ヲ新設シ、廢止シ若ハ移轉スルトキ

二　車輛ノ車名又ハ車體ヲ變更スルトキ

三　往路復路ノ別アル場合ニ於テ其ノ區間及方向ヲ變更スルトキ

四　道路、自動車道又ハ一般通行ノ用ニ供スル通路ノ工事等ニ因リ停留所ノ位置ヲ一時變更スルトキ

五　待避所ヲ新設シ、廢止シ又ハ其ノ位置ヲ變更スルトキ

第九條　旅客自動車運輸事業者ハ左ニ掲グル事項ニ該當スル場合ニ於テ片道運賃又ハ往復運賃ニ付認可ヲ受ケズシテ一年ヲ通ジ六十日ヲ超エザル期間五割以內ノ割引ヲ爲スコトヲ得

一　季節ニ依リ旅客ヲ誘致スルトキ

二　慶祝日、祭日、節祀日、記念日等多數旅客ノ參集スルトキ

前項ノ規定ニ依リ運賃ノ割引ヲ爲シタルトキハ其ノ事由、割引期間、割引區間及割引率ヲ記載シ遲滯ナク交通部大臣ニ之ヲ屆出ヅベシ

第十條　專用自動車道ノ工事施行ノ認可申請書ニハ左ニ掲グル書類ヲ添附スベシ

一　工事方法書

二　工事費豫算書（第一號樣式）

第十一條　工事方法書ニハ左ニ掲グル事項ヲ記載シ實測圖ヲ添附スベシ

一　工事ヲ施行スル區間ノ起點終點ノ地名地番及延長

二　鋪裝及路床ノ構造竝ニ路面ノ横斷勾配

三　橋梁、溝橋、隧道其ノ他ノ工作物ノ構造（主要ナルモノニ在リテハ耐力計算書ヲ添附スルコト）

四　排水設備

五　道路、自動車道又ハ一般通行ノ用ニ供スル通路トノ連絡若ハ交叉ノ方法竝ニ鐵道トノ交叉ノ方法（交叉ニ關スル協定ノ要領ヲ記載スルコト）

前項第二號乃至第五號ノ事項ニ付テハ構造寸法ヲ示ス設計圖ヲ添附スベシ

設計圖ノ縮尺ハ一般圖ニ在リテハ二百分ノ一以

上、詳細圖ニ在リテハ五十分ノ一以上、(鋼橋ニ在リテハ十五分ノ一以上)トスベシ但シ簡易ナル工作物ニ在リテハ定規圖ヲ以テ之ニ代フルコトヲ得

第十二條　實測圖ハ左ノ三種トス

一　平面圖

縮尺ハ二千五百分ノ一以上トシ左ニ揭グル事項ヲ記載シ縮尺方位ヲ示スベシ

イ　起點終點ノ地名地番竝ニ經過市街村名（街村制ヲ施行セザル地ニ於テハ之ニ準ズベキモノ）及其ノ境界線

ロ　中心線ヨリ左右少クトモ各二十米以内ノ區域内ニ於ケル地形地物

ハ　二十米每(地形ニ依リ短縮スルコトヲ得)ノ測點及百米每ノ遞加距離ヲ示シタル中心線

ニ　曲線ノ起點終點、半徑及交角

ホ　總幅員線、敷地境界線及自動車運行ノ爲必要ナル沿線土地ノ境界線

ヘ　橋梁、隧道其ノ他ノ主要ナル工作物ノ位置及名稱

ト　道路、自動車道又ハ一般通行ノ用ニ供スル通路トノ連絡又ハ交叉ノ位置及名稱竝ニ鐵道トノ交叉ノ位置及名稱

チ　停留所、待避所等ノ位置及名稱

市街地ニ在リテハ縮尺五百分ノ一以上ノ平面圖ニ「イ」乃至「チ」ニ揭グル事項ヲ記載シ別ニ之ヲ添附スベシ

二　縱斷面圖

縮尺ハ横ヲ平面圖、縱ヲ横斷面圖ト同一トシ左ニ揭グル事項ヲ記載スベシ

イ　測點番號、測點間距離及遞加距離

ロ　測點每ノ中心線ノ地面、施行基面及盛土ノ高サ、切土ノ深サ

ハ　勾配及其ノ延長

ニ　縱斷曲線ノ位置及延長

ホ　曲線ノ起點終點、半徑及方向

ヘ　橋梁、溝橋、隧道其ノ他ノ工作物ノ位置及名稱（橋梁及溝橋ニ在リテハ其ノ種類及材質、徑間ノ長サ及數、隧道ニ在リテハ其ノ長サヲ明示スルコト）

ト　道路、自動車道又ハ一般通行ノ用ニ供スル通路トノ連絡又ハ交叉ノ位置及名稱竝ニ鐵道トノ交叉ノ位置及名稱

チ　停留所、待避所等ノ位置及名稱

三　横斷面圖

縮尺ハ二百分ノ一以上トシ二十米每（地形ニ依リ伸縮スルコトヲ得）ニ專用自動車道ノ敷地境界線ヨリ左右少クトモ各五米以内ノ區間ノ横斷面ヲ示シ左ニ揭グル事項ヲ記載スベシ

イ　測點番號

ロ　施行基面ノ幅

ハ　盛土及切土ノ斜面ノ勾配

ニ　屈曲部ニ於ケル路面ノ片勾配

ホ　敷地ノ境界及自動車運行ノ爲必要ナル沿線土地ノ境界

第十三條　專用自動車道ノ全部ニ付工事施行ノ認可ヲ一時ニ申請スルコト能ハザルトキハ其ノ事由ヲ具シ分割シテ認可ヲ申請スルコトヲ得

第十四條　自動車交通事業法第八條第四項ノ規定ニ依ル期間伸長ノ申請書ニハ伸長ノ期間及事由ヲ記載スベシ

第十五條　專用自動車道ノ工事方法變更ノ認可申請書ニハ變更セントスル事項及事由ヲ記載シ新舊ヲ對照シタル書類及圖面ヲ添附スベシ

第十六條　專用自動車道ノ工事方法ノ變更ニシテ左ニ揭グルモノハ其ノ事由ヲ記載シ新舊ヲ對照シタル書類及圖面ヲ添附シ遲滯ナク之ヲ屆出ヅベシ

一　縱斷勾配ヲ緩ナラシメ又ハ二十分ノ一迄急ナラシムルトキ

二　縱斷曲線ヲ變更スルトキ

三　施行基面高ノ變更ニシテ路端ノ高サヲ增加スルトキ（洪水氾濫區域ヲ除ク）又ハ水流水面ノ最高水位上三十糎迄低下スルトキ

四　視距ヲ長カラシメ又ハ八十米迄短縮スルトキ

五　盛土及切土ノ斜面ノ勾配ヲ緩ナラシムルトキ

六　路肩ノ幅員ヲ擴張スルトキ

七　曲線ノ半徑ヲ長カラシメ又ハ百米迄短縮スルトキ

八　屈曲部ノ兩端ニ於ケル緩和區間ヲ長カラシムルトキ

九　路面上ノ有效高ヲ大ナラシメ又ハ四・五米迄短縮スルトキ

十　橋梁又ハ溝橋ノ桁ノ下端ト最高水位トノ間

隔ヲ大ナラシムルトキ

十一 既認可ノ設計ト同一設計ニ依リ橋梁、溝橋又ハ隧道ヲ新設スルトキ

第十七條 運輸開始ノ認可申請書ニハ特許ヲ受ケタル者會社ヲ設立セントスルモノナルトキハ當該區間ニ專用自動車道ヲ開設スル場合ノ外定款及會社ノ登記簿ノ謄本ヲ添附スベシ

當該區間ニ專用自動車道ヲ開設スル場合ニ於テ道路、橋梁、河川、運河等ニ關スル工事竣功セザルトキハ運輸開始ノ認可ヲ申請スルコトヲ得ズ但シ其ノ工事ニ付當該管理官署ノ承認ヲ得タル場合ハ此ノ限ニ在ラズ

運輸ヲ開始シタルトキハ遲滯ナク之ヲ屆出ヅベシ

第十八條 旅客自動車運輸事業讓渡ノ許可申請書ニハ左ニ掲グル事項ヲ記載シ當事者之ニ連署スベシ

一 讓渡人及讓受人ノ本籍及住所竝ニ氏名、商號又ハ名稱

二 讓渡ノ事由

三 讓渡ノ範圍及讓渡價額

前項ノ申請書ニハ左ニ掲グル書類及圖書ヲ添附スベシ

一 路線圖(路線竝ニ其ノ起點終點及分岐點ノ地名地番ヲ明示スルコト)

二 讓渡契約書ノ謄本及讓渡價額說明書

三 當該路線ノ最近ノ興業費明細表及最近一年間ノ運輸收支表

四 申請者會社ナルトキハ讓渡又ハ讓受ニ關スル株主總會ノ議事及決議ノ要領書又ハ無限責任社員若ハ總社員ノ同意書ノ謄本

五 讓受人會社ナルトキハ現ニ旅客自動車運輸事業ヲ經營スルモノヲ除クノ外定款及登記簿ノ謄本竝ニ最近ノ財產目錄及貸借對照表、會社ヲ設立セントスルモノナルトキハ定款ノ謄本

旅客自動車運輸事業ノ一部ヲ讓渡スル場合ニ於テハ讓受及殘存部分ニ付各別ノ事業計畫書ヲ提出シ事業計畫變更ノ手續ヲ省略スルコトヲ得

事業ノ全部ヲ讓渡スル場合ニ於テ讓受クル事業ニ付事業計畫ヲ變更セントスルトキハ其ノ關係ヲ明示シ該變更ニ關スル手續ヲ省略スルコトヲ得

第二條第三項ノ規定ハ讓受人ガ讓受クル路線ト既特許路線トヲ通ジテ事業計畫ヲ定ムル場合ニ之ヲ準用ス

讓受人事業ヲ承繼シタルトキハ遲滯ナク之ヲ屆出ヅベシ

讓渡ノ許可ヲ受ケタル者會社ヲ設立セントスルモノナルトキハ前項ノ屆書ニハ會社ノ登記簿ノ謄本ヲ添附スベシ

第十九條 會社ノ合併ニ因ル旅客自動車運輸事業承繼ノ許可申請書ニハ左ニ掲グル事項ヲ記載シ當事者之ニ連署スベシ

一 合併スル會社及合併ニ因リ設立スル會社ノ住所及商號

二 合併ノ事由

三 合併ノ方法及條件

前項ノ申請書ニハ左ニ掲グル書類及圖面ヲ添附スベシ

一 前條第二項第一號ニ掲グル路線圖

二 合併契約書ノ謄本及合併比率說明書

三 合併スル會社ノ最近ノ財產目錄、貸借對照表、興業費明細表及最近年間ノ運輸收支表

四 合併ニ關スル株主總會ノ議事及決議ノ要領書又ハ無限責任社員若ハ總社員ノ同意書ノ謄本

五 合併後存續スル會社ニ在リテハ現ニ旅客自動車運輸事業ヲ經營スルモノヲ除クノ外定款及登記簿ノ謄本、合併ニ因リ設立スル會社ニ在リテハ定款ノ謄本

前條第四項及第五項ノ規定ハ會社ノ合併ニ因ル事業承繼ノ場合ニ之ヲ準用ス

合併ニ因リ事業ヲ承繼シタル會社ハ登記簿ノ謄本ヲ添附シ遲滯ナク之ヲ屆出ヅベシ

第二十條 旅客自動車運輸事業者死亡シタルニ因リ其ノ事業ヲ承繼シタル相續人ハ相續ヲ證スル書類ヲ添附シ遲滯ナク之ヲ屆出ヅベシ

第二十一條 旅客自動車運輸事業經營ノ委託ノ許可申請書ニハ左ニ掲グル事項ヲ記載シ當事者之ニ連署スベシ

一 委託者及受託者ノ住所及主タル事務所竝ニ氏名商號又ハ名稱

二 委託ノ事由

三 委託ノ區間

四 委託ノ方法及報酬、收入金ノ保管及引繼竝ニ報酬及委託費用ノ支辨方法ヲ記載スルコト

五 委託ノ期間

六　委託ノ開始又ハ終了ニ關スル公告ノ方法
前項ノ申請書ニハ左ニ掲グル書類ヲ添附スベシ
一　委託ノ契約書ノ謄本
二　第十八條第二項第四號ニ準ズル書類
事業經營ノ委託ヲ爲ス場合ニ於テ事業計畫ヲ變更セントスルトキハ其ノ關係ヲ明示シタル書類及圖面ヲ提出シ該變更ニ關スル手續ヲ省略スルコトヲ得
第一項第三號乃至第五號ニ掲グル事項ヲ變更セントスルトキハ第一項及第二項ノ規定ニ準ジ作成シタル書類ヲ提出シ交通部大臣ノ認可ヲ受クベシ此ノ場合ニ於テハ前項ノ規定ヲ準用ス
事業經營ノ委託終了シタルトキハ其ノ事由及年月日ヲ記載シ當事者連署ノ上遲滯ナク之ヲ屆出ヅベシ
第二十二條　旅客自動車運輸事業ノ共同經營ノ認可申請書ニハ左ニ掲グル事項ヲ記載シ當事者之ニ連署スベシ
一　當事者ノ住所及主タル事務所竝ニ氏名、商號又ハ名稱
二　共同經營ノ事由
三　共同經營ノ區間及方法
四　收入ノ割賦及經費分擔ノ方法
五　共同經營ノ期間
前項ノ申請書ニハ左ニ掲グル書類ヲ添附スベシ
一　共同經營契約書ノ謄本
二　第十八條第二項第四號ニ準ズル書類
共同經營ヲ爲ス場合ニ於テ事業計畫ヲ變更セントスルトキハ其ノ關係ヲ明示シタル書類及圖面ヲ提出シ該變更ニ關スル手續ヲ省略スルコトヲ得
第一項第三號乃至第五號ニ掲グル事項ヲ變更セントスルトキハ第一項及第二項ノ規定ニ準ジ作成シタル書類ヲ提出シ交通部大臣ノ認可ヲ受クベシ此ノ場合ニ於テハ前項ノ規定ヲ準用ス
共同經營終了シタルトキハ其ノ事由及年月日ヲ記載シ當事者連署ノ上遲滯ナク之ヲ屆出ヅベシ
第二十三條　兼業ノ認可申請書ニハ其ノ事業ノ種別、兼業ヲ必要トスル事由及兼業後ニ於ケル事業ノ大要ヲ記載スベシ
前項ノ申請書ニハ左ニ掲グル書類ヲ添附スベシ
一　興業費概算書（總額、內譯及資金調達方法ヲ明示スルコト）
二　事業收支概算書
兼業ヲ廢止シタルトキハ其ノ事由及年月日ヲ記載シ遲滯ナク之ヲ屆出ヅベシ
第二十四條　旅客自動車運輸事業休止ノ許可申請書ニハ休止セントスル路線（事業ノ一部ヲ休止セントスルトキハ其ノ路線圖ヲ添附スルコト）、事由及期間ヲ記載スベシ
許可ヲ受ケタル期間中ニ事業ヲ再開シタルトキハ遲滯ナク之ヲ屆出ヅベシ
第二十五條　旅客自動車運輸事業廢止ノ許可申請書ニハ廢止セントスル路線（事業ノ一部ヲ廢止セントスルトキハ其ノ路線圖ヲ添附スルコト）及事由ヲ記載シ第十八條第二項第四號ニ準ズル書類ヲ添附スベシ
第二十六條　旅客自動車運輸事業ヲ營ム會社ノ解散ヲ爲ス總會ノ決議又ハ總社員ノ同意ノ認可申請書ニハ解散ノ事由ヲ記載シ株主總會ノ議事及決議ノ要領書又ハ無限責任社員若ハ總社員ノ同意書ノ謄本ヲ添附スベシ
會社ノ解散ヲ爲ス總會ノ決議若ハ總社員ノ同意ノ認可ヲ受ケ又ハ其ノ他ノ事由ニ因リ會社解散シタルトキハ會社ノ登記簿ノ謄本ヲ添附シ遲滯ナク之ヲ屆出ヅベシ
第二十七條　旅客自動車運輸事業者他ノ運送業者ト連絡運輸ヲ爲サントスルトキハ左ニ掲グル事項ヲ記載シタル書類ヲ提出シ交通部大臣ノ認可ヲ受クベシ
旅客自動車運輸事業者自己ノ經營スル他ノ運送機關ト通シ運送ヲ爲サントスルトキ亦同ジ
一　相手方ノ住所及主タル事務所竝ニ氏名、商號又ハ名稱
二　相手方ノ運送機關
三　連絡運輸ノ事由
四　連絡運輸ノ區間及取扱旅客ノ範圍
五　運賃ノ割賦方法
六　連絡運輸ヲ爲ス期間
前項ノ申請書ニハ連絡運輸契約書ノ謄本ヲ添附スベシ
第一項第一號、第二號及第四號乃至第六號ニ掲グル事項ヲ變更セントスルトキハ前二項ノ規定ニ準ジ作成シタル書類ヲ提出シ交通部大臣ノ認可ヲ受クベシ
連絡運輸ヲ廢止シタルトキハ其ノ事由及年月日ヲ記載シ遲滯ナク之ヲ屆出ヅベシ

第二十八條　旅客自動車運輸事業者ハ左ニ掲グル場合ニ於テハ其ノ事由及年月日ヲ記載シ遲滯ナク交通部大臣ニ之ヲ屆出ヅベシ

一　路線ノ起點終點（專用自動車道ノ起點終點ヲ含ム）ノ地名地番又ハ主ナル經過地名ニ變更アリタルトキ

二　主タル事務所又ハ營業所ノ地名地番ニ變更アリタルトキ

三　本籍、住所、氏名、商號又ハ名稱ヲ變更シタルトキ

第二章　旅客自動車運送事業

第二十九條　旅客自動車運送事業經營ノ特許申請書ニハ左ニ掲グル事項ヲ記載スベシ

一　本籍及住所

二　氏名、商號又ハ名稱

三　事業經營ノ事由

四　事業計畫

前項ノ申請書ニハ左ニ掲グル書類ヲ添附スベシ

一　興業費概算書（總額、內譯及資金調達方法ヲ明示スルコト）

二　運輸收支概算書

三　申請者會社ナルトキハ現ニ旅客自動車運送事業ヲ經營スルモノヲ除クノ外定款及登記簿ノ謄本竝ニ最近ノ財產目錄及貸借對照表、會社ヲ設立セントスルモノナルトキハ定款ノ謄本

第三十條　事業計畫ニハ左ニ掲グル事項ヲ定ムベシ

一　主タル事務所及營業所ノ名稱及位置

二　事業ノ種別　路線ヲ定メ定期ニ非ズシテ自動車ヲ使用シテ旅客ノ運送ヲ目的トスル事業（以下路線旅客自動車運送事業ト稱ス）、經營區間ヲ定メ自動車ヲ使用シテ團體旅客ノ運送ヲ目的トスル事業（以下團體旅客自動車運送事業ト稱ス）又ハ其ノ他ノ事業（以下普通旅客自動車運送事業ト稱ス）ノ別ヲ記載スルコト

三　主タル事業區域

イ　路線旅客自動車運送事業ニ在リテハ路線ノ起點終點ノ地名地番、主ナル經過地及延長ヲ記載スルノ外第三條ノ規定ニ準ジ作成シタル路線圖ヲ添附スルコト

ロ　團體旅客自動車運送事業ニ在リテハ出發地、目的地及此等相互間ノ粁程ヲ記載スルノ外此等ヲ示ス略圖ヲ添附スルコト

ハ　普通旅客自動車運送事業ニ在リテハ主トシテ營業ヲ行フ地域ヲ記載スルコト

四　車輛ノ車名、年式、動力ノ種類及旅客定員別輛數　主タル使用地別ニ記載スルコト

五　路線旅客自動車運送事業ニシテ觀光旅客ノ運送ヲ目的トスルモノニ在リテハ運轉系統及停留所、特定ノ場所ニ出入スル旅客ノ運送ヲ目的トスルモノニ在リテハ其ノ場所及停留所、團體旅客自動車運送事業ニ在リテハ車輛ノ運行順路

六　運賃及料金（無償ノモノニ在リテハ其ノ旨ヲ記載スルコト）

七　車庫ノ位置及車輛格納力

路線若ハ經營區間ノ延長又ハ主トシテ營業ヲ行フ地域ノ變更ヲ申請スル場合ニ於テ既特許事業ノ事業計畫ニ變更ヲ生ズルトキハ其ノ關係ヲ明示シ該變更ニ關スル手續ヲ省略スルコトヲ得

第三十一條　旅客自動車運送事業經營ノ特許ヲ受ケタル者其ノ事業ヲ開始シタルトキハ遲滯ナク之ヲ屆出ヅベシ

特許ヲ受ケタル者會社ヲ設立セントスルモノナルトキハ前項ノ屆書ニハ會社ノ登記簿ノ謄本ヲ添附スベシ

第三十二條　事業計畫變更ノ認可申請書ニハ變更セントスル事項及事由ヲ記載シ新舊ヲ對照シタル書類及圖面ヲ添附スベシ

第三十三條　事業計畫ノ變更ニシテ左ニ掲グルモノハ其ノ事業ノ種別、事由及實施ノ年月日ヲ記載シ新舊ヲ對照シタル書類ヲ添附シ遲滯ナク之ヲ屆出ヅベシ

一　主タル事務所若ハ營業所ノ名稱ヲ變更シ又ハ主タル事務所若ハ營業所ヲ新設シ、廢止シ若ハ移轉スルトキ

二　車輛ノ車名ヲ變更スルトキ

三　路線旅客自動車運送事業ニ於テ運轉系統ヲ新設シ若ハ變更シ又ハ停留所ノ名稱ヲ變更シ、停留所ヲ新設シ、廢止シ若ハ其ノ位置ヲ變更スルトキ

四　團體旅客自動車運送事業ニ於テ車輛ノ運行順路ヲ變更スルトキ

第三十四條　旅客自動車運送事業讓渡ノ許可申請書ニハ左ニ掲グル事項ヲ記載シ當事者之ニ連署スベシ

一　讓渡人及讓受人ノ本籍及住所竝ニ氏名、商號又ハ名稱
二　讓渡スル事業ノ種別
三　讓渡ノ事由
四　讓渡ノ範圍及讓渡價額

前項ノ申請書ニハ左ニ掲グル書類及圖面ヲ添附スベシ

一　路線旅客自動車運送事業ニ在リテハ第三十條第一項第三號「イ」ニ掲グル路線圖ニ準ジ作成シタル圖面、團體旅客自動車運送事業ニ在リテハ同號「ロ」ニ掲グル圖面
二　讓渡契約書ノ謄本及讓渡價額說明書
三　申請者會社ナルトキハ讓渡又ハ讓受ニ關スル株主總會ノ議事及決議ノ要領書又ハ無限責任社員若ハ總社員ノ同意書ノ謄本
四　讓受人會社ナルトキハ現ニ旅客自動車運送事業ヲ經營スルモノヲ除クノ外定款及登記簿ノ謄本竝ニ最近ノ財產目錄及貸借對照表、會社ヲ設立セントスルモノナルトキハ定款ノ謄本

旅客自動車運送事業ノ一部ヲ讓渡スル場合ニ於テハ讓受及殘存部分ニ付各別ノ事業計畫書ヲ提出シ事業計畫變更ノ手續ヲ省略スルコトヲ得事業ノ全部ヲ讓渡スル場合ニ於テ讓受クル事業ニ付事業計畫ヲ變更セントスルトキハ其ノ關係ヲ明示シ該變更ニ關スル手續ヲ省略スルコトヲ得

第三十條第二項ノ規定ハ讓受人ガ讓受クル事業ト既特許事業トヲ通ジテ事業計畫ヲ定ムル場合ニ之ヲ準用ス

讓受人事業ヲ承繼シタルトキハ遲滯ナク之ヲ屆出ヅベシ

讓渡ノ許可ヲ受ケタル者會社ヲ設立セントスルモノナルトキハ前項ノ屆書ニハ會社ノ登記簿ノ謄本ヲ添附スベシ

第三十五條　會社ノ合併ニ因ル旅客自動車運送事業承繼ノ許可申請書ニハ左ニ掲グル事項ヲ記載シ當事者之ニ連署スベシ

一　合併スル會社及合併ニ因リ設立スル會社ノ住所及商號
二　合併ニ因リ承繼スル事業ノ種別
三　合併ノ事由
四　合併ノ方法及條件

前項ノ申請書ニハ左ニ掲グル書類及圖面ヲ添附スベシ

一　路線旅客自動車運送事業ニ在リテハ第三十條第一項第三號「イ」ニ掲グル路線圖ニ準ジ作成シタル圖面、團體旅客自動車運送事業ニ在リテハ同號「ロ」ニ掲グル圖面
二　合併契約書ノ謄本及合併比率說明書、
三　合併ニ關スル株主總會ノ議事及決議ノ要領書又ハ無限責任社員若ハ總社員ノ同意書ノ謄本
四　合併後存續スル會社ニ在リテハ現ニ旅客自動車運送事業ヲ經營スルモノヲ除クノ外定款及登記簿ノ謄本、合併ニ因リ設立スル會社ニ在リテハ定款ノ謄本

前條第四項及第五項ノ規定ハ會社ノ合併ニ因ル事業承繼ノ場合ニ之ヲ準用ス

合併ニ因リ事業ヲ承繼シタル會社ハ登記簿ノ謄本ヲ添附シ遲滯ナク之ヲ屆出ヅベシ

第三十六條　旅客自動車運送事業者死亡シタルニ因リ其ノ事業ヲ承繼シタル相續人ハ相續ヲ證スル書類ヲ添附シ遲滯ナク之ヲ屆出ヅベシ

第三十七條　旅客自動車運送事業ノ共同經營ノ認可申請ニハ左ニ掲グル事項ヲ記載シ當事者之ニ連署スベシ

一　當事者ノ住所及主タル事務所竝ニ氏名、商號又ハ名稱
二　共同經營ヲ爲ス事業ノ種別
三　共同經營ノ事由
四　共同經營ノ區間又ハ區域及方法
五　收入ノ割賦及經費分擔ノ方法
六　共同經營ノ期間

前項ノ申請書ニハ左ニ掲グル書類ヲ添附スベシ

一　共同經營契約書ノ謄本
二　第三十四條第二項第三號ニ準ズル書類

共同經營ヲ爲ス場合ニ於テ事業計畫ヲ變更セントスルトキハ其ノ關係ヲ明示シタル書類及圖面ヲ提出シ該變更ニ關スル手續ヲ省略スルコトヲ得

第一項第四號乃至第六號ニ掲グル事項ヲ變更セントスルトキハ第一項及第二項ノ規定ニ準ジ作成シタル書類ヲ提出シ省長又ハ新京特別市長ノ認可ヲ受クベシ此ノ場合ニ於テハ前項ノ規定ヲ準用ス

共同經營終了シタルトキハ其ノ事由及年月日ヲ

記載シ當事者連署ノ上遲滯ナク之ヲ屆出ヅベシ

第三十八條　旅客自動車運送事業休止ノ許可申請書ニハ休止セントスル事業ノ種別、路線、經營區間又ハ主トシテ營業ヲ行フ區域、期間及事由ヲ記載スベシ

許可ヲ受ケタル期間中ニ事業ヲ再開シタルトキハ遲滯ナク之ヲ屆出ヅベシ

第三十九條　旅客自動車運送事業廢止ノ許可申請書ニハ廢止セントスル事業ノ種別、路線、經營區間又ハ主トシテ營業ヲ行フ地域及事由ヲ記載シ第三十四條第二項第三號ニ準ズル書類ヲ添附スベシ

第四十條　旅客自動車運送事業ヲ營ム會社ノ解散ヲ爲ス總會ノ決議又ハ總社員ノ同意ノ認可申請書ニハ解散ノ事由ヲ記載シ株主總會ノ議事及決議ノ要領書又ハ無限責任社員若ハ總社員ノ同意書ノ謄本ヲ添附スベシ

會社ノ解散ヲ爲ス總會ノ決議若ハ總社員ノ同意ノ認可ヲ受ケ又ハ其ノ他ノ事由ニ因リ會社解散シタルトキハ會社ノ登記簿ノ謄本ヲ添附シ遲滯ナク之ヲ屆出ヅベシ

第四十一條　路線旅客自動車運送事業ハ觀光旅客又ハ特定ノ場所ニ出入スル旅客ニ非ザル者ノ運送ヲ目的トシテ之ヲ經營スルコトヲ得ズ

團體旅客自動車運送事業又ハ普通旅客自動車運送事業ニ在リテハ省長又ハ新京特別市長ノ許可ヲ受クルニ非ザレバ箇別ニ運賃ヲ受ケ其ノ他旅客自動車運輸事業ニ類似スル行爲ヲ爲スコトヲ得ズ

普通旅客自動車運送事業ハ旅客定員八人以上ノ車輛ヲ使用シテ之ヲ經營スルコトヲ得ズ

第四十二條　旅客自動車運送事業者ハ左ニ揭グル場合ニ於テハ其ノ事業ノ種別、事由及年月日ヲ記載シ遲滯ナク省長又ハ新京特別市長ニ之ヲ屆出ヅベシ

一　主タル事務所又ハ營業所ノ地名地番ニ變更アリタルトキ

二　路線旅客自動車運送事業ニ於テ路線ノ起點終點ノ地名地番又ハ主ナル經過地名ニ、團體旅客自動車運送事業ニ於テ出發地名又ハ目的地名ニ變更アリタルトキ

三　本籍、住所、氏名、商號又ハ名稱ヲ變更シタルトキ

第三章　區間貨物自動車運送事業

第四十三條　事業區間ヲ定ムル貨物自動車運送事業（以下區間貨物自動車運送事業ト稱ス）經營ノ特許申請書ニハ左ニ揭グル事項ヲ記載スベシ

一　本籍及住所

二　氏名、商號又ハ名稱

三　事業經營ノ事由

四　事業計畫

前項ノ申請書ニハ左ニ揭グル書類ヲ添附スベシ

一　興業費概算書（總額、內譯及資金調達方法ヲ明示スルコト）

二　運輸收支概算書

三　申請者會社ナルトキハ現ニ區間貨物自動車運送事業ヲ經營スルモノヲ除クノ外定款及登記簿ノ謄本竝ニ最近ノ財產目錄及貸借對照表、會社ヲ設立セントスルモノナルトキハ定款ノ謄本

第四十四條　事業計畫ニハ左ニ揭グル事項ヲ定ムベシ

一　主ナル事務所及營業所ノ名稱及位置　車輛ノ主タル運行經路ニ依ル營業所間ノ粁程ヲ附記スルコト

二　事業區間　事業區間ノ兩端ノ地及主ナル營業地ヲ記載スルノ外事業區間ノ兩端ノ地、營業所ノ位置及主タル運行經路ヲ示ス略圖ヲ添附スルコト

三　車輛ノ車名、年式、動力ノ種類及最大積載量別輛數　主タル使用地別ニ記載スルコト

四　運賃及料金（物品ノ集配ヲ爲ストキハ其ノ區域ヲ附記スルコト）

五　車庫ノ位置及車輛格納力

六　一月間ノ最少運行回數

事業區間ノ延長ヲ申請スル場合ニ於テ既特許事業ノ事業計畫ニ變更ヲ生ズルトキハ其ノ關係ヲ明示シ該變更ニ關スル手續ヲ省略スルコトヲ得

第四十五條　省長又ハ新京特別市長特許申請書ヲ受附ケタルトキハ申請者ノ資產及信用程度、事業ノ成否及效用、道路ノ適否、他ノ區間貨物自動車運送事業ニ及ボス影響竝ニ特許ノ許否ニ關スル意見書ヲ添ヘ之ヲ進達スベシ

第四十六條　區間貨物自動車運送事業經營ノ特許ヲ受ケタル者其ノ事業ヲ開始シタルトキハ遲滯ナク之ヲ屆出ヅベシ

特許ヲ受ケタル者會社ヲ設立セントスルモノナ

汽车与公路编　二

ルトキハ前項ノ届書ニハ會社ノ登記簿ノ謄本ヲ添附スベシ

第四十七條　自動車交通事業法第二十八條第二項ノ規定ニ依ル期間伸長ノ申請書ニハ伸長ノ期間及事由ヲ記載スベシ

第四十八條　事業計畫變更ノ認可申請書ニハ變更セントスル事項及事由ヲ記載シ新舊ヲ對照シタル書類及圖面ヲ添附スベシ

第四十九條　事業計畫ノ變更ニシテ左ニ掲グルモノハ其ノ事由及實施ノ年月日ヲ記載シ新舊ヲ對照シタル書類ヲ添附シ遲滯ナク之ヲ届出ヅベシ

一　主タル事務所若ハ營業所ノ名稱ヲ變更シ又ハ主タル事務所若ハ營業所ヲ新設シ、廢止シ若ハ移轉スルトキ

二　車輛ノ車名又ハ年式ヲ變更スルトキ

三　一月間ノ最少運行回數ヲ變更スルトキ

第五十條　專用自動車道ノ工事施行ノ認可申請書ニハ左ニ掲グル書類ヲ添附スベシ

一　工事方法書

二　工事費豫算書（第一號樣式）

第十一條及第十二條ノ規定ハ前項ノ工事方法書ニ之ヲ準用ス

第十五條及第十六條ノ規定ハ專用自動車道ノ工事方法ノ變更ニ之ヲ準用ス

第五十一條　專用自動車道ノ全部ニ付工事施行ノ認可ヲ一時ニ申請スルコト能ハザルトキハ其ノ事由ヲ具シ分割シテ認可ヲ申請スルコトヲ得

第五十二條　自動車交通事業法第二十九條ニ於テ準用スル同法第八條第四項ノ期間伸長ノ申請書ニハ伸長ノ期間及事由ヲ記載スベシ

第五十三條　區間貨物自動車運送事業讓渡ノ許可申請書ニハ左ニ掲グル事項ヲ記載シ當事者之ニ連署スベシ

一　讓渡人及讓受人ノ本籍及住所並ニ氏名、商號又ハ名稱

二　讓渡ノ事由

三　讓渡ノ範圍及讓渡價額

前項ノ申請書ニハ左ニ掲グル書類ヲ添附スベシ

一　讓渡契約書ノ謄本及讓渡價額說明書

二　當該事業ノ最近ノ興業費明細表及最近一年間ノ運輸收支表

三　申請者會社ナルトキハ讓渡又ハ讓受ニ關スル株主總會ノ議事及決議ノ要領書又ハ無限責任社員若ハ總社員ノ同意書ノ謄本

四　讓受人會社ナルトキハ現ニ區間貨物自動車運送事業ヲ經營スルモノヲ除クノ外定款及登記簿ノ謄本並ニ最近ノ財產目錄及貸借對照表、會社ヲ設立セントスルモノナルトキハ定款ノ謄本

區間貨物自動車運送事業ノ一部ヲ讓渡スル場合ニ於テハ讓受及殘存部分ニ付各別ノ事業計畫書ヲ提出シ事業計畫變更ノ手續ヲ省略スルコトヲ得

事業ノ全部ヲ讓渡スル場合ニ於テ讓受クル事業ニ付事業計畫ヲ變更セントスルトキハ其ノ關係ヲ明示シ該變更ニ關スル手續ヲ省略スルコトヲ得

第四十四條第二項ノ規定ハ讓受人ガ讓受クル事業區間ト既特許事業トヲ通ジテ事業計畫ヲ定ムル場合ニ之ヲ準用ス

讓受人事業ヲ承繼シタルトキハ遲滯ナク之ヲ届出ヅベシ

讓渡許可ヲ受ケタル者會社ヲ設立セントスルモノナルトキハ前項ノ届書ニハ會社ノ登記簿ノ謄本ヲ添附スベシ

第五十四條　會社ノ合併ニ因ル區間貨物自動車運送事業承繼ノ許可申請書ニハ左ニ指グル事項ヲ記載シ當事者之ニ連署スベシ

一　合併スル會社及合併ニ因リ設立スル會社ノ住所及商號

二　合併ノ事由

三　合併ノ方法及條件

前項ノ申請書ニハ左ニ掲グル書類ヲ添附スベシ

一　合併契約書ノ謄本及合併比率說明書

二　合併スル會社ノ最近ノ財產目錄、貸借對照表、興業費明細表及最近一年間ノ運輸收支表

三　合併ニ關スル株主總會ノ議事及決議ノ要領書又ハ無限責任社員若ハ總社員ノ同意書ノ謄本

四　合併後存續スル會社ニ在リテハ現ニ區間貨物自動車運送事業ヲ經營スルモノヲ除クノ外定款及登記簿ノ謄本、合併ニ因リ設立スル會社ニ在リテハ定款ノ謄本

前條第四項及第五項ノ規定ハ會社ノ合併ニ因ル事業承繼ノ場合ニ之ヲ準用ス

合併ニ因リ事業ヲ承繼シタル會社ハ登記簿ノ謄本ヲ添附シ遲滯ナク之ヲ届出ヅベシ

第五十五條　區間貨物自動車運送事業者死亡シタ

ルニ因リ其ノ事業ヲ承繼シタル相續人ハ相續ヲ證スル書類ヲ添附シ遲滯ナク之ヲ届出ヅベシ

第五十六條　區間貨物自動車運送事業經營ノ委託ノ許可申請書ニハ左ニ掲グル事項ヲ記載シ當事者之ニ連署スベシ

一　委託者及受託者ノ住所及主タル事務所竝ニ氏名、商號又ハ名稱

二　委託ノ事由

三　委託ノ範圍

四　委託ノ方法及報酬　收入金ノ保管及引繼竝ニ報酬及委託費用ノ支辨方法ヲ記載スルコト

五　委託ノ期間

六　委託ノ開始又ハ終了ニ關スル公告ノ方法

前項ノ申請書ニハ左ニ掲グル書類ヲ添附スベシ

一　委託ノ契約書ノ謄本

二　第五十三條第二項第三號ニ準ズル書類

事業經營ノ委託ヲ爲ス場合ニ於テ事業計畫ヲ變更セントスルトキハ其ノ關係ヲ明示シタル書類及圖面ヲ提出シ該變更ニ關スル手續ヲ省略スルコトヲ得

第一項第三號乃至第五號ニ掲グル事項ヲ變更セントスルトキハ第一項及第二項ノ規定ニ準ジ作成シタル書類ヲ提出シ交通部大臣ノ認可ヲ受クベシ此ノ場合ニ於テハ前項ノ規定ヲ準用ス

事業經營ノ委託終了シタルトキハ其ノ事由及年月日ヲ記載シ當事者連署ノ上遲滯ナク之ヲ届出ヅベシ

第五十七條　區間貨物自動車運送事業ノ共同經營ノ認可申請書ニハ左ニ掲グル事項ヲ記載シ當事者之ニ連署スベシ

一　當事者ノ住所及主タル事務所竝ニ氏名、商號又ハ名稱

二　共同經營ノ事由

三　共同經營ノ範圍及方法

四　收入ノ割賦及經費分擔ノ方法

五　共同經營ノ期間

前項ノ申請書ニハ左ニ掲グル書類ヲ添附スベシ

一　共同經營契約書ノ謄本

二　第五十三條第二項第四號ニ準ズル書類

第一項第三號乃至第五號ニ掲グル事項ヲ變更セントスルトキハ前二項ニ準ジ作成シタル書類ヲ提出シ交通部大臣ノ認可ヲ受クベシ

前條第三項ノ規定ハ第一項及前項ノ場合ニ之ヲ準用ス

共同經營終了シタルトキハ其ノ事由及年月日ヲ記載シ當事者連署ノ上遲滯ナク之ヲ届出ヅベシ

第五十八條　區間貨物自動車運送事業休止ノ許可申請書ニハ休止セントスル事業區間、期間及事由ヲ記載スベシ

許可ヲ受ケタル期間中ニ事業ヲ再開シタルトキハ遲滯ナク之ヲ届出ヅベシ

第五十九條　區間貨物自動車運送事業廢止ノ許可申請書ニハ廢止セントスル事業區間及事由ヲ記載シ第五十三條第二項第三號ニ準ズル書類ヲ添附スベシ

第六十條　區間貨物自動車運送事業ヲ營ム會社ノ解散ヲ爲ス總會ノ決議又ハ總社員ノ同意ノ認可申請書ニハ解散ノ事由ヲ記載シ株主總會ノ議事及決議ノ要領書又ハ無限責任社員若ハ總社員ノ同意書ノ謄本ヲ添附スベシ

會社ノ解散ヲ爲ス總會ノ決議若ハ總社員ノ同意ノ認可ヲ受ケ又ハ其ノ他ノ事由ニ因リ會社解散シタルトキハ會社ノ登記簿ノ謄本ヲ添附シ遲滯ナク之ヲ届出ヅベシ

第六十一條　區間貨物自動車運送事業者他ノ運送業者ト連絡運輸ヲ爲サントスルトキハ左ニ掲グル事項ヲ記載シタル書類ヲ提出シ交通部大臣ノ認可ヲ受クベシ

一　相手方ノ住所及主タル事務所竝ニ氏名、商號又ハ名稱

二　相手方ノ運送機關

三　連絡運輸ノ事由

四　連絡運輸ノ範圍及取扱物品ノ種類

五　運賃ノ割賦方法

六　連絡運輸ヲ爲ス期間

前項ノ申請書ニハ連絡運輸契約書ノ謄本ヲ添附スベシ

第一項第一號、第二號又ハ第四號乃至第六號ニ掲グル事項ヲ變更セントスルトキハ前二項ノ規定ニ準ジ作成シタル書類ヲ提出シ交通部大臣ノ認可ヲ受クベシ

連絡運輸ヲ廢止シタルトキハ其ノ事由及年月日ヲ記載シ遲滯ナク之ヲ届出ヅベシ

第六十二條　區間貨物自動車運送事業者ハ左ニ掲グル場合ニ於テハ其ノ事由及年月日ヲ記載シ遲滯ナク交通部大臣ニ之ヲ届出ヅベシ

一　主タル事務所又ハ營業所ノ地名地番ニ變更

アリタルトキ

二 事業區間ノ主ナル營業地ノ地名又ハ專用自動車道ノ起點終點ノ地名地番ニ變更アリタルトキ

三 本籍、住所、氏名、商號又ハ名稱ヲ變更シタルトキ

第四章 區域貨物自動車運送事業

第六十三條 主タル事業區域ヲ定ムル貨物自動車運送事業（以下區域貨物自動車運送事業ト稱ス）經營ノ特許申請書ニハ左ニ掲グル事項ヲ記載スベシ

一 本籍及住所
二 氏名、商號又ハ名稱
三 事業經營ノ事由
四 事業計畫

前項ノ申請書ニハ左ニ掲グル書類ヲ添附スベシ

一 興業費概算書（總額、內譯及資金調達方法ヲ明示スルコト）
二 運輸收支概算書
三 申請者會社ナルトキハ現ニ區域貨物自動車運送事業ヲ經營スルモノヲ除クノ外定款及登記簿ノ謄本竝ニ最近ノ財產目錄及貸借對照表、會社ヲ設立セントスルモノナルトキハ定款ノ謄本

第六十四條 事業計畫ニハ左ニ掲グル事項ヲ定ムベシ

一 主タル事務所及營業所ノ名稱及位置
二 主タル事業區域
三 車輛ノ車名、年式、動力ノ種類及最大積載量別輛數 主タル使用地別ニ記載スルコト
四 運賃及料金
五 車庫ノ位置及車輛格納力

主タル事業區域ノ變更ヲ申請スル場合ニ於テ既特許事業ノ事業計畫ニ變更ヲ生ズルトキハ其ノ關係ヲ明示シ該變更ニ關スル手續ヲ省略スルコトヲ得

第六十五條 區域貨物自動車運送事業經營ノ特許ヲ受ケタル者其ノ事業ヲ開始シタルトキハ遲滯ナク之ヲ屆出ヅベシ

特許ヲ受ケタル者會社ヲ設立セントスルモノナルトキハ前項ノ屆書ニハ會社ノ登記簿ノ謄本ヲ添附スベシ

第六十六條 自動車交通事業法第三十一條ニ於テ準用スル同法第二十八條第二項ノ規定ニ依ル期間伸長ノ申請書ニハ伸長ノ期間及事由ヲ記載スベシ

第六十七條 事業計畫變更ノ認可申請書ニハ變更セントスル事項及事由ヲ記載シ新舊ヲ對照シタル書類ヲ添附スベシ

第六十八條 事業計畫ノ變更ニシテ左ニ掲グルモノハ其ノ事由及實施ノ年月日ヲ記載シ新舊ヲ對照シタル書類ヲ添附シ遲滯ナク之ヲ屆出ヅベシ

一 主タル事務所若ハ營業所ノ名稱ヲ變更シ又ハ主タル事務所若ハ營業所ヲ新設シ、廢止シ若ハ移轉スルトキ
二 車輛ノ車名又ハ年式ヲ變更スルトキ

第六十九條 區域貨物自動車運送事業讓渡ノ許可申請書ニハ左ニ掲グル事項ヲ記載シ當事者之ニ連署スベシ

一 讓渡人及讓受人ノ本籍及住所竝ニ氏名、商號又ハ名稱
二 讓渡ノ事由
三 讓渡ノ範圍及讓渡價額

前項ノ申請書ニハ左ニ掲グル書類ヲ添附スベシ

一 讓渡契約書ノ謄本及讓渡價額說明書
二 當該事業ノ最近ノ興業費明細表及最近一年間ノ運輸收支表
三 申請者會社ナルトキハ讓渡又ハ讓受ニ關スル株主總會ノ議事及決議ノ要領書又ハ無限責任社員若ハ總社員ノ同意書ノ謄本
四 讓受人會社ナルトキハ現ニ區域貨物自動車運送事業ヲ經營スルモノヲ除クノ外定款及登記簿ノ謄本竝ニ最近ノ財產目錄及貸借對照表、會社ヲ設立セントスルモノナルトキハ定款ノ謄本

區域貨物自動車運送事業ノ一部ヲ讓渡スル場合ニ於テハ讓受及殘存部分ニ付各別ノ事業計畫書ヲ提出シ事業計畫變更ノ手續ヲ省略スルコトヲ得

事業ノ全部ヲ讓渡スル場合ニ於テ讓受クル事業ニ付事業計畫ヲ變更セントスルトキハ其ノ關係ヲ明示シ該變更ニ關スル手續ヲ省略スルコトヲ得

第六十四條第三項ノ規定ハ讓受人ガ讓受クル事業ト既特許事業トヲ通ジテ事業計畫ヲ定ムル場合ニ之ヲ準用ス

讓受人事業ヲ承繼シタルトキハ遲滯ナク之ヲ屆出ヅベシ

讓渡許可ヲ受ケタル者會社ヲ設立セントスルモ

ノナルトキハ前項ノ屆書ニハ會社ノ登記簿ノ謄本ヲ添附スベシ

第七十條　會社ノ合併ニ因ル區域貨物自動車運送事業承繼ノ許可申請書ニハ左ニ掲グル事項ヲ記載シ當事者之ニ連署スベシ

一　合併スル會社及合併ニ因リ設立スル會社ノ住所及商號

二　合併ノ事由

三　合併ノ方法及條件

前項ノ申請書ニハ左ニ掲グル書類ヲ添附スベシ

一　合併契約書ノ謄本及合併比率說明書

二　合併スル會社ノ最近ノ財產目錄、貸借對照表、興業費明細表及最近一年間ノ運輸收支表

三　合併ニ關スル株主總會ノ議事及決議ノ要領書又ハ無限責任社員若ハ總社員ノ同意書ノ謄本

四　合併後存續スル會社ニ在リテハ現ニ區域貨物自動車運送事業ヲ經營スルモノヲ除クノ外定款及登記簿ノ謄本、合併ニ因リ設立スル會社ニ在リテハ定款ノ謄本

前條第四項及第五項ノ規定ハ會社ノ合併ニ因ル事業承繼ノ場合ニ之ヲ準用ス

合併ニ因リ事業ヲ承繼シタル會社ハ登記簿ノ謄本ヲ添附シ遲滯ナク之ヲ屆出ヅベシ

第七十一條　區域貨物自動車運送事業者死亡シタルニ因リ其ノ事業ヲ承繼シタル相續人ハ相續ヲ證スル書類ヲ添附シ遲滯ナク之ヲ屆出ヅベシ

第七十二條　區域貨物自動車運送事業經營ノ委託ノ許可申請書ニハ左ニ掲グル事項ヲ記載シ當事者之ニ連署スベシ

一　委託者及受託者ノ住所及主タル事務所竝ニ氏名、商號又ハ名稱

二　委託ノ事由

三　委託ノ範圍

四　委託ノ方法及報酬　收入金ノ保管及引繼竝ニ報酬及委託費用ノ支辨方法ヲ記載スルコト

五　委託ノ期間

六　委託ノ開始又ハ終了ニ關スル公告ノ方法

前項ノ申請書ニハ左ニ掲グル書類ヲ添附スベシ

一　委託ノ契約書ノ謄本

二　第六十九條第二項第三號ニ準ズル書類

事業經營ノ委託ヲ爲ス場合ニ於テ事業計畫ヲ變更セントスルトキハ其ノ關係ヲ明示シタル書類ヲ提出シ該變更ニ關スル手續ヲ省略スルコトヲ得

第一項第三號乃至第五號ニ掲グル事項ヲ變更セントスルトキハ第一項及第二項ノ規定ニ準ジ作成シタル書類ヲ提出シ省長又ハ新京特別市長ノ認可ヲ受クベシ此ノ場合ニ於テハ前項ノ規定ヲ準用ス

事業經營ノ委託終了シタルトキハ其ノ事由及年月日ヲ記載シ當事者連署ノ上遲滯ナク之ヲ屆出ヅベシ

第七十三條　區域貨物自動車運送事業ノ共同經營ノ認可申請書ニハ左ニ掲グル事項ヲ記載シ當事者之ニ連署スベシ

一　當事者ノ住所及主タル事務所竝ニ氏名、商號又ハ名稱

二　共同經營ノ事由

三　共同經營ノ範圍及方法

四　收入ノ割賦及經費分擔ノ方法

五　共同經營ノ期間

前項ノ申請書ニハ左ニ掲グル書類ヲ添附スベシ

一　共同經營契約書ノ謄本

二　第六十九條第二項第三號ニ準ズル書類

第一項第三號乃至第五號ニ掲グル事項ヲ變更セントスルトキハ前二項ニ準ジ作成シタル書類ヲ提出シ省長又ハ新京特別市長ノ認可ヲ受クベシ

前條第三項ノ規定ハ第一項及前項ノ場合ニ之ヲ準用ス

共同經營終了シタルトキハ其ノ事由及年月日ヲ記載シ當事者連署ノ上遲滯ナク之ヲ屆出ヅベシ

第七十四條　區域貨物自動車運送事業休止ノ許可申請書ニハ休止セントスル主タル事業區域、期間及事由ヲ記載スベシ

許可ヲ受ケタル期間中ニ事業ヲ再開シタルトキハ遲滯ナク之ヲ屆出ヅベシ

第七十五條　區域貨物自動車運送事業廢止ノ許可申請書ニハ廢止セントスル主タル事業區域及事由ヲ記載シ第六十九條第二項第三號ニ準ズル書類ヲ添附スベシ

第七十六條　區域貨物自動車運送事業ヲ營ム會社ノ解散ヲ爲ス總會ノ決議又ハ總社員ノ同意ノ認可申請書ニハ解散ノ事由ヲ記載シ株主總會ノ議事及決議ノ要領書又ハ無限責任社員若ハ總社員ノ同意書ノ謄本ヲ添附スベシ

會社ノ解散ヲ爲ス總會ノ決議若ハ總社員ノ同意

ノ認可ヲ受ケ又ハ其ノ他ノ事由ニ因リ會社解散シタルトキハ會社ノ登記簿ノ謄本ヲ添附シ遲滯ナク之ヲ屆出ヅベシ

第七十七條　區域貨物自動車運送事業者ハ左ニ揭グル場合ニ於テハ其ノ事由及年月日ヲ記載シ遲滯ナク省長又ハ新京特別市長ニ之ヲ屆出ヅベシ

一　主タル事務所又ハ營業所ノ地名地番ニ變更アリタルトキ

二　本籍、住所、氏名、商號又ハ名稱ヲ變更シタルトキ

第五章　自動車運送事業組合

第七十八條　自動車運送事業組合（以下組合ト稱ス）ノ設立ヲ命ズル場合ニ於テハ交通部大臣ハ左ニ揭グル事項ヲ指定シ之ヲ告示ス

一　組合ノ地區

二　組合員タル資格

三　設立ノ認可ヲ申請スベキ期限

前項ノ場合ニ於テ交通部大臣ハ組合員タル資格ヲ有スル者ノ中ヨリ設立委員ヲ命ジ其ノ氏名又ハ名稱及住所ヲ告示ス

第七十九條　設立委員ハ遲滯ナク設立總會ヲ招集スベシ

設立委員設立總會ヲ招集スルニハ組合員タル資格ヲ有スル者ニ對シ會日ヨリ少クトモ二週間前ニ會議ノ目的タル事項、日時及場所ヲ通知スベシ

第八十條　組合ノ設立總會ニ於ケル議決及組合長、副組合長、理事及監事ノ選任ハ組合員タル資格ヲ有スル者半數以上出席シ其ノ議決權ノ三分ノ二以上ヲ以テ之ヲ爲スコトヲ要ス

設立總會ニ於テハ代理人ヲ以テ議決權ヲ行フコトヲ得但シ組合ノ組合員タル資格ヲ有スル者ニ非ザレバ代理人タルコトヲ得ズ

代理人ハ代理權ヲ證スル書類ヲ提出スベシ

第八十一條　組合ノ負擔ニ歸スベキ設立費及其ノ償却方法ハ設立總會ノ承認ヲ經ベシ

第八十二條　設立總會終了シタルトキハ發起人ハ組合ノ設立認可申請書ヲ遲滯ナク交通部大臣ニ提出スベシ

前項ノ認可申請書ニハ定款及設立總會ノ議事錄ノ謄本、組合長、副組合長、理事及監事ノ履歷書及左ニ揭グル事項ヲ記載シタル書類ヲ添附スベシ

一　事業計畫ノ概要

二　組合ノ負擔ニ歸スベキ設立費及其ノ償却方法

三　組合長、副組合長、理事及監事ノ氏名及住所

四　初年度ニ於ケル收支豫算、經費ノ公賦及收入方法

第八十三條　自動車交通事業法第三十四條ノ規定ニ依リ交通部大臣組合ノ定款ヲ作成シタルトキハ組合ノ組合長、副組合長、理事及監事ヲ任命ス

前項ノ組合長ハ遲滯ナク總會ヲ招集スベシ

前項ノ總會ニ於テハ收支豫算、經費ノ分賦及收入方法ヲ議決スベシ

第八十四條　組合成立シタルトキハ交通部大臣ハ左ニ揭グル事項ヲ告示ス

一　組合ノ名稱、地區及事務所ノ所在地

二　組合長、副組合長、理事及監事ノ氏名及住所

三　成立ノ年月日

第八十五條　組合ノ定款ニハ左ニ揭グル事項ヲ記載スベシ

一　目　的

二　名　稱

三　地　區

四　事務所ノ所在地

五　組合員ノ加入及脫退ニ關スル規定

六　組合員ノ權利義務ニ關スル規定

七　事業及其ノ執行ニ關スル規定

八　組合長、副組合長、理事及監事ニ關スル規定

九　代議員ヲ設クル場合ニ在リテハ代議員ニ關スル規定

十　總會其ノ他會議ニ關スル規定

十一　經費ノ徵收ニ關スル規定

十二　庶務及會計ニ關スル規定

第八十六條　自動車交通事業法第三十八條第一項ノ規定ニ依リ組合ニ對シ其ノ地區ヲ擴張スベキコトヲ命ズル場合ニ於テハ交通部大臣ハ左ニ揭グル事項ヲ指定シ之ヲ告示ス

一　地區ヲ擴張スベキ組合ノ名稱

二　擴張スベキ地區

三　組合員タル資格

第八十七條　組合自動車交通事業法第三十八條第二項ノ規定ニ依ル認可ヲ受ケントスルトキハ申

請書ニ定款及總會ノ議事錄ノ謄本竝ニ組合ニ加入セシムベキ者ニ付左ニ掲グル事項ヲ記載シタル書類ヲ添附スベシ

一　組合員タル資格

二　加入ニ關シ條件ヲ附スルトキハ其ノ條件

第八十八條　組合ノ地區ノ擴張ヲ認可シタルトキハ交通部大臣ハ左ニ掲グル事項ヲ告示ス

一　地區ヲ擴張シタル組合ノ名稱、地區及事務所ノ所在地

二　地區擴張ノ事由及其ノ年月日

第八十九條　自動車交通事業法第三十九條第一項ノ規定ニ依リ組合ノ合併ヲ命ズル場合ニ於テハ交通部大臣ハ左ニ掲グル事項ヲ指定シ之ヲ告示ス

一　合併スベキ組合ノ名稱

二　合併ノ方法及條件

第九十條　組合自動車交通事業法第三十九條第二項ノ規定ニ依ル認可ヲ受ケントスルトキハ申請書ニハ總會ノ議事錄ノ謄本、財産目錄、合併後存續スル組合又ハ合併ニ因リテ設立スル組合ノ定款及左ニ掲グル事項ヲ記載シタル合併契約書ノ謄本ヲ添附スベシ

一　合併ノ方法、條件及豫定期日

二　合併ニ因リ引繼グベキ財産

第九十一條　第八十條乃至第八十二條及第八十五條ノ規定ハ合併ニ因リテ設立スル組合ニ之ヲ準用ス

第九十二條　合併ニ因リテ組合ヲ設立スル場合ニ於テハ定款ノ作成其ノ他設立ニ關スル一切ノ事務ハ各組合長共同シテ之ヲ處理スベシ

第九十三條　組合ノ合併ヲ認可シタルトキハ交通部大臣ハ合併ニ因リテ解散スル組合ニ付テハ其ノ組合ノ名稱、解散ノ事由及其ノ年月日、合併後存續スル組合ニ付テハ其ノ組合ノ名稱、地區及事務所ノ所在地竝ニ組合長、副組合長、理事及監事ノ氏名及住所、合併ニ因リテ設立スル組合ニ付テハ其ノ組合ノ名稱、地區及事務所ノ所在地、組合長、副組合長、理事及監事ノ氏名及住所竝ニ成立ノ年月日ヲ告示ス

第九十四條　組合長ハ組合ヲ代表シ其ノ業務ヲ綜理ス

副組合長ハ組合長ヲ輔佐シ組合長事故アルトキハ其ノ職務ヲ代理ス

理事ハ組合長及副組合長ヲ輔佐シ組合ノ業務ヲ掌理シ組合長及副組合長共ニ事故アルトキハ定款ノ定ムル所ニ依リ理事ノ一人組合長ノ職務ヲ代理ス

監事ハ組合ノ財産及業務執行ノ狀況ヲ監査ス

組合ト組合長、副組合長又ハ理事トノ間ニ於ケル契約又ハ訴訟ニ付テハ定款ノ定ムル所ニ依リ監事ノ一人組合ヲ代表ス

監事ハ組合長、副組合長又ハ理事ヲ兼ヌルコトヲ得ズ

第九十五條　組合長、副組合長及理事ノ任期ハ三年、監事ノ任期ハ二年トス

第九十六條　組合長、副組合長、理事及監事ハ組合員又ハ組合員タル法人ノ業務ヲ執行スル職員又ハ監事ノ中ヨリ之ヲ選任スベシ但シ設立當時ノ組合長、副組合長、理事及監事ハ第八十三條第一項ノ場合ヲ除クノ外組合員タル資格ヲ有スル者又ハ組合員タル資格ヲ有スル法人ノ業務ヲ執行スル職員又ハ監事ノ中ヨリ之ヲ選任スベシ

特別ノ事由アルトキハ組合長、副組合長、理事及監事ハ前項ノ規定ニ該當セザル者ヨリ之ヲ選任スルコトヲ得

第九十七條　總會ハ定款ノ定ムル所ニ依リ組合員ヲ以テ組織ス但シ組合員ヨリ選任シタル代議員ヲ以テ之ヲ組織スルコトヲ得

第九十八條　組合員ハ總組合員ノ四分ノ一以上ノ同意ヲ得テ會議ノ目的タル事項及其ノ招集ノ事由ヲ記載シタル書類ヲ組合長ニ提出シテ總會ノ招集ヲ請求スルコトヲ得

組合長正當ノ事由ナクシテ前項ノ規定ニ依ル請求アリタル後二週間以內ニ總會招集ノ手續ヲ爲サザルトキハ請求者ハ省長又ハ新京特別市長ノ認可ヲ受ケ之ヲ招集スルコトヲ得

第九十九條　總會ノ議事ハ本令又ハ定款ニ別段ノ定アル場合ヲ除クノ外出席シタル組合員ノ議決權ノ過半數ヲ以テ之ヲ決ス

組合員代理人ヲ以テ決議權ヲ行フ場合ハ代理人ハ代理權ヲ證スル書類ヲ組合ニ提出スベシ

第百條　自動車交通事業法第四十二條第一項第一號、第三號、第六號及第七號ニ掲グル事項ノ議決ハ總組合員ノ半數以上出席シ其ノ議決權ノ三分ノ二以上ヲ以テ之ヲ爲スコトヲ要ス

第百一條　組合員ハ左ノ事由ニ因リテ脫退ス

一　組合員タル資格ノ喪失

二　死亡

第百二條　組合ハ組合員ニシテ自動車交通事業法第二十五條、第二十九條及第三十一條ニ於テ準用スル同法第二十一條各號ニ該當スル者アリト認ムルトキハ其ノ處分ニ關シ當該行政官署ニ意見ヲ具申スルコトヲ得

第百三條　自動車交通事業法第四十三條ノ規程ノ制定又ハ變更ノ決議ノ認可申請書ニハ其ノ事由ヲ記載シ總會ノ議事錄ノ謄本ヲ添附スベシ

第百四條　組合自動車交通事業法第四十三條ノ規程ニ基キ運賃又ハ料金ニ付決定ヲ爲シタルトキハ決定ノ事情及算出ノ基礎ヲ明ニスル書類ヲ添附シ區間貨物自動車運送事業ノ運賃及料金ニ在リテハ交通部大臣、其ノ他ノ運賃及料金ニ在リテハ省長又ハ新京特別市長ノ認可ヲ受クベシ

前項ノ認可アリタルトキハ其ノ組合ノ組合員ハ運賃又ハ料金ノ變更ニ付前項ノ決定ノ額ニ變更ノ認可ヲ受ケタルモノト看做ス

第百五條　自動車交通事業法第四十八條ノ規定ニ依リ組合解散シタルトキハ交通部大臣ハ左ニ掲グル事項ヲ告示ス

一　解散シタル組合ノ名稱

二　解散ノ事由及其ノ年月日

第百六條　組合ニ於テ清算人就職シタルトキハ交通部大臣ニ其ノ旨屆出ヅベシ

第百七條　清算人就職シタルトキハ交通部大臣ハ左ニ掲グル事項ヲ告示ス

一　清算ヲ爲スベキ組合ノ名稱

二　清算人ノ氏名及住所

第百八條　清算結了シタルトキハ交通部大臣ハ左ニ掲グル事項ヲ告示ス

一　清算結了シタル組合ノ名稱

二　清算結了ノ年月日

第百九條　組合ノ定款變更ノ決議ノ認可申請書ニハ其ノ事由ヲ記載シ總會ノ議事錄ノ謄本ヲ添附スベシ

第百十條　組合ノ組合長、副組合長、理事及監事ノ選任ノ決議ノ認可申請書ニハ組合長、副組合長、理事及監事ノ履歷書及總會ノ議事錄ノ謄本ヲ添附スベシ

第九十六條第二項ノ規定ニ依ル組合長、副組合長、理事及監事ノ選任ノ場合ニ在リテハ其ノ認可申請書ニハ前項ニ掲グル書類ノ外其ノ事由ヲ記載シタル書類ヲ添附スベシ

第百十一條　組合ノ組合長、副組合長、理事及監事ノ解任ノ決議ノ認可申請書ニハ其ノ事由ヲ記載シ總會ノ議事錄ノ謄本ヲ添附スベシ

第百十二條　組合ノ組合長、副組合長、理事、監事又ハ清算人ノ受クベキ給與ハ定款又ハ總會若ハ設立總會ノ決議ニ依リ之ヲ定ムベシ

第百十三條　自動車交通事業法第四十六條ノ規定ニ依リ組合員ニ對シ其ノ組合ノ統制ニ從フベキコトヲ命ズル場合ニ於テハ交通部大臣ハ組合、其ノ從フベキ事項及組合ノ統制ニ從フベキ者ノ資格ヲ指定シ之ヲ告示ス

前項ノ規定ニ依リ指定セラレタル資格ヲ有スル者ハ其ノ指定ニ從ヒ組合ノ統制ニ從フベシ但シ特別ノ事由ニ因リ交通部大臣ノ認可ヲ受ケタル者ハ此ノ限ニ在ラズ

第一項ノ指定アリタル後組合ニ於テ指定セラレタル事項ニ關スル定款ノ施行規程ヲ制定シ又ハ變更セントスルトキハ省長又ハ新京特別市長ノ認可ヲ受クベシ

第百十四條　左ニ掲グル場合ニ於テハ組合ハ遲滯ナク省長又ハ新京特別市長ニ之ヲ屆出ヅベシ

一　交通部大臣、省長又ハ新京特別市長ノ認可ヲ受ケタル場合ヲ除クノ外定款ノ施行規程ヲ制定又ハ變更シタルトキ

二　自動車交通事業法第四十三條ノ規程ニ基キ運賃又ハ料金以外ノ事項ニ付決定ヲ爲シタルトキ

第六章　雜則

第百十五條　旅客自動車運輸事業、旅客自動車運送事業、區間貨物自動車運送事業又ハ區域貨物自動車運送事業ノ特許失效シタルトキハ遲滯ナク特許狀ヲ返納スベシ

第百十六條　旅客自動車運輸事業者ハ第二號樣式及第三號樣式ニ依ル營業報告書及統計報告書ヲ、旅客自動車運送事業者及貨物自動車運送事業者ハ第四號樣式及第五號樣式ニ依ル事業概況報告書ヲ調製シ每營業年度ノ經過後二月以内ニ交通部大臣及省長又ハ新京特別市長ニ之ヲ提出スベシ

第百十七條　自動車交通事業法又ハ本令ノ規定ニ依リ交通部大臣ニ提出スベキ申請書其ノ他ノ書類ハ當該事件ノ關スル土地ヲ管轄スル省長又ハ新京特別市長ヲ經由スベシ但シ事件ガ二以上ノ

省又ハ省及新京特別市ニ跨ル場合ニ在リテハ其ノ事件ノ主トシテ關スル土地ヲ管轄スル省長又ハ新京特別市長ヲ經由スベシ

省長又ハ新京特別市長前項但書ノ書類ヲ受附ケタルトキハ申請書ニ在リテハ關係省長又ハ新京特別市長ニ協議シ其ノ他ノ書類ニ在リテハ關係省長又ハ新京特別市長ニ通知スベシ

第百十八條　自動車交通事業法又ハ本令ノ規定ニ依リ省長又ハ新京特別市長ニ提出スベキ申請書其ノ他ノ書類ハ當該事件ノ關スル土地ヲ管轄スル省長又ハ新京特別市長ニ之ヲ提出スベシ但シ事件ガ二以上ノ省又ハ省及新京特別市ニ跨ル場合ニ在リテハ其ノ事件ノ主トシテ關スル土地ヲ管轄スル省長又ハ新京特別市長ニ之ヲ提出スベシ

省長又ハ新京特別市長前項但書ノ書類ヲ受附ケタル場合ニ於テ當該事件ガ處分ヲ要スルモノナルトキハ關係省長又ハ新京特別市長ニ協議ノ上連名ニテ之ヲ爲シ其ノ他ノモノナルトキハ關係省長又ハ新京特別市長ニ之ヲ通知スベシ

附　則

第百十九條　本令ハ自動車運輸事業法改正ノ件施行ノ日ヨリ之ヲ施行ス

第百二十條　自動車交通事業法第六十五條第二項ノ規定ニ依ル屆出書ニハ左ニ揭グル事項ヲ記載スベシ

一　本籍及住所

二　氏名、商號又ハ名稱

三　事業開始ノ年月日

四　主タル事務所及營業所ノ名稱及位置

五　運賃及料金

六　車輛ノ車名、年式及旅客定員別（立席及座席ノ別）又ハ物品最大積載量別輛數

前項ノ屆出書ニハ左ニ揭グル書類ヲ添附スベシ

一　會社ニ在リテハ定款及登記簿ノ謄本並ニ最近ノ財產目錄及貸借對照表

二　イ　旅客自動車運輸事業ヲ經營スルモノニ在リテハ其ノ路線圖

ロ　旅客自動車運送事業ニシテ路線ヲ定メザルモノニ在リテハ主タル事業區域、路線ヲ定ムルモノニ在リテハ其ノ路線圖

ハ　貨物自動車運送事業ニシテ事業區間ヲ定ムルモノニ在リテハ其ノ事業區間及運行經路ヲ示ス略圖、主タル事業區域ヲ定ムルモノニ在リテハ其ノ主タル事業區域

第百二十一條　前條ノ規定ニ依ル屆出ハ旅客自動車運輸事業又ハ區間貨物自動車運送事業ヲ經營スルモノニ在リテハ交通部大臣、旅客自動車運送事業又ハ區域貨物自動車運送事業ヲ經營スルモノニ在リテハ省長又ハ新京特別市長ニ之ヲ爲スベシ

第百二十二條　自動車交通事業法第六十七條ノ規定ニ依ル特許申請書ハ第一條乃至第三條、第二十九條、第三十條、第三十三條、第四十三條、第四十四條、第六十三條及第六十四條ニ規定スル事項ノ外開業ノ年月日ヲ記載スベシ

（以下樣式省略）　（九月社報一一〇頁參照）

◎交通部令第二十五號（康德八年十月一日公布 同日附政府公報揭載）

茲ニ自動車交通事業法第五十五條ノ規定ニ依ル職權委任ニ關スル件ヲ左ノ通制定ス

自動車交通事業法第五十五條ノ規定ニ依ル職權委任ニ關スル件

第一條—第七條並附則省略

◎交通部令第二十六號（康德八年十月一日公布 同日附政府公報揭載）

茲ニ旅客自動車運輸事業運輸規程ヲ左ノ通制定ス

旅客自動車運輸事業運輸規程

第一條　旅客自動車運輸事業ノ運輸ニ關シテハ本令ノ定ムル所ニ依ルベシ但シ特別ノ事由アル場合ニ於テハ省長又ハ新京特別市長ノ許可ヲ受ケ本令ニ依ラザルコトヲ得

省長又ハ新京特別市長前項ノ規定ニ依リ許可ヲ爲シタルトキハ遲滯ナク交通部大臣ニ之ヲ報告スベシ

交通部大臣ハ旅客自動車運輸事業ノ狀況ニ依リ本令ニ依ラザル運輸ヲ命ズルコトヲ得

第二條　運賃、料金其ノ他ノ運送條件ハ公告ヲ爲シタル後ニ非ザレバ之ヲ實施スルコトヲ得ズ

運賃又ハ料金ヲ增加セントスルトキハ前項ノ公告ハ二週間以上之ヲ爲スベシ

第三條　車輛ノ運行ヲ休止シ又ハ變更セントスルトキハ實施前之ヲ公告スベシ

第四條　旅客自動車運輸事業者旅客及物品ノ運送條件其ノ他運送ニ關スル事項ニ付規則ヲ定メタルトキハ實施前交通部大臣及省長又ハ新京特別市長ニ之ヲ屆出ヅベシ之ヲ變更シタルトキ亦同

ジ

第五條 運輸ニ從事スル係員ハ運輸上ノ安全便益ヲ旨トシ旅客ニ對シ公平懇切ニ其ノ職務ヲ行フベシ

第六條 運轉者、車掌其ノ他旅客及公衆ニ應接スル係員ハ一定ノ制服ヲ著用スベシ

旅客ノ案内又ハ乘降ノ整理等旅客ノ指導ニ從事スル係員ハ腕章又ハ徽章ニ依リ其ノ係員タルコトヲ明示スベシ

第七條 旅客ヲ運送スル車輛ニハ車掌ヲ乘務セシムベシ

第八條 旅客自動車運輸事業者係員ノ採用、服務、給與又ハ懲戒ニ關スル規則ヲ定メタルトキハ交通部大臣及省長又ハ新京特別市長ニ之ヲ屆出ヅベシ之ヲ變更シタルトキ亦同ジ

第九條 旅客及荷送人ハ係員ノ職務上ノ指圖ニ從フベシ

第十條 車輛ノ外側ニハ見易キ箇所ニ行先及旅客自動車運輸事業者ノ名稱又ハ徽章ヲ表示スベシ

第十一條 車輛ニハ豫備タイヤ及應急修理ニ必要ナル器具ヲ備フベシ但シ急速ニ之ヲ供給スベキ施設アルトキ又ハ他ノ車輛ニ依リ容易ニ運送ヲ繼續シ得ルトキハ此ノ限ニ在ラズ

第十二條 車輛ハ毎日運行開始前其ノ要部ヲ點檢スベシ

第十三條 車輛ハ使用ノ狀況ニ依リ六月ヲ超エザル期間毎又ハ走行二萬粁ニ達セザル毎ニ機關、操向裝置、制動裝置、照明裝置、車輪、車軸其ノ他ノ要部ヲ細密ニ檢査スベシ

第十四條 車輛ハ一年ヲ超エザル期間毎又ハ走行四萬粁ニ達セザル毎（新造車輛ノ第一回解體檢査ニ在リテハ一年六月ヲ超エザル期間毎又ハ走行六萬粁ニ達セザル毎）ニ解體檢査ヲ爲シタル後ニ非ザレバ之ヲ使用スルコトヲ得ズ

第十五條 旅客自動車運輸事業者ハ各車輛毎ニ車歷表ヲ備ヘ前二條ノ規定ニ依リ檢査ヲ爲シタルトキハ檢査ノ概要、費用、年月日其ノ他必要ナル事項ヲ之ニ記入スベシ重要ナル修繕若ハ改造ヲ爲シタルトキ亦同ジ

第十六條 專用自動車道ハ常ニ車輛ヲ安全且正確ニ運轉スルコトヲ得ベキ狀態ニ之ヲ保持スベシ

第十七條 車輛ノ墜落、顚覆、衝突、火災等重大事故發生シタルトキハ遲滯ナク別紙樣式ニ依リ交通部大臣及省長又ハ新京特別市長ニ之ヲ屆出ヅベシ

第十八條 停留所ニハ見易キ箇所ニ停留所名及旅客自動車運輸事業者ノ名稱又ハ徽章ヲ表示シ且主要停留所ニハ車輛ノ主ナル行先、運賃及發著時刻ヲ掲示スベシ

運行頻繁ナル路線ニ在リテハ始發及終發ノ時刻竝ニ運轉間隔ノ大要ヲ以テ前項ノ發著時刻ニ代フルコトヲ得

第十九條 主要停留所ニシテ旅客ノ取扱上必要アルトキハ係員ヲ駐在セシメ又ハ旅客待合所ヲ設クベシ

旅客待合所ニハ各種運賃表、運轉時刻表、路線圖、運轉系統圖其ノ他運輸上必要ナル事項ヲ掲出スベシ此ノ場合ニ於テハ停留所ニハ前條ニ掲グル事項（停留所名及事業者ノ名稱又ハ徽章ヲ除ク）ノ掲示ヲ省略スルコトヲ得

第二十條 旅客ノ同伴スル六年未滿ノ小兒ハ二人ヲ限リ無賃ヲ以テ之ヲ運送スベシ

第二十一條 旅客自動車運輸事業者ハ一定ノ樣式ニ依ル乘車券ヲ發行スベシ

乘車券ニハ運賃、通用ノ區間其ノ他必要ナル事項ヲ記載スベシ

回數乘車券ニ在リテハ其ノ綴ノ表紙ニ回數券ハ表紙ト共ニスルニ非ザレバ之ヲ行使スルコトヲ得ザル旨記載スベシ

乘車券ノ樣式ヲ定メ又ハ變更シタルトキハ省長又ハ新京特別市長ニ之ヲ屆出ヅベシ

第二十二條 天災事變其ノ他已ムヲ得ザル事由ニ因リ車輛ノ運轉ヲ中斷シタルトキハ旅客ニ對シ相當ノ便宜ヲ與ヘ保護ヲ爲スベシ

第二十三條 旅客自動車運輸事業者ハ特別ノ事由アル場合ニ於テハ旅客ニ對シ乘車スベキ日時及車輛ヲ指定スルコトヲ得

第二十四條 左ニ掲グル者ノ乘車ハ之ヲ拒絕スルコトヲ得

一 附添人ナキ重病者及精神病者
二 泥醉者又ハ不潔ナル服裝ヲ爲ス者
三 其ノ他他ノ旅客ニ迷惑ヲ及ボス虞アル者

傳染病患者ハ他ノ旅客ト之ヲ同乘セシムルコトヲ得ズ

第二十五條 旅客ハ左ニ掲グル行爲ヲ爲スベカラズ

一 機械裝置ニ手ヲ觸ルルコト
二 進行中乘降スルコト

三　進行中運轉者ニ話シ掛ケ乘降口ノ扉ヲ開キ又ハ肢體ヲ車外ニ出スコト
四　物品ヲ車外ニ投棄スルコト
五　他ノ乘客ノ迷惑ト爲ルコト

前項ニ掲グル行爲ヲ爲ス者係員ノ制止ヲ肯ゼザルトキハ之ヲ降車セシムルコトヲ得

第二十六條　旅客ハ檢査ノ爲乘車券ノ呈示又ハ取集ノ爲其ノ交付ヲ求メラレタルトキハ之ヲ拒ムコトヲ得ズ

前項ノ規定ニ違反シ乘車券ノ呈示又ハ交付ヲ拒ミタル旅客ニ對シテハ普通運賃ノ外之ト同額ノ割增運賃ヲ請求スルコトヲ得無效ノ乘車券ヲ以テ乘車シタル旅客ニ對シ亦同ジ

第二十七條　旅客ハ左ニ掲グル物品ヲ車內ニ持込ムコトヲ得ズ
一　犬其ノ他ノ動物ニシテ他ノ旅客ノ迷惑トナル虞アルモノ
二　品質、容積等ニ因リ他ノ旅客ノ迷惑トナル虞アルモノ
三　火藥類（少量ノ銃用火藥類又ハ緩燃導火線ヲ除ク）其ノ他危害ヲ他ニ及ボス虞アルモノ

第二十八條　自動車交通事業法第四條ノ規定ニ依リ旅客ノ運送ニ附隨シテ運送シ得ル物品ハ郵便物、新聞紙、雜誌其ノ他旅客ノ運送ヲ目的トスル車輛ニ積載シ得ルモノニ限ル但シ火藥類及危害ヲ他ニ及ボス虞アル物品ハ之ヲ運送スルコトヲ得ズ

臭氣ヲ發シ又ハ不潔ナル物品ハ旅客ト同一ノ車室ニ之ヲ積載スルコトヲ得ズ

第二十九條　左ニ掲グル場合ニ於テハ物品ノ運送ヲ拒絕スルコトヲ得
一　運送ニ適スル設備ナキトキ
二　直ニ運送ヲ爲スコトヲ得ザルトキ
三　旅客ノ運送ニ支障ヲ及ボス虞アルトキ

運送物品中ニ火藥類又ハ危害ヲ他ニ及ボス虞アル物品ヲ收納セル疑アルトキハ係員ハ其ノ內容ニ付說明ヲ求メ又ハ荷送人立會ノ上之ヲ點檢スルコトヲ得

第三十條　物品運送ノ引受ヲ爲シタルトキハ之ニ對シ荷物切符ヲ發行シ荷送人ニ之ヲ交付スベシ但シ物品ノ種類ニ依リ其ノ必要ナシト認メラルルトキハ此ノ限ニ在ラズ

荷物切符ニハ引換番號、運賃其ノ他必要ナル事項ヲ記載スベシ

第三十一條　第四條、第八條、第十七條及第二十一條第四項ノ規定ハ國ニ於テ又ハ國有鐵道ノ附屬事業トシテ經營スル旅客自動車運輸事業ニハ適用セズ

第三十二條　左ノ各號ノ一ニ該當スル者ハ拘留又ハ科料ニ處ス
一　係員ノ許諾ヲ受ケズシテ專用自動車道內ニ立入リタル者
二　車輛ニ瓦石類ヲ投擲シタルモノ
三　係員ノ職務ノ執行ヲ妨害シタル者

附　則

本令ハ自動車運輸事業法改正ノ件施行ノ日ヨリ之ヲ施行ス

本令施行ノ際第六條、第七條、第二十一條第一項乃至第三項及第三十條ノ規定ニ適合セザルモノアルトキハ本令施行ノ日ヨリ六月以內ニ之ヲ適合セシムベシ

旅客自動車運輸事業者ニシテ本令施行前第四條又ハ第八條ノ規定ニ依ル規則ヲ定メタルモノハ交通部大臣及省長又ハ新京特別市長ニ夫夫本令施行ノ日ヨリ一月以內ニ之ヲ屆出ヅベシ

別紙樣式

年　月　日

住所

事業者名　㊞

交通部鐵路司長宛

省長又ハ新京特別市長宛

事故屆

事故ノ種類	
原因	
發生日時分	
場所	
當該車輛	
現場ノ狀況及當時ノ處置	
損害ノ程度	
當務者處分ノ顛末	

備考

一　當該車輛ハ車名、年式、座席形式、旅客定員及馬力ノ種類ヲ記載スベシ
二　現場ノ狀況及當時ノ處置ハ詳細ニ說明シ必要ニ依リ圖面ヲ添附スベシ
三　當務者處分未了ノ場合ハ其ノ旨ヲ附記シ處分結了ト

同時ニ之ヲ追報スベシ

◎交通部令第二十七號（康德八年十月一日公布　同日附政府公報揭載）

茲ニ旅客自動車運輸事業會計規程ヲ左ノ通制定ス

旅客自動車運輸事業會計規程

第一條―第九條附則省略

◎交通部令第二十八號（康德八年十月一日公布　同日附政府公報揭載）

茲ニ貨物自動車運送事業運輸設備會計規程ヲ左ノ通制定ス

貨物自動車運送事業運輸設備會計規程

第一條　貨物自動車運送事業ノ運輸、設備及會計（會社ニ非ザルモノノ經營スル貨物自動車運送事業ニ付テハ會計ヲ除ク）ニ關シテハ別段ノ定アルモノヲ除クノ外本令ノ定ムル所ニ依ルベシ

但シ特別ノ事由アル場合ニ於テハ省長又ハ新京特別市長ノ許可ヲ受ケ本令ニ依ラザルコトヲ得

省長又ハ新京特別市長前項ノ規定ニ依リ許可ヲ爲シタルトキハ遲滯ナク交通部大臣ニ之ヲ報告スベシ

交通部大臣ハ必要アリト認ムルトキハ本令ニ依ラザル運輸、設備又ハ會計ヲ命ズルコトヲ得

第二條　運賃及料金ハ公告ヲ爲シタル後ニ非ザレバ之ヲ實施スルコトヲ得ズ

第三條　營業所ハ事業區間又ハ主タル事業區域内ニ之ヲ設置スベシ

第四條　營業所ニハ左ノ事項ヲ公示スベシ

一　運賃及料金

二　區間貨物自動車運送事業ニ在リテハ其ノ事業區間及物品ノ集配ヲ爲ス區域、區域貨物自動車運送事業ニ在リテハ其ノ主タル事業區域

第五條　貨物自動車運送事業者ハ其ノ事業ノ休止又ハ廢止ノ許可ヲ受ケタルトキハ休止又ハ廢止ノ範圍及期日竝ニ休止ノ場合ニハ其ノ期間ヲ營業所ノ見易キ箇所ニ公示スベシ

第六條　貨物自動車運送事業者ハ物品運送ノ受託簿ヲ各營業所ニ備附ケ運送引受ノ年月日、荷主竝ニ運送品ノ種類、數量、發著地、運賃及料金ヲ記入スベシ

第七條　區間貨物自動車運送事業者ハ其ノ營業所ニ運送品ノ寸法又ハ重量ノ測定ニ必要ナル器具ヲ備附クベシ

第八條　運送品ハ運送引受ノ順序ニ依リ之ヲ運送スベシ但シ公益上ノ必要アルトキハ此ノ限ニ在ラズ

交通部大臣ハ公益上必要アリト認ムルトキハ運送品ノ運送順序ヲ指定シ之ニ依ルベキコトヲ命ズルコトヲ得

第九條　貨物自動車運送事業者ハ左ノ場合ノ外運送ヲ拒絶スルコトヲ得ズ

一　運送ガ法令ノ規定又ハ公ノ秩序若ハ善良ノ風俗ニ反スルトキ

二　運送ニ付特別ナル責務ノ條件ヲ荷主ヨリ求メタルトキ

三　天災事變其ノ他已ムヲ得ザル事由ニ因ル運送上ノ支障アルトキ

四　運送ニ適スル設備ナキトキ

五　荷送人ノ要求スル期日迄ニ運送ヲ爲シ得ザルトキ

第十條　區域貨物自動車運送事業ハ多數ノ荷主ノ物品ヲ混載シテ運送スルコトヲ目的トシテ之ヲ經營スルコトヲ得ズ但シ停車場、市場、倉庫其ノ他物品ノ多數集散スル場所ニ搬入又ハ搬出スルモノハ此ノ限ニ在ラズ

第十一條　車輛ニハ運送品ノ看守又ハ積卸ニ必要ナル者ノ外乘車セシムルコトヲ得ズ

第十二條　車輛ニハ應急修理ニ必要ナル器具ヲ備フベシ

第十三條　車輛ハ毎日其ノ運行開始前其ノ要部ヲ點檢スベシ

第十四條　營業年度ハ一年又ハ六月トス

第十五條　貨物自動車運送事業ノ開始ニ必要ナル自動車、專用自動車道、車庫等ノ取得又ハ建設ノ爲支出シタル金額ハ之ヲ興業費トス

事業開始後增備增設其ノ他ノ改良ヲ加ヘタル場合ニ於ケル費用ハ之ヲ興業費トス但シ新工事ニ因リ撤去セラレタル部分ノ舊工事費ハ新工事費ニ相當スル額ヲ限度トシ興業費ヨリ之ヲ控除スベシ

借入金ノ利子ハ事業開始前ニ屬スルモノニ限リ之ヲ興業費ニ決算スルコトヲ得

第十六條　自動車、專用自動車道其ノ他興業費ニ決算シタルモノノ補修維持ノ費用、前條第二項ノ場合ニ於テ興業費ヨリ控除スベキ金額、第十八條第一項ノ規定ニ依ル自動車ノ價額償却金及之ニ類似スル償却金、諸稅其ノ他運輸營業上ノ諸費用ハ之ヲ營業費トス

支拂利子、雜損及第十八條第二項ノ規定ニ依ル

償却金ハ雜支出トシ營業費及雜支出ハ營業支出トス

第十七條　貨物收入其ノ他運輸營業上ノ諸收入（運輸雜收）ハ之ヲ運輸收入トシ運輸收入及雜收入ハ之ヲ營業收入トス

第十八條　自動車ノ價額ハ使用ノ狀況ニ應ジ一定ノ計畫ニ依リ每營業年度ニ之ヲ償却スベシ

興業費ニ決算シタル借入金ノ利子、他ノ自動車運送事業承繼ノ爲支出シタル金額等ニシテ之ニ對應スル有形財產ヲ有セザルモノハ一定ノ計畫ニ依リ之ヲ償却スベシ

第十九條　興業及營業ニ關聯スル費用ハ當該營業年度ニ於ケル興業費及營業費ノ決算額ノ割合ニ依リ百分率ヲ以テ之ヲ分割スベシ但シ全部ヲ營業費ニ算入スルコトヲ妨ゲズ

第二十條　貨物自動車運送事業者ガ他ノ事業ヲ營ム場合ニ於テ貨物自動車運送事業及他ノ事業ニ關聯スル興業費、營業費又ハ營業收入ハ當該營業年度ニ於ケル關係各事業ノ興業費、營業費又ハ營業收入ノ決算額ノ割合ニ依リ百分率ヲ以テ之ヲ分割スベシ

第二十一條　區間ヲ分チテ興業費ヲ整理スル場合ニ於テ二區間以上ニ關聯スル興業費ハ當該營業年度ニ於ケル關係各區間ノ興業費ノ決算額ノ割合ニ依リ百分率ヲ以テ之ヲ分割スベシ

附　則

本令ハ自動車運輸事業法改正ノ件施行ノ日ヨリ之ヲ施行ス但シ第十四條乃至第二十一條ノ規定ニ付テハ同法施行ノ日ノ屬スル營業年度末ニ至ル迄ハ本令ニ依ラザルコトヲ得

◎交通部令第二十九號（康德八年十月一日公布）（同日附政府公報掲載）

茲ニ特定旅客自動車運送業規則ヲ左ノ通制定ス

特定旅客自動車運送業規則

第一條　旅客自動車運輸事業又ハ旅客自動車運送事業ニ非ズシテ自動車ヲ使用シテ旅客ヲ運送スル事業（以下特定旅客自動車運送業ト稱ス）ヲ經營セントスル者ハ省長又ハ新京特別市長ノ許可ヲ受クベシ

第二條　特定旅客自動車運送業ニシテ路線ヲ定ムルモノハ特定ノ學校、工場等ニ往復スル其ノ學生、職工其ノ他ノ特定人ヲ運送スルモノノ外之ヲ經營スルコトヲ得ズ

第三條　特定旅客自動車運送業經營ノ許可申請書ニハ左ニ掲グル事項ヲ記載スベシ

一　申請者ノ本籍、住所及主タル事務所竝ニ氏名、商號又ハ名稱

二　路線又ハ事業區域（路線ヲ定ムルモノニ在リテハ起點終點ノ地名地番、延長及停留所ヲ記載シ尙路線圖ヲ添附スルコト）

三　取扱旅客ノ範圍、有償無償ノ別及有償ノモノニ在リテハ運賃其ノ他ノ料金

四　車輛ノ車名、年式、動力ノ種類及旅客定員別輛數

五　車庫ノ位置及車輛格納力

第四條　特定旅客自動車運送業者路線、事業區域、取扱旅客ノ範圍、運賃其ノ他ノ料金、車輛ノ年式、動力ノ種類、旅客定員別輛數、停留所又ハ車庫ノ位置ヲ變更セントスルトキハ其ノ事由及新舊ノ事項ヲ明示シ省長又ハ新京特別市長ノ許可ヲ受クベシ

第五條　特定旅客自動車運送業者ニ對スル許可ニハ條件ヲ附スルコトヲ得

前項ノ條件ハ公益上必要アルトキハ之ヲ變更スルコトヲ得

第六條　左ニ掲グル場合ニ於テハ其ノ事由及年月日ヲ記載シ省長又ハ新京特別市長ニ之ヲ届出ヅベシ

一　事業ヲ開始シタルトキ

二　路線ノ起點終點ノ地名地番ニ變更アリタルトキ

三　車輛ノ車名ヲ變更シタルトキ

四　事業ヲ休止シ又ハ廢止シタルトキ

五　事業ヲ營ム會社解散シタルトキ

六　本籍、住所、主タル事務所、氏名、商號又ハ名稱ヲ變更シタルトキ

第七條　省長又ハ新京特別市長ハ監督上必要アリト認ムルトキハ事業者ヲシテ事業上ノ報告ヲ爲サシメ若ハ帳簿其ノ他ノ書類ヲ提出セシメ又ハ所屬ノ官吏ヲシテ事業ノ狀況ヲ檢查セシムルコトヲ得

省長又ハ新京特別市長ハ公益上必要アリト認ムルトキハ運賃ノ變更其ノ他事業ノ改善ヲ命ズルコトヲ得

第八條　左ニ掲グル場合ニ於テハ省長又ハ新京特別市長ハ第一條ノ許可ヲ取消シ又ハ事業ヲ停止セシムルコトヲ得

一　本令又ハ本令ニ基キテ爲ス命令ニ違反シ又ハ許可ニ附シタル條件ニ違反シタルトキ
二　公益ヲ害スル行爲ヲ爲シタルトキ

第九條　特定旅客自動車運送業經營ノ許可ヲ受ケタル者省長又ハ新京特別市長ノ指定スル期間内ニ其ノ事業ヲ開始セザルトキハ許可ハ其ノ效力ヲ失フ

第十條　本令ノ規定ニ依ル申請書其ノ他ノ書類ハ其ノ事件ノ關スル土地ヲ管轄スル省長又ハ新京特別市長ニ提出スベシ但シ其ノ事件ガ二以上ノ省又ハ省及新京特別市ニ跨ル場合ニ在リテハ其ノ事件ノ主タル部分ノ關スル土地ヲ管轄スル省長又ハ新京特別市長ニ提出スベシ

省長又ハ新京特別市長前項但書ノ書類ヲ受附ケタル場合ニ於テ當該事件ガ處分ヲ要スルモノナルトキハ關係省長又ハ新京特別市長ニ商議ノ上之ヲ爲シ其ノ他ノモノナルトキハ關係省長又ハ新京特別市長ニ之ヲ通知スベシ

第十一條　本令ニ定ムルモノノ外特定旅客自動車運送業ニ關シ必要ナル事項ハ省長又ハ新京特別市長之ヲ定ム

附　則

本令ハ自動車運輸事業法改正ノ件施行ノ日ヨリ之ヲ施行ス

本令施行ノ際現ニ本令ニ依リ新ニ許可ヲ受クベキモノトナリタル事業ヲ營ム者ハ本令施行後三月以内ニ限リ其ノ事業ヲ營ムコトヲ得此ノ期間内ニ事業經營ノ許可申請ヲ爲ストキハ許可又ハ許可ノ拒否ノ日迄亦同ジ

◎交通部令第三十號（康德八年十月一日公布 同日附政府公報掲載）

茲ニ特定貨物自動車運送業規則ヲ左ノ通制定ス

特定貨物自動車運送業規則

第一條　貨物自動車運送事業ニ非ズシテ自動車ヲ使用シテ物品ヲ運送スル事業（以下特定貨物自動車運送業ト稱ス）ヲ經營セントスル者ハ省長又ハ新京特別市長ノ許可ヲ受クベシ

第二條　特定貨物自動車運送業經營ノ許可申請書ニハ左ニ掲グル事項ヲ記載スベシ
一　申請者ノ本籍、住所及主タル事務所竝ニ氏名、商號又ハ名稱
二　事業區間又ハ事業區域
三　特定荷主ノ住所及氏名、商號又ハ名稱
四　運賃其ノ他特定荷主トノ運送ニ關スル契約ノ要領
五　車輛ノ車名、年式、動力ノ種類及最大積載量別輛數
六　車庫ノ位置及車輛格納力

第三條　特定貨物自動車運送業者車輛ノ年式、動力ノ種類及積載量別輛數、車庫ノ位置又ハ特定荷主ヲ變更セントスルトキハ其ノ事由及新舊ノ事項ヲ明示シ省長又ハ新京特別市長ノ許可ヲ受クベシ

前項ノ規定ニ依ル特定荷主變更ノ許可申請書ニハ運賃其ノ他特定荷主トノ運送ニ關スル契約ノ要領ヲ記載スベシ

第四條　特定貨物自動車運送業者ニ對スル許可ニハ條件ヲ附スルコトヲ得

前項ノ條件ハ公益上必要アルトキハ之ヲ變更スルコトヲ得

第五條　左ニ掲グル場合ニ於テハ其ノ事由及年月日ヲ記載シ省長又ハ新京特別市長ニ之ヲ屆出ヅベシ
一　事業ヲ開始シタルトキ
二　車輛ノ車名ヲ變更シタルトキ
三　事業ヲ休止シ又ハ廢止シタルトキ
四　事業ヲ營ム會社解散シタルトキ
五　本籍、住所、主タル事務所、氏名、商號又ハ名稱ヲ變更シタルトキ
六　特定荷主ノ住所、氏名、商號又ハ名稱ヲ變更シタルトキ
七　運賃其ノ他特定荷主トノ運送契約ノ重要ナル部分ヲ變更シタルトキ

第六條　省長又ハ新京特別市長ハ監督上必要アリト認ムルトキハ事業者ヲシテ事業上ノ報告ヲ爲サシメ若ハ帳簿其ノ他ノ書類ヲ提出セシメ又ハ所屬ノ官吏ヲシテ事業ノ狀況ヲ檢査セシムルコトヲ得

省長又ハ新京特別市長ハ公益上必要アリト認ムルトキハ事業ノ改善ヲ命ズルコトヲ得

第七條　左ニ掲グル場合ニ於テハ省長又ハ新京特別市長ハ第一條ノ許可ヲ取消シ又ハ事業ヲ停止セシムルコトヲ得
一　本令又ハ本令ニ基キテ爲ス命令ニ違反シ又

ハ許可ニ附シタル條件ニ違反シタルトキ
二　公益ヲ害スル行爲ヲ爲シタルトキ
第八條　特定貨物自動車運送業經營ノ許可ヲ受ケタル者省長又ハ新京特別市長ノ指定スル期間内ニ其ノ事業ヲ開始セザルトキハ許可ハ其ノ效力ヲ失フ
第九條　本令ノ規定ニ依ル申請書其ノ他ノ書類ハ其ノ事件ノ關スル土地ヲ管轄スル省長又ハ新京特別市長ニ提出スベシ但シ其ノ事件ガ二以上ノ省又ハ省及新京特別市ニ跨ル場合ニ在リテハ其ノ事件ノ主タル部分ニ關スル土地ヲ管轄スル省長又ハ新京特別市長ニ提出スベシ
省長又ハ新京特別市長前項但書ノ書類ヲ受附ケタル場合ニ於テ當該事件ガ處分ヲ要スルモノナルトキハ關係省長又ハ新京　特別市長ニ商議ノ上之ヲ爲シ其ノ他ノモノナルトキハ關係省長又ハ新京特別市長ニ之ヲ通知スベシ
第十條　本令ニ定ムルモノノ外特定貨物自動車運送業ニ關シ必要ナル事項ハ省長又ハ新京特別市長之ヲ定ム

附　則

本令ハ自動車運輸事業法改正ノ件施行ノ日ヨリ之ヲ施行ス
本令施行ノ際現ニ本令ニ依リ新ニ許可ヲ受クベキモノトナリタル事業ヲ營ム者ハ本令ノ施行後三月以内ニ限リ其ノ事業ヲ營ムコトヲ得此ノ期間内ニ事業經營ノ許可ノ申請ヲ爲ストキハ許可又ハ許可ノ拒否ノ日迄亦同ジ

辭令

牡丹江鐵道局經理課　職員　殷　鴻
願ニ依リ本職ヲ免ス
右十二月六日

圖們機關區機關士心得　雇員　竹　彌太郎
職員ヲ命ス　圖們機關區機關士ヲ命ス
牡丹江機關區機關士心得　雇員　上野　定吉
職員ヲ命ス　牡丹江機關區機關士ヲ命ス
林口機關區機關士心得　雇員　小野丈太郎
各通　同　同　福山　一喜
職員ヲ命ス　林口機關區機關士ヲ命ス
一面坡機關區機關士心得　雇員　瀨野　忠雄
職員ヲ命ス　一面坡機關區機關士ヲ命ス
穆棱機關區機關士心得　雇員　久保　卓一
職員ヲ命ス　穆棱機關區機關士ヲ命ス
東寧機關區機關士心得　雇員　阿部　哲
各通　同　同　冨士山　進
職員ヲ命ス　東寧機關區機關士ヲ命ス
右十二月十六日

牡丹江列車區車掌　雇員　小出左次雄
職員ヲ命ス　城子溝驛助役ヲ命ス
右十二月十七日

哈爾濱鐵道局總務課　職員　野﨑　松男
社員非役規程第一條第二號ニ依リ非役ヲ命ス（鐵道總局勤務）
右十二月二十日

大連鐵道工場　職員　所　武鄕
社員非役規程第一條第一號ニ依リ非役ヲ命ス（鐵道總局勤務）
右十二月二十一日

（經　理　部）

經理部會計課　職員　汐﨑　勇
經理部主計課勤務ヲ命ス
右十二月二十四日

（鐵道總局）

南滿洲保養院東分院醫員　職員　山本彌一郎
各通　同　同　茂手木幸忠
滿鐵青年隊大連鐵道學院本隊青年隊醫兼務ヲ命ス
右十月十五日

牡丹江鐵道建設事務所技術員　職員　橋口　欽一
技術員ヲ免ス
右十二月五日

大連改良事務所　職員　綱島　省三
哈爾濱鐵道建設事務所勤務ヲ命ス
右十二月十日

牡丹江鐵道建設事務所　職員　石田　德實
建築助役ヲ命ス
右十二月十五日

大連食堂營業所食堂助役　職員　島田重三郎
各通　奉天食堂營業所食堂助役　同　淺野　正賀
副支配人ヲ命ス
牡丹江食堂營業所食堂助役　職員　原田多喜夫
奉天食堂營業所食堂助役ヲ命ス
奉天食堂營業所庶務員　職員　湯本　常雄
各通　牡丹江食堂營業所圖們支所庶務員　同　安原　龜
食堂助役ヲ命ス